货物运输建模

Modelling Freight Transport

Lóránt Tavasszy, Gerard de Jong / 著

张得志 李双艳 / 译

ELSEVIER

中南大学出版社
www.csupress.com.cn
·长沙·

Modelling Freight Transport，First edition

Lóránt Tavasszy，Gerard de Jong

ISBN：9780124104006

Copyright © 2014 Elsevier Inc. All rights reserved.

Authorized Chinese translation published by Central South University Press.

货物运输建模(第1版)(张得志　李双艳　译)

ISBN：978 - 7 - 5487 - 4339 - 2

注意

　　本书涉及领域的知识和实践标准在不断变化。新的研究和经验拓展我们的理解，因
此须对研究方法、专业实践或医疗方法作出调整。从业者和研究人员必须始终依靠自身
经验和知识来评估和使用本书中提到的所有信息、方法、化合物或本书中描述的实验。
在使用这些信息或方法时，他们应注意自身和他人的安全，包括注意他们负有专业责任
的当事人的安全。在法律允许的最大范围内，爱思唯尔、译文的原文作者、原文编辑及
原文内容提供者均不对因产品责任、疏忽或其他人身或财产伤害及/或损失承担责任，
亦不对由于使用或操作文中提到的方法、产品、说明或思想而导致的人身或财产伤害
及/或损失承担责任。

自 序

>>>

　　此书译稿历时 3 年半有余，其间五易其稿，终得完成。掩卷深思，回味无穷。

　　国内货物运输定量分析建模的著作较少；而《货物运输建模》一书旨在从系统集成视角对货物运输建模进行全面介绍，既包括传统运输模型也涉及最新货物运输理论与实践的决策模型与方法，这些定量决策分析模型为评估不同层面货物运输政策提供相应的理论支撑。

　　《货物运输建模》原著作者为荷兰代尔夫特理工大学洛瑞·塔瓦泽教授和英国利兹大学运输研究所杰拉德·德琼教授。两位教授均为货运运输建模领域的权威专家。

　　本书原著由爱思维尔出版。其内容主要包括：国际贸易与国际货物运输关联机理、基于计量经济学的区域间国际货物需求预测建模、货物运输流量生成及其货物运输增长的动力机制、货物流量进行空间分布与分配、城市货物运输系统设计、优化与评估等方面理论与实践前沿。该著作可作为交通运输、物流工程、交通设备、国际贸易等相关专业本科生、研究生的重要参考教材；也可作为货物运输系统规划与优化相关规划人员、咨询人员和从业人员的重要参考书。

　　全书共 11 章，各部分内容相互承接，不同的读者群可以根据自己的需要来进行针对性的阅读。

　　本书的顺利翻译出版，要特别感谢代尔夫特理工大学洛瑞·塔瓦泽教授，在译文校对和原著作者们的相关事宜沟通上，塔瓦泽教授付出了大量心血，并及时给予帮助，在此表示衷心感谢。

　　本书的出版获得了中南大学交通运输工程学院相关专项基金资助，在此表示衷心感谢。

本书由代尔夫特理工大学陈玉森教授进行全书校对，在此表示衷心感谢。

本书的翻译工作离不开整个团队的支持与帮助，本书采用了"初译—精译—修订—校核"的组织模式，每一位译者都花了很多时间精雕细琢、反复斟酌原文和译文，五易译稿才使本书得以呈现在读者面前。主要参与翻译工作的人员有：第 1 章(张卓、郭瑶微)、第 2 章(黄汝晴、詹庆文)、第 3 章(张卓、邹方姿)、第 4 章(贺润中、王一伦)、第 5 章(潘立红、杨舒馨)、第 6 章(祝伟丽、王臻杰)、第 7 章(何亦扬、唐嘉欣)、第 8 章(王昕、王臻杰、李一格)、第 9 章(张卓、郭瑶微)、第 10 章(李霞莲、倪楠)、第 11 章(肖博文、徐巍)；张卓参与了第 3、4、8、9、10 等章节的校对工作，荷兰代尔夫特理工大学张义萌博士参与了第 1、2、3、10 章的校对工作，中南林业科技大学李双艳老师参与了第 2、4、6、7 章的翻译校对工作与本书最后一轮核对工作。在此对他们的辛勤付出表示衷心感谢。

最后，我还要感谢中南大学出版社编辑们的精心编校，没有大家精益求精的团队努力与合作，这本书的中文版本不可能如此顺利与读者见面。

限于译者的科研能力与翻译水平，书中翻译不准确之处在所难免，恳请广大读者批评指正。

张得志

2020 年 8 月 28 日

目　录

本书主要作者列表

Shama Campbell, Center for Infrastructure, Transportation, and the Environment. The VREF's Center of Excellence for Sustainable Urban Freight Systems. Department of Civil and Environmental Engineering, Rensselaer Polytechnic Institute, Troy, NY, USA.

莎玛·坎贝尔：

基础设施、运输和环境中心（CITE）；沃尔沃研究与教育基金会可持续城市货运系统卓越中心（VREF'CoE-SUFS）；伦斯勒理工学院，土木与环境工程系，美国纽约州特洛伊

Francois Combes, Université Paris-Est, LVMT. UMR T9403 ENPC IFSTTAR UMLV, Marne-La-Vallee, Cedex, France.

弗朗索瓦·康姆斯：

城市交通运输实验室（LVMT），巴黎东－马恩拉瓦莱大学，法国

Antonio Comi, Department of Enterprise Engineering, University of Rome "Tor Vergata", Rome, Italy

安东尼奥·科米：

企业工程系，罗马第二大学，意大利罗马

Carlos Gonzalez Calderon, Center for Infrastructure, Transportation, and the Environment. The VREF's Center of Excellence for Sustainable Urban Freight Systems, Department of Civil and Environmental Engineering, Rensselaer Polytechnic Institute, Troy, NY, USA.

卡洛斯·贡扎莱兹·卡尔德罗：

基础设施，运输与环境中心（CITE）；沃尔沃研究与教育基金会可持续城市货运系统卓越中心（VREF CoE-SUFS）；土木与环境工程系，伦斯勒理工学院，美国纽约州特洛伊

Igor Davydenko, the Netherlands Organization for Applied Scientific Research (TNO). Delft University of Technology, the Netherlands.

伊戈尔·达维登科：

荷兰国家应用科学研究院；代尔夫特理工大学，荷兰

Gerard de Jong, Institute for Transportation Studies, University of Leeds, UK. Significance BV, the Hague, the Netherlands. The center for Transportotion Research, Royal Institute of Technology, Stockholm, Sweden.

杰拉德·德琼：

英国利兹大学运输研究所；荷兰 海牙 Significance 公司；瑞典皇家理工学院运输研究中心，瑞典 斯德哥尔摩

Rick Donnelly, Parsons Brinckerhoff, Inc., Albuquerque, NM, USA.

里克·唐纳利：

柏诚集团，美国 新墨西哥州 阿尔伯克基

Hanno Friedrich, Kühne Logistics University, Hamburg, Germany.

汉诺·弗里德里希：

德国达姆城工业大学，德国 汉堡

Jose Holguin-Veras, Center for Infrastructure, Transportation, and the Environment. The VREF's Center of Excellence for Sustainable Urban Freight Systems. Department of Civil and Environmental Engineering, Rensselaer Polytechnic Institute, Troy, NY, USA.

何塞·奥尔金·维拉斯：

基础设施、运输与环境中心（CITE）；沃尔沃研究与教育基金会可持续城市货运系统卓越中心（VREF' CoE-SUFS）；伦斯勒理工学院，土木与环境工程系，美国纽约州特洛伊

Olga Ivanova, PBL Netherlands Environmental Assessment Agency, the

Netherlands.
奥尔加·伊凡诺娃：
荷兰应用科学、战略与政策研究机构，荷兰

Miguel Jaller, Center for in frastruc ctcre.
米格尔·贾勒：
加州大学戴维斯分校助理教授，美国。

Catherine T. Lawson, Department of Geography and Planning University at Albany, Albany, NY, USA
凯瑟琳·T 劳森：
纽约州立大学奥本尼分校，地理与规划系，美国纽约

Francesco Russo, Facolta` di Ingegneria, Universita` Mediterranea di Reggio Calabria, Reggio Calabria (RC), Italy.
弗朗切斯科·鲁索：雷焦卡拉布里亚地中海大学，工程学部，意大利

Ivan Sanchez-Diaz, Chalmers University of Technology, Sweden
伊万·桑切斯·迪亚兹：
基础设施，运输与环境中心（CITE）；伦斯勒理工学院，土木与环境工程系，美国纽约州特洛伊

Lóránt Tavasszy, VREF's Center of Excellence for Sustainable Urban Freight Systems, Freight and Logistics Systems Lab, Delft University of Technology, The Netherlands
洛瑞·塔瓦泽：
沃尔沃研究与教育基金会可持续城市货运系统卓越中心（VREF CoE-SUFS），货运物流系统实验室；代尔夫特理工大学，荷兰

第1章 绪 论

洛瑞.塔瓦泽(Lorant Tavasszy)[a]，杰拉德.德琼(Gerard de Jong)[b]

[a] 荷兰 国家应用科学研究院，代尔夫特理工大学(TNO，Delft and Delft University of Technology，The Netherlands)

[b] 英国利兹大学运输研究所；荷兰海牙 Significance 公司；瑞典斯德哥尔摩，瑞典皇家理工学院运输研究中心(Institute for Transport Studies，University of Leeds，UK；Significance BV，The Hague，The Netherlands；and Centre for Transport Studies，VTI/KTH，Stockholm，Sweden

1.1 研究背景及目标

货物运输作为社会经济中必不可少的一部分，通过供应链这一独特的方式连接空间上分离的供应和需求，并为其提供相应的供应链服务。与旅客运输一样，如何保持货物运输的高效性与可达性是维持社会经济增长的重要因素。由于人口的增长，贸易壁垒的解除以及运输成本的降低，货物运输量在过去几十年不断地增长；与此同时，消费水平的提高及对定制化产品和定制化服务需求的增长也推进了新型货物运输需求模式的产生。为了应对上述需求的增长，相应物流基础设施的配置也有所增加，主要包括公路、铁路、水路、港口、仓库以及转运的基础设施等。

而且，货物运输量在最近几十年里以一种完全不同的方式也成为政策关心的一个领域。与旅客运输一样，相关政策的颁布旨在减少货物运输量增长给环境带来的负面影响，例如：有害健康的污染物的排放，温室气体的排放，交通事故等。

本书主要目的是通过货物运输建模来为货物运输政策评估提供更合适的工具，并重点分析货物运输模型与旅客运输模型的不同之处。书中的数学模型从不同层面评估货物运输政策，并提供有效依据，主要包括以下几种：

- 基准年的货物运输量生成及其增长的动力机制的解释；
- 货物运输量预测及其发展趋势研究；
- 货物运输系统的性能评估，如成本－收益分析；
- 货物运输系统的设计和优化。

20 世纪 60 年代，货物运输模型最早出现在运输研究中，基本上与旅客运输模型同时出现。虽然货物运输建模与旅客运输建模二者的基本经济学和统计学理论相似，并且货物运输模型理论起源更早，但货物运输模型的应用和发展却要慢得多。其中部分原因是公共政策对货物运输模型的重视较晚。更重要的原因可能是数据量的限制或针对货物运输模型的行为经济学或应用经济学理论的缺乏。20 世纪 70 年代，有些研究人员多将货物运输看作旅客运输的一个独立分支，即认为其基于与旅客运输相同的理论基础和应用模型，对货物运输研究的方法也相对简单。如今对货物运输的大部分理论研究与实践依然如此。然而，近年来与货物运输相关的新学科理论层出不穷，如物流学和供应链管理学等，这些学科旨在根据服务水平最优化、成本最低化来提高企业物流水平。20 世纪 80 年代末至 90 年代初，货物运输建模方法在上述新兴学科理论支撑下得到全新发展。尽管如此，由于对数据的大量需求，以及政策制定者对货物运输建模方法需求的不重视，这些理论与方法在研究上没有取得突破性进展。目前，随着政府对有效处理日益增长的货物运输量压力的需求更加迫切，对货物运输建模方法的研究需求也有所增长，货物运输建模涉及的基本理论与方法也得到了更多推广和使用。

1.2　货物运输决策的概念框架

本书重点关注货物运输描述性模型和实证模型的发展，这些货物运输模型以货物运输系统行为理论为基础，并且通过相关统计学方法进行标定和分析。当我们深入研究货物运输系统中决策者的行为时，首先需要考虑的问题是：谁是货物运输政策的制定者？他们要做何种决策，以及他们是如何（通过哪些市场）影响货物运输系统的功能的？

评估货物运输政策的长期效果时，我们需要从更长远的角度关注货物运输系统的变化。货物运输决策系统主要包含战略性决策、战术性决策和运营性决策。战略性决策涉及主要战略资产（如工厂）的投资，与更长远的设计或使用周期（如专利和执照）相关，因此不能频繁变更（长期合同或管理规章规定）；这种决策周期相对较长，通常为 5 ～ 10 年。战术性决策涉及相对小的投资（如一座仓库或一辆卡车），其更新相对频繁（通常是几个月或几年一次）；但由于涉及与外部当事人相关的投资或协议（如外包合同，服务协议），其更新周期仍有一定的时间间隔。运营性决策由生产方或服务提供方自行制定，并且其计划和运营周期短（几天至几个月不等，如货物运输路径的选择）。根据 Manheim（1979），Wandel 和 Ruijgrok（1993），Liedtke 等（2009），Roorda 等（2010），Tavasszy 等（2012），de Jong 等（2013）以及 Savy 和 Burnham（2013）等学者的研究成果，我们将货物运输系统按照决策周期的长短分为三个主要的市场层次：

1. 商品流通：生产、消费和贸易（商品市场）。
2. 库存网络（库存物流服务市场）。
3. 运输方式、运输频率和路线运输路径（运输物流服务市场）。

本书提出的体系不是旅客运输建模"四步法"在货物运输系统中的简单扩展，而是系统地讨论上述三个层次中多种决策的模板，既能辅助进行部分决策也能辅助集成分析。此外，读者还应注意货物运输建模和旅客运输建模之间的一些本质区别。

首先，由于货物运输流的产生和空间分布之间理论密不可分，本书将二者合并为一个层次。然后，库存选择相关问题（第二个层面）是货物运输特有的，这是由于在货物运输中运输对象会被暂时存储以备后续运输，并且通常没有明确的目的地，而这一现象在旅客运输中不存在，故无法用已有的旅客运输决策方法来解决这一层面问题。下面将会从需求方、供应方以及市场影响机制几个方面分别描述上述三个层次，并着重讨论分析各个层次的主要决策、决策者及其在货物运输中的重要性。

1.2.1 商品流通：生产、消费和贸易

生产与消费随着商品供应与需求关系的变化而变化，生产与消费既可以是货物运输的发送端也可以是接收端。如原材料采购时，消费者也可以作为货物运输的发送端，如废弃品回收等。这一层次中的决策者包括企业经理和消费者与用户。企业经理负责产品的研究与开发、工厂选址和生产管理等，做出生产工厂选址、土地、商品、服务、劳动力和资金等生产要素的调度，以及商品类型和产量的生产规划等决策。消费者（用户）的决定影响产品的最终需求，与生产决策者类似，其决策包括居住地选址、消费模式及废弃品处理方式选择。对企业和消费者而言，均需确定合适的运输批量或订购批量。本书将运输等同于订购，即一个单位的"运输批量"是指从一个生产商或仓库中订购并运输的一批货物。一辆车或一艘船可以装载一个单位或多个单位（有多个托运人）的运输批

量，运载工具的货物运输总量称为装载量。

商品贸易层次的决策是得到最优的权衡。正如消费者会在去超市的次数和每次的采购量之间做出权衡一样，企业也会权衡其采购次数与采购批量。贸易建立在所有权转移或服务传递的协议之上，它决定了货物流动的空间边界，也推动了商品流动空间组织的发展。

贸易伙伴和交易量的选择包含了许多潜在的决策因素。从需求角度来看，包括供应商或采购产地选择；在很多层次的决策中都涉及供应商选择及其采购链的决策。从供应角度来看，包括销售区域规划和产品定价。这一决策的制定者不止一个。一方面可以是企业负责市场销售、市场采购的经理或代理商。其中，代理商通常是生产商、分销商或零售商，但在涉及大额投资的情况下也可能是第三方物流企业。另一方面，消费者（用户）通过购买商品或服务，也会成为决策制定者。此外政府主要通过进口壁垒、国际征税规则、关税制度以及其自身的生产和消费能力直接影响着贸易。

1.2.2 库存网络

库存网络是库存的一种空间组织形式，即在生产地和消费地之间选择对一定交易量的货物进行储存和分拨（合并）。其主要目的是通过库存和运输来降低物流成本，并通过储存来提高服务水平。库存的必要性或价值高低取决于很多因素，主要包括：物流成本结构、商品的物理特征（如易腐烂性）和物流服务要求等。库存网络对物流的影响在于其改变了贸易的空间模式（如创造新的运输起点和终点），并决定了运输规模。这些决策的制定者包括发送或接收货物的物流经理及专业服务公司或物流服务供应商。

1.2.3 运输组织

运输方式（公路、铁路、水运以及航空）的选择是货物运输政策讨论最多的主题。在货物运输行业中，相关决策的制定并不完善，假设运输基础设施与运输需求相对独立，对一个企业而言，其运输方式的选择通常是相对有限的（Jordans，2006）。同时，企业以达到总收益最优为目标。因为备选方式的运输规模（对应的成本）和服务水平有诸多不同，所以每种运输方式根据不同的商品类型（如零担或整车）和订购量来确定运输方案（如在给定的运输方式下采用不同装载量的车辆）。运输方式的选择很少受基础设施可用性的约束，故便于优化。不同于运输工具类型的分配，运输工具投资显然是一项更长期的决策，并且通常与运输规模决策保持一致。与库存网络层次相同，决策者可以是负责物流管理的代理人或物流服务承运商或货物运输代理商。

当运输方式和运输工具规模确定后，实际的货物调度决策就是货物运输根据需求在时间与空间上进行组织优化。在运输公司或承运公司中（运输服务外包时），货物的运输规划周期是以"周"或"天"计算。不同中间节点的路径规划由公司的货物运输规划者制定，指导司机运输，司机有时也会偏离原来的规划路径。货物运输路径规划可能存在以下 3 个情景：多个起点对应一个终点的形式（$n:1$：例如多家生产商为一个配送中心服务）；一个起点对应多个终点的形式（$1:n$：例如一个生产商为多个客户服务）；其他综合形式（$1:1$：例如公司内部的流通；$n:n$：例如邮政服务）。

不同的货物运输供应点与需求点分配情况将产生不同的运输路径。其可能产生的路径结构主要包括简单的单程往返、复杂配送车辆路径或"轴 – 辐"式结构。在此特别提及一种特殊类型的车辆行程——车辆空驶。

基于上述分析，本书将战略、战术、运营三个层次决策内容汇总如表 1 – 1 所示，主要包含货物运输市场、决策内容、决策者以及决策时间跨度等内容。

综上可得，不同货物运输的决策之间并非相互独立而是相互影响的。以生产、消费和贸易之间的关系为例，虽然各个地区都有商品的需求和供应，但各地情况不尽相同，贸易恰好利用各地间的差异来创造利益。根据经济学理论，各地商品的价格可以作为决定当地需求、供应和贸易的一种机制，因此，如果在建模时不考虑价格的联系将会导致模型前后矛盾。同时，最佳的运输方式和运输批量取决于不同货物运输批量对应的运输成本，而运输成本又由运输方式和运输批量共同决定。为了提高决策的价值，需要综合考虑不同因素之间的相互影响。决策之间的相互影响还体现在：一项决策的输出变量可能作为另一项决策的输入变量。在此，仍以生产、消费和贸易之间的互动关系为例进行分析。一方面，贸易决定了生产者和消费者之间的贸易量，进而决定了运输方式或库存结构的选择；另一方面，一旦确定了运输方式和库存结构，起点和终点之间的总物流成本也就随之确定，而这又可以作为贸易决策的输入变量。总之，弄清楚各决策之间的相关性是必要的，但这并不意味着必须要综合所有因素建立集成模型，因为考虑所有决策因素产生的前后完全一致模型理论上是最优的，但在实践中难以实现。因此，在实践中通常是通过将个体市场的子模型进行集成来刻画各因素之间的联系。

上述关于生产、消费、贸易及其涉及的供应链管理的研究已有大量成果。从方法论而言，已有文献从企业层面通过案例集中进行微观定性分析和建立优化模型的定量研究，这也是近几十年里的研究热点。但是已有的研究文献对货物运输决策结构定性描述与定量分析模型较少。在后续章节中，本书将对目前可行且有效的实证货物运输模型进行研究。

1.3 本书的理论视角

表 1-1 货物运输决策层次总体框架

市场	决策	决策制定者	决策周期
商品: 生产、消费和贸易	工厂选址、生产系统、生产因素、产品、零售商店、供应商、运输批量	生产者:总裁、生产经理;消费者(终端用户); 生产者:市场、采购、销售;消费者(终端用户)	长期
库存网络: 仓储服务	分销中心选址、库存量、分销中心发送者和接收者的任务、中间库存规模	市场经理、物流经理、物流服务承运商(外包时)	中期
运输组织: 模式、方式和路线选择	运输模式、运输工具(给定运输模式下的运输工具类型)、中间库存规模、运输方式、运输顺序、路线	物流经理、运输经理、物流服务提供者(外包时)	短期

表 1-1 对关于货物运输市场和决策的最新研究进行了归纳总结(Ben - Akiva 和 Van de Voorde,2013)。与表 1-1 不同,本书希望从集成视角对货物运输建模总体框架进行全面介绍,既即包括传统的货物运输模型也包括最近创新的货物运输决策模型,从而为全球理论研究者、行业咨询师、与其他相关人员提供参考依据。从集成视角分析表 1-1,即可得到表 1-2。

表 1-2 本章节讨论的模型综述

市场	相关决策模型	研究基础理论
生产、消费和贸易	• 生产/消费:投入/产出模型; • 贸易:重力模型; • 组合:空间可计算一般模均衡模型及其推导;货物运输生成模型	• 投入/产出经济学; • 工程学; • 经济地理学; • 计量经济学

续表 1－2

市场	相关决策模型	研究基础理论
库存物流	• 运输规模选择模型； • 库存链模型； • 运输模式选择模型	• 运筹学； • 离散选择理论
运输物流	• 货物运输－行程转换模型； • 运输方式和路线的选择：超网络模型	• 交通运输工程学； • 网络模型

　　本书可以从以下三个不同层面进行建模。第一层中不同的假设对应不同的建模方法。分析区域间贸易时，在价格和技术水平固定的情况下可以采用投入/产出模型；若将不同区域看成一个整体，该区域的货物输入量或输出量主要由其经济活动量和类型决定，基于以上假设可以采用货物运输产生模型。不对价格和技术进行约束即可得到可计算的一般均衡（Computable General Equilibrium，CGE）模型，加入空间维度（如一个完整的区域框架）可得到空间可计算一般均衡（Spatial Computable General Equilibrium，SCGE）模型。SCGE 模型可推导得到土地利用与交通互动（Land Use Transport Interatction，LUTI）模型和区域生产函数模型（Brocker，1991）。

　　通常情况下货物运输模型都将生产、消费和货物运输量看成连续变量进行建模，并且周期较长（一般是一年，约为合同的周期长度）。然而实际上，上述变量是离散分布的，而且可能储存在介于生产者或消费者之间的仓库。因此，在第二层需要对连续变量进行转化，将其划分为若干批次，并分布到其可能会储存的仓库中。需要注意的是，划分的单位可能趋于无限小（如用管道运输），并且不经过中间库存直接从生产者流向消费者。这一层的难点是如何将货物流量进行空间分布与分配。

　　第三层对确定运输起点和终点的运输量进行运输方式、运输工具和路线的选择并组织运输。上述选择之间存在相互影响，例如运输规模与 DC 中心选址、规模经济之间均互相影响，本书会对货物运输模型中这些相互影响的决策进行讨论。

　　通过上述分析可得，很多货物运输模型实际上是复杂系统里的局部模型。表1－2旨在提出一个简单的分类方法，即通过各个层次决策对其进行区分；进而可以基于上述局部模型得到对系统的综合分析，具体介绍见第11章。

　　表1－2中第三列表示该部分模型的研究基础理论，同时也反映了这些模型在不同领域的应用。货物需求模型的主要基础学科是运输工程学和经济地理

学，其中运输工程学是由传统旅客运输模型发展而来的。生产、消费和贸易模型的主要基础学科是微观经济学，由经济地理学发展而来（Brocker，1998；Krugman 等，1999）。运输工程学应用方面建立的模型，如 LUTI 模型，可以用来预测行程或描述货物运输和经济之间的变化关系。还有一些模型的基础理论介于上述两学科领域之间，如基于系统动力学的计量经济模型（Fiorello 等，2010）和区域生产函数模型（Wegener，2011）。

从 20 世纪 70 年代起，货物运输重力学模型得到了广泛应用，该模型以重力学模型的形式描述两个不同地区之间的货物运输量（Chisholm 和 O'Sullivan，1973）。集计模型是从选择理论和经济地理学理论的角度对运输工程模型进行了重新阐释（分别参考 Erlander 和 Stewart，1990 以及本书第 2 章）。

选择理论在货物运输中主要应用于运输模式选择。工程学领域最早应用的是集计模型，随后被用于复杂数据和计量经济学预测技术的非集计模型取代。货物运输中的行为模拟是实验经济学的一个新领域，其重点是理解决策规则。计量经济学中假设市场均衡，而应用选择理论的模式选择与之相反，认为多用户间存在相互影响并基于此进行分析。最后，货物运输建模的另一主要基础学科是运筹学，这是由于运筹学推动了企业层面有关库存、运输规模和运输方式等供应链方面决策的标准（最优化）方法发展。本书的目标是描述并预测某个城市、地区甚至国家的货物运输量，故本书的观点是定性的。同时，我们关注优化模型是否能够提高企业在不同环境下预测的准确性。

尽管货物运输建模涉及多学科交叉，但经济学是货物运输建模的重要集成学科。然而，运输经济学要想成为被广泛接受的统一性理论框架还有很多工作要做。后面，我们会再阐述不同类型模型的起源，并介绍不同模型之间或者模型与其他学科之间的相互联系。

路径选择问题或网络分配问题（这也是传统的四阶段模型中的最后阶段）分别以决策项和局部模型体现在表 1 - 1 和表 1 - 2 中。由于货物运输中的网络交通分配和旅客运输相同，仅有约束条件不同（模型相同，数据不同），故本书不对其设置单独章节介绍，详细介绍可参考文献 Ortuzar 和 Willumsen（2011）。货物运输相较旅客运输网络分配，更多关注的是多模式运输，相关运输模式方法的举例分析见本书第 6 章。

1.4 本书的实践视角

随着货物运输对经济和环境的重要性不断提高，大家对货物运输的理解亟待重新审视。

上述对政策制定者的需求分析原则上来说适用于政府的不同空间层面，不论是国际、国家、地区还是城市层面其对于信息的关注和需求都非常相似。当然，具体涉及不同空间维度相关的政策、管理制度和问题时，其对于信息的需求会略有不同。本书暂且忽略这些差异，而后发现一个有趣的现象：越小、人口越密集的地方，把上述问题完善成综合的政策评估模型的需求越高，利益相关者的呼声越大。显然，大部分集成规划模型大多是从城市视角出发，由综合经济地理学、交通工程学和供应链管理方法等不同方法论来构建综合框架（Donnelly，2007）；除 SMILE 模型（Tavasszy 等，1998）外几乎没有建立在除城市视角之外的集成模型。因此，本书主要关注城市货物运输模型，暂不讨论其他的规划模型。

目前能够用于货物运输预测、理解政策措施影响的实效性运算工具的缺乏越来越引起运输政策制定相关政府部门的关注，因此除了理解货物运输建模的科学表述外，构建集成的前期规划模型也十分迫切。为满足实际需求，本书从以下几个方面对货物运输建模实践应用问题进行讨论：

1. 建立简单货物运输模型的方法。

2. 最大化利用可用数据的建模方法。

3. 弹性评估和服务评估的实证结果。

下面对上述三个方面进行具体介绍：

（1）模型设计应该忠于其目的，不同的目的需要构建不同模型对应不同的设计。若一个模型要满足多个目的，就可能得到不可行或求解效率低的模型，故需讨论简化模型的方法和技术。

（2）尽管在物流和运输过程中有大量数据，但多有专利保护而难以获取，所以建模时通常依靠公共数据或大规模开放调查。即使有少数研究对象的数据库可用，也常面临数据丢失的问题。在这一方面需要讨论的是如何获得数据以及如何充分利用可获得的数据来选择合适的建模方法。

（3）货物运输模型还能为政策制定提供可再次利用的参数。例如将政策的物理影响转变成反映经济影响的货币价值，或弹性价值（用于描述运输流量对于运输成本和时间波动的敏感性）。

总而言之，本书将总结货物运输模型的实际应用并通过其在各个国家的具体案例进行说明。

1.5 本书组织结构

本书以商品流通、库存网络和运输组织三个应用主体为框架进行组织,同时涉及模型应用中相同问题的探讨、共同问题的介绍。第 2 ~ 7 章分别对应建模框架中的一个部分。第 8 ~ 11 章主要介绍集联合商品、库存网络和运输组织三个领域跨界模型的应用、相关的实践情况总结及其未来研究发展趋势。

第 2 章是本书框架的第一个层面,主要介绍用于商品和服务空间需求的模型。这一章从区域间投入/产出模型出发,引出了著名的区域间贸易重力模型,最后介绍了综合模型,如多区域投入/产出模型(MRIO)和当前应用的空间可计算一般均衡模型(SCGE)。第 3 章从货物运输和路径产生的另一个角度进行描述,即忽略物品流建模时的内部环节联系,这大大简化了模型的复杂度。给定经济活动总量和运输活动之间的直接联系,在不必对运输方式选择进行准确建模时,就可以直接通过距离产生模型来模拟路径。具体来说,对国家层面的货物运输模型而言,运输模式的选择通常必不可少;但就城市规模的模型而言,可能就只有道路运输这一个有效方式,因此不需要对运输模式建模就可以得到路径模型。第 4 章对框架的第二层面,即库存网络的新型模型进行描述,该模型决定了生产地和消费地之间流量的空间组织。换言之,它解释了货物运输模型如何重新创造源于中间点库存需求的网络空间模式。第 5 章和第 6 章是对框架第三个层面的描述,主要是运输方式选择的决策。在该层面,除了不同运输方式间的转运或者不同承运人间的交叉运输可能出现变动外,货物移动的起点和终点是固定的。第 5 章从理论和实证角度探究了运输模式的选择和运输规模决策之间的联系,这一联系在大多数运输模型中都被忽略了,但在此却是重要的考虑因素之一。第 6 章对目前运输模式选择建模情况进行了说明。第 7 章主要归纳总结了当前有关货物运输量和货物运输旅程次数的转换的建模情况,涉及如何从货物运输量(单位:吨)转换为运输旅程(单位:车),此外,本章也涉及货物运输过程中典型的空驶问题。第 8 章概述了城市货物运输系统模型的发展,对城市货物运输模型而言,不同利益相关者的偏好已经成为决定模型应用可接受程度的重要因素。第 9 章从货物运输绩效的货币价值和运输成本对运输流量弹性分析等方面,对货物运输政策模型及其应用进行全面总结。第 10 章主要关注了货物运输数据获取问题,将货物运输建模中详细公共数据的缺乏及大量数据有专利保护这一难题与可选择的模型进行关联分析。第 11 章讨论了在综合模型失效情景下,如何选择更简单模型去分析问题,并总结了可应用于大规模综合性货物运输建模和借鉴应用发展的成功经验。

参考文献

［1］ BEN-AKIVA M E, Meersman H, van de Voorde E. Freight transport modelling［M］. Bingley：Emerald, 2013.

［2］ BR □CKER J. Numerische multiregionale Gleichgewichtsanalyse. Lecture notes ［M］. Dresden：Technische Universitat Dresden, 1991.

［3］ BR□CKER J. Operational spatial computable general equilibrium modeling［J］. The Annals of Regional Science, 1998, 32：367 – 387.

［4］ CHISHOLM M, O'SULLIVAN P. Freight flows and spatial aspects of the British economy ［M］. Cambridge：The University Press, 1973.

［5］ DE JONG G, VIERTH I, TAVASSZY L A, et al. Recent developments in national and international freight transport models［J］. Transportation, 2013, 40(2)：347 – 371.

［6］ Donnelly R. A hybrid microsimulation model of freight flows ［J］. In：TANIGUCHI E, THOMPSON R eds. City logistics V. Kyoto：Institute of City Logistics, 2007：235 – 246.

［7］ ERLANDER S, STEWART N F. The gravity model in transportation analysis［M］. Utrecht, the Netherlands：VSP, 1990.

［8］ FIORELLO D, FERMI F, BIELANSKA D. The ASTRA model for strategic assessment of transport policies［J］. System Dynamics Review, 2010, 26(3)：283 – 290.

［9］ JORDANA M, LAMMERS B, TAVASSZY L A, et al. The base potential for inland navigation, rail and short sea shipping (in Dutch)［M］. Delft：TNO, 2006.

［10］ KRUGMAN P, FUJITA M, VENABLES A. The spatial economy：cities, regions and international trade［M］. Boston：Massachusetts Institute of Technology, 1999.

［11］ LIEDTKE G T, TAVASSZY L A, WISETJINDAWAT, W. A comparative analysis of behavior-oriented commodity transport models ［C］. Proceedings 88th annual meeting of the Transportation Research Board, Washington, DC：TRB, 2009.

［12］ MANHEIM, M. Fundamentals of transportation systems analysis ［M］. Boston：Massachusetts Institute of Technology, 1979.

［13］ DE ORTUZAR J D, WILLUMSEN L G. Modelling transport［M］. 4th ed. Chichester：John Wiley & Sons, Ltd, 2011.

［14］ ROORDA M J, CAVALCANTE R, MCCABE S, et al. A conceptual framework for agent-based modelling of logistics services［J］. Transportation Research Part E：Logistics and Transportation Review, 2010, 46(1)：18 – 31.

［15］ SAVY M, BURNHAM J. Freight transport and the moderneconomy［M］. London：Routledge Chapman & Hall, 2013.

［16］ TAVASSZY L A, RUIJGROK C J, DAVYDENKO I. Incorporating logistics in freight transport demand models: state of the art and research opportunities[J]. Transport Reviews, 2012, 32(2): 203 – 219.

[17] TAVASSZY L A, SMEENK B, RUIJGROK C J. A DSS for modelling logistics chains in freight transport systems analysis [J]. International transactions in operational research, 1998, 5(6): 447 – 459.

[18] WANDEL S, RUIJGROK C. Innovation and structural changes in logistics: a theoreti cal framework[M]. In: GIANNOPOULOS G, GILLESPIE eds. Transport and communica-tions innovation in Europe. London: Belhaven Press, 1993: 233 – 258.

[19] WEGENER M. Transport in spatial models of economic development[M]. In: DE PALMA A, LINDSEY R, QUINET E, et al. eds. Handbook in transport economics. Cheltenham: Edward Elgar, 2011: 45 – 66.

第 2 章　区域之间货物运输需求建模方法：投入-产出模型、重力模型与空间一般均衡模型

奥尔加.伊凡诺娃(Olga Ivanova)

荷兰 应用科学研究院，战略与政策部门（Dutch Organization for Applied Scientific Research（TNO），Strategy and Policy，The Netherlands）

2.1　引言

在过去几十年里，随着人口和经济的持续增长，贸易专业化和全球化已造成货物运输数量和平均运输距离极大的提高。降低货物运输成本并提高效率已经成为进一步推动全球化和经济增长的驱动力，进入资本市场的全球一体化，也使全球范围内的国外直接投资(FDIs)规模增加。

国际和地区间的货物运输需求是由产地的空间分布和消费情况决定的。国际货物运输是国家之间大范围的贸易流动，除了新加坡、巴拿马和荷兰等拥有大型中转港口的国家外，国际货物运输通常能够反映国家间的贸易活动。货物运输需求的主要驱动力包含人口增长与迁移、技术发展、自然资源获取以及劳动力聚散。这些驱动力与影响国际贸易的驱动力十分相似，后者瞄准了目前用于预测国际间、地区间货物运输服务需求量的方法论。

已有文献认为，从方法论的角度来说，建立货物运输预测模型比建立旅客运输模型更难。造成这种复杂性的原因很多，如：货物运输参与者众多，各式货物运输模式组合大不相同。货物运输的复杂性是货物运输建模发展滞后于客运的主要原因之一。

已有的货物运输建模方法对整体分析的目的不同。大多数已有货物运输模型的目的是评估假设情景的影响，如运输成本的变化，而不是对货物运输需求

发展进行长期预测。后者的任务更加艰巨，需要长期了解全球化生产和专业化模式这二者的变化，并运用建模工具才能完成。特定场景的实现存在不确定性，因为它们的复杂性取决于目前的政策或研究问题的种类。

2008年，保罗·克鲁格曼凭借其对贸易模式和经济活动地点分析的研究成果获得了诺贝尔经济学奖。他提出的开创性的理论和相关模型能帮助我们更好地理解货物运输成本如何在经济发展和选址决策中发挥重要作用。保罗·克鲁格曼在新经济地理学(NEG)理论中，给各种生产活动在地理模式下运力资源的聚散提供了一个合理的解释。由于运输距离和运输成本在集聚模式中发挥了重要的作用，NEG理论目前被运用在预测国际和地区间的货物运输需求流动变化的模型中。

生产和消费活动的空间格局使得国际和地区间的贸易和货物运输保持流动。一般的货物运输需求建模方法包括以下两个步骤：

(1)对经济活动空间布局进行描述，即商品供求的空间分布及其对政策和宏观经济趋势。(2)在给定供求的空间分布情况下，依据交易者的经济行为计算出国家或地区之间不同商品的贸易流量。

建立地区间贸易流量模型并形成特定的供给和需求空间分布的主要方法有：

- 构造结构空间模型，尤其是重力模型；
- 构造离散选择模型，如 Logit 模型或嵌套 Logit 模型；
- 构造(嵌套)常数替代弹性(CES)模型。

结构空间模型是集计的，包括了空间聚集区和经济活动区。常用的结构空间模型是重力模型，它假设两个地区之间的贸易流量与这些地区的经济活动水平呈正相关，与地区之间的距离呈负相关。在过去的几十年里，重力模型在预测政策对国际贸易流量的发展和变化的影响方面得到了广泛的应用。

离散选择模型主要对两个或多个离散选择进行描述、解释及预测，比如运输模式和特定最终/中间产品的原始模式的选择。丹尼尔·麦克法登凭借其在离散选择模型理论基础方面的研究成果获得了2000年的诺贝尔经济学奖。离散选择模型包括了 Logit 模型和嵌套 Logit 模型，它们考虑了个人偏好和备选方案对个人所做选择的影响。例如，批发商选择从哪个区域购买商品取决于该区域的价格，区域间的交通成本以及一些还未发觉的特性。Logit 模型和嵌入 Logit 模型评估了选择特定替代方案的概率。

CES 模型是由 Arrow 等在 1961 年提出的。从形式上看，CES 模型研究了由于技术进步带来的边际税率百分比变化而导致的要素比例变化。这种功能具有良好的数学性质，并且已被广泛应用。CES 模型是 NEG 模型的核心并能解决复杂集聚问题。Anderson，de Palma 和 Thisse（1987）已经证明在第二阶段确定的 CES 模型需求函数是一个特殊的嵌套模型。目前用于研究经济活动和区域间贸易流动的空间分布方法主要有：

- 微观经济理论，尤其是 Von Thünen 和 Alonso 提出的模型；
- 空间计量模型，尤其是区域间的投入－产出（IO）模型和 SCGE 模型。

微观经济理论主要阐述了生产者和消费者的个人行为。这一理论包括 Von Thünen 模型在选址的应用，该应用发现了运输成本对土地利用和土地价格的影响。Alonso 还进一步介绍了已被广泛运用于土地与交通相互联系的模型的土地价格的投标价格曲线。基于模型的微观经济理论的个人和公司的决策，假设效用和利润最大化，平衡了土地市场中土地的价格。

空间计量模型包括区域间的 IO 模型和 SCGE 模型。IO 模型以中间投入的形式描述产业间的联系。该模型最初由诺贝尔奖得主 Leontief 提出，主要关注国家产业间的相互作用。在 IO 模型的分析框架中，产出和中间投入由终端消费者需求发展驱动。

标准的多区域 IO 模型不够灵活，因为它们的跨区域贸易系数是常数，且不反映区域价格和区域间的贸易和运输费用的变化。随机效用可用于描述在效用最大化或成本最小化的目标下，如何在产业内选择区域购买中间投入。Logit 模型和嵌套 Logit 模型是 IO 模型的一般结构集成。

SCGE 模型以瓦尔拉斯理论为背景，其核心概念是市场均衡。SCGE 模型属于微观经济理论模型，因为它包含了表现经济主体的微观行为，如效用最大化和利润最大化以及所有市场的表现。

本章内容如下：首先概述国际和区域间货物运输需求建模现状，并区分理论与实证文献的不同，以及对比每一个现有方法的优缺点。进而对重力模型、IO 模型和 SCGE 模型这三个主要的货物运输需求建模方法进行介绍，详细描述了每个方法并讨论了实施过程中所面临的问题。最后对这三种主要方法进行了比较，并指出了重力模型和空间均衡模型领域将来的研究方向。

2.2　区域间货物运输需求建模研究现状

在过去几十年里，货物运输及其建模求解方法受到广泛关注。这些方法可以用来预测各国之间未来的贸易流动，也可以用来分析宏观经济和政策改变带来的贸易模式的变化。运用计量经济模型有空间交互模型和用来预测贸易流量的重力模型，这些模型的参数是基于历史数据的，通过统计方法确定的。

仿真模型常用于分析假设的场景，假设场景通常用仿真模型来分析，主要包括区域间 IO 模型和 SCGE 模型两种。上述场景仿真模型关注的是贸易流动结构与主要驱动因素，主要包括生产和消费活动的地点、运输和贸易成本以及各种政策（如税收和补贴）的影响。用 SCGE 模型计算贸易流量的优势在于 它能够内生性的计算运输成本和贸易关税对区域价格水平、生产和区域间收入分配的影响。

然而，用 SCGE 模型预测贸易流量变化的缺点，是其参数不是用计量经济学方法估计的，因此其结果无法得到统计数据上的验证。尽管存在这些不足，但是在许多贸易相关的研究中发现，应用 SCGE 模型的结果是比较可靠的，同时在理论上也是正确的。此外，还存在以下两种可能研究拓展：（1）用计量经济模型估计得到的参数作为 SCGE 模型的一部分；（2）在 SCGE 模型中集成计量经济估计模型。

Erlander 和 Stewart（1990）提出了用计量经济学方法对国际贸易建模，主要聚焦引力方程和预测两国间贸易流总量（作为国内生产总值函数）、双边距离（作为运输成本的代理）和一些其他的解释变量，比如非货币贸易屏障（海关手续）、历史、文化和制度。

运输基础设施对生产和经济增长的重要性已经在众多理论和实证文献中得到了证实，比如 Banister 和 Berechman 在 2001 年发表的文章。运输基础设施已经被确定为生产专业化和国际贸易总量背后的主要因素之一，其存量是运输成本水平的主要解释因素，也是上述研究发现的理论支撑。

在大多数贸易相关文献中，运输成本已经被认为是外生变量并且用地理位置之间的距离来估算。由于缺乏运输成本的可靠数据，而且目前的贸易研究关注的是贸易因素而不是运输基础设施或物流，所以用地理距离来表示运输成本在很大程度上是合理的。

大多数关于重力模型的实证文献关注的是贸易流量的数据统计分析，而忽视了运输成本对运输模式和运输流量的影响，及其在不同商品和区域之间存在差异。这种综合方法无法针对特定的产业或商品，且无法得到与政策相关的结论，同时削弱了计量经济模型分析的有效性。

研究人员重点研究集计贸易流量可能是因为它会对计量经济模型估计结果产生巨大影响。这个预测把商品的类型和不重要的参数相结合，以便对详细的商品组进行回归分析。另一个难点就是在详细数据中存在大量的贸易流量为零的情况，这需要用到更加复杂的计量经济估算模型与方法。为了正确估计含有零贸易流量的重力模型，研究人员一般使用更高级的 Poisson 模型、Tobit 模型或者 Heckman 的两阶段估计模型，而不使用普通的最小二乘法（OLS）。

　　还有文献讨论了固定和可变贸易系数下的多区域 IO 模型，该模型框架的基本概念可以追溯到 Keynes 的理论，该理论引入了有效需求的概念，假设生产是由消费需求决定的。Leontief 把该理论应用于多个行业，并且提出了国家 IO 框架，该框架可以通过使用固定技术投入系数对行业间的关系进行仿真。Chenery、Isard 和 Moses 在 20 世纪 50 年代率先提出多区域 IO 模型。这些成果说明了区域间贸易系数可以用来计算区域间的贸易情况，但没有给出其函数具体形式。

　　随机效用理论（见第 6 章）的出现使得基于微观经济的贸易参数函数得以发展。在可变贸易系数的多区域 IO 模型中，区域间的贸易流量取决于区域间的贸易和运输成本的变化。

　　尽管可变贸易系数多区域 IO 模型考虑了运输成本对贸易形式和流量的影响，但其未考虑价格变化、消费者收入和支出变化之间的联系，而仅认为这些变化是需求驱动。该模型的不足催生了另一种建模方法即构造 SCEG 模型。Walras 理论介绍了该模型的背景，其核心思想是市场均衡，即亚当·斯密论著中"无形的手"充当拍卖师，使经济中的所有市场需求和供应保持平衡。SCGE 模型属于微观经济的宏观模型，因为它既包含了经济主体的微观行为，比如效用最大化和利润最大化，又包含了经济中所有市场的总体表现。

　　CGE 模型基于 IO 表和国家货物运输统计数据，为全层次的经济交互建模提供了一种框架。而 SCGE 模型通常是基于微观经济学中区域间贸易和位置的静态平衡模型，使用效用和生产函数在投入之间进行替换，大多数建模使用 CES 函数。Fujita、Krugman 和 Venables 在 2001 年做了区域经济"复兴"工作，很多 SCGE 模型合并了 Dixit－Stiglitz 的垄断竞争框架，从而表现出地区竞争和经济活动中心化的影响。

　　近十年来，已有相关 SCGE 模型用来分析与政策相关的问题。离散区域层面的 CGE 模型主要成果有 CGEurope、RAEM、GEM－E－3 等。现在的 SCGE 模型具有复杂的理论基础和非线性数学规划。GEM－E－3 正是 SCGE 模型可以用来反映规模经济，活动空间集群的外部经济、公司资本、人力、能源和材料投入以及家庭消费者选择不同消费品的原因。

　　SCGE 模型的主要依据和逻辑假设可以总结为以下几方面：

　　1. 跨区域交互因运输需要，产生较高成本。

　　2. 两个地区之间距离越远，交易成本就越高（运输和贸易成本增加）。

　　3. 基于 Armington 假设和 CES 函数进行建模。Armington 的假设指出，进口产品和国内产品是非完全替代的。这意味着消费者不可能完全用进口产品代替国内产品，反之亦然。

4. 客运和货物运输的表现不同。货物运输建模要求更详细，并且是区域间贸易往来的主要来源。

5. 供应和需求在区域内相等，这表明市场出清，即供需平衡。

6. 在 Dixit – Stiglitz 的垄断竞争框架中，行业集中度的提高增加了消费者的多样性，也带来了相应的红利。

SCGE 模型的应用主要集中在区域基础设施投资、运输政策相关的问题，例如：拥挤道路收税、道路使用收费与区域规划（住房、劳动力市场和土地使用）。

2.3　重力模型在区域间贸易流量预测中的应用

2.3.1　重力模型简介

诺贝尔奖获得者 Tinbergen 和 Linneman 将重力模型引入经济学领域，旨在阐述国际贸易的货物流量。尽管缺乏行为理论方面的基础，但是重力模型在应用中体系完善且实证合理。在过去的十年里，重力模型被广泛用来解释涉及特定运距及运费的贸易流量的影响因素。此外，重力模型也应用于服务业的贸易流量、人口迁徙和资本流动等领域的研究。

重力模型由牛顿物理方程式推出。万有引力定律认为两者之间的引力与其距离有关，可表示为：

$$F_{ij} = G \frac{M_i M_j}{d_{ij}^2} \tag{2.1}$$

式中：G 为万有引力系数；M_i 和 M_j 分别为两者的质量；d_{ij} 表示两者之间的距离。

将万有引力定律引用到贸易流动中，双边贸易流量是关于贸易合作伙伴的国内生产总值和两者距离的函数，其函数表达式如下所示：

$$F_{ij} = O_i \times D_j \times R_{ij} \tag{2.2}$$

式中：F_{ij} 为货物贸易流量；O_i 为起始地的特征向量；D_j 为终点的特征向量；R_{ij} 为双边阻力因素，如距离、运输和交易成本、非货币性交易壁垒等。

为了简化重力模型的计量估计模型，可将等式(2.2)对数化：

$$F_{ij}^* = \lg F_{ij} = \alpha + \beta_1 \times \lg O_i + \beta_2 \times \lg D_j + \beta_3 \times \lg R_{ij} + \varepsilon, \ \varepsilon \in N(0, \ \sigma^2) \tag{2.3}$$

式中：α、β_1、β_2、β_3 和 ε 均为系数。

2.3.2 重力模型的理论基础

重力模型的理论基础是简化形式的空间均衡模型，该模型考虑了运输成本、垄断竞争和随着规模增大而增加的利润。

假设存在单一区域消费者根据不同区域经济产生的货物数量而形成 CES 效用函数。模型中的区域和公司是对应的，即区域 i 的所有商品均以价格 i 出售。区域间的总贸易流量价值 X_{ij} 等于 $n_i p_i t_{ij} c_{ij}$，其中 n_i 表示地区生产的公司/产品数量，$t_{ij} \geqslant 1$ 是价税的冰山贸易成本（贸易流量的百分比），c_{ij} 表示区域 i 每个公司/产品输出区域 j 的需求量。根据每个区域的 CES 效用函数，贸易流量可以表示为通过区域的有效需求 D_j，则该区域的 GDP 为：

$$X_{ij} = n_i \left(\frac{p_i t_{ij}}{P_j} \right)^{1-\sigma} D_j \tag{2.4}$$

式中：$P_j = \left[\sum_{n=1}^{N} n_i (p_i t_{ij})^{1-\sigma} \right]^{1/1-\sigma}$，是基于消费者效用函数的 CES 综合价格指数，其中 σ 为系数。

假设每种产品是在垄断竞争市场下只用一种生产要素劳动且在收益不断增加的条件下产生的。这种假设可以确定市场上公司/产品的均衡数量为 n_i。

区域 i 的代表性公司在利润最大化情况下的线性成本函数是：

$$l_i = \alpha + \varphi y_i \tag{2.5}$$

式中：l_i 为区域 i 的代表性公司生产产品所需要的劳动量；α 为建立一个新公司所需要的劳动量；y_i 为区域 i 的代表性公司的产出；φ 为每单位产出的劳动成本，即假设区域的固定成本和变动成本是相同性质的。

代表公司的利润最大化决定产品的最优价格，这是由超过单位生产成本的竞争市场决定的：

$$p_i = \frac{\sigma}{\sigma - 1} \varphi w_i \tag{2.6}$$

式中：w_i 表示区域 i 的工资价格；φw_i 代表区域产出的单位生产成本。

由于市场开放，完全竞争市场中的均衡状态为零利润：

$$y_i = \frac{\alpha}{\varphi} (\sigma - 1) = y \tag{2.7}$$

每个竞争公司的产出是相同的，即为 y。假设每个地区的劳动力得到充分利用，则通过 L_i 可得到公司/产品的均衡产出数量 n_i：

$$n_i = \frac{L_i}{\alpha + \varphi y} = \frac{L_i}{\alpha \sigma} \tag{2.8}$$

根据以上的假设和推导，可以得出区域 i 和 j 之间关于区域需求/GDP、劳动力和贸易成本的贸易流量函数关系式：

$$X_{ij} = D_i D_j \frac{\left(\dfrac{D_i}{L_i}\right)^{-\sigma} t_{ij}^{1-\sigma}}{\displaystyle\sum_{k=1}^{N} D_k \left(\dfrac{D_k}{L_k}\right)^{-\sigma} t_{kj}^{1-\sigma}} \tag{2.9}$$

2.4 多区域 IO 模型

2.4.1 固定贸易系数的多区域 IO 模型

IO 模型能够刻画不同经济主体之间的作用，例如公司与消费者。该模型采用典型假设，即以不同公司中每个部门的异质性行为代表该公司的行为。假设在单一的经济地区有 m 个生产部门和一个具有代表性的消费者，IO 模型用以下方式描述了经济主体之间商品和服务的货币流动。

$$X_m = \sum_n x_{mn} + Y_m \tag{2.10}$$

式中：X_m 为部门 m 的所有支出；x_{mn} 表示所有部门产品的中间效用；Y_m 为消费者最终消费。部门的直接购买费用可以通过 Leontief 技术系数得到：

$$x_{mn} = a_{mn} X_n \tag{2.11}$$

因此可将公式（2.10）改写：

$$X_m = \sum_n a_{mn} X_n + Y_m \tag{2.12}$$

将 IO 模型应用在多区域的拓展模型由 Isard 在 1960 年首次提出，他通过以下公式将精确的空间维度引入到部门货物流动中：

$$X_{im} = \sum_j x_{mij} \tag{2.13}$$

式中：x_{mij} 为部门 m 从区域 i 到区域 j 的货物流通量，这个公式可以通过技术系数改写：

$$x_{mij} = \sum_n a_{mnj} \sum_k x_{njk} + Y_{mj} \tag{2.14}$$

如果部门 m 在区域 j 的商品总消费量表示为 $C_{mj} = \sum_i x_{mji}$，则有：

$$C_{mj} = \sum_n a_{mnj} X_{nj} + Y_{mj} \tag{2.15}$$

2.4.2 应用随机效用理论的可变交易系数简述

标准的多区域 IO 模型用户反馈有延迟，因为区域间贸易系数是恒定的，并没有反映区域价格、区域间贸易和运输成本的变化。为了克服这一重大缺陷，不少学者开始应用随机效用理论，以此来明确公司和消费者从区域 i 到其他区域所购买商品的运输成本变化对模型的影响。

采用随机效用理论来描述部门以效用最大化或成本最小化为目的选择购买中间投入的区域。基于离散选择理论，部门 n 从区域 i 到区域 j 的贸易额 x_{nij} 可以表示：

$$x_{nij} = C_{nj} \frac{\exp(\lambda_n \nu_{nij})}{\sum_k \exp(\lambda_n \nu_{nij})} \tag{2.16}$$

式中：λ_n 为分散度参数；ν_{nij} 为系统效用，它包括了区域间运输成本的负效用。值得注意的是，在面临不可预测的成本和效益时，可以基于结构重力模型的派生建立贸易商的个体离散选择模型。贸易商将选择利益最大化的双边贸易，而离散选择模型的应用可以刻画贸易商的个体行为并且估量他们的经济价值。基于效用原则可以建立基于多项 Logit 的结构重力模型。

随机效用多区域 IO 模型仍然存在多方面的不足，特别是：

- 没有充分考虑收入与支出之间的相互依存关系。
- 是需求驱动模型，因此不能准确描述供应方面的影响。

近十年来，SCGE 模型取得了重大进展，可以较好替代 IO 模型，因为它既能保持 IO 模型区域间的建模优点又能弥补上面所提到的缺点。

2.4.3　经典 IO 模型综述

2.4.3.1　RIMS Ⅱ 模型

RIMS Ⅱ 模型是美国的区域 IO 模型，被用于与公共、私营部门项目和发展计划的区域影响等多种不同类型主体的计算。RIMS Ⅱ 模型是基于 IO 表的两个数据来源：一个是 BEA 国家的 IO 表，反映了美国约 500 家工厂的 IO 结构；一个是 BEA 国家的区域经济账目，可以用来调整国家的 IO 表并显示一个地区的工业结构和交易模式。RIMS Ⅱ 模型应用的例子如关闭军事基地、扩大机场以及投资购物中心与体育场馆对其的影响。

2.4.3.2　IMPLAN 模型

IMPLAN 模型是美国的区域 IO 模型。① IMPLAN 模型使用统一的国家生产

---

① 具体见 http://implan.com/V4/Index.php Accessed 24.07.13.

技术并在区域系数方法中导入数据，从而使生产部门的 IO 系数区域化。IMPLAN 模型采用自上而下的方法来建立自己的数据库，如州数据受到国家数据的约束。就业和盈利数据可从国家商业模式数据和 BEA 数据获得。运用 IMPLAN 模型对 BEA 公布的州层面增值报告进行评估，并以评估结果为标准再对美国总产量进行分配。同时，IMPLAN 模型将州总产量分配到各郡，以郡就业收入为依据进行分配。

2.4.3.3 REMI 模型

19 世纪 80 年代 REMI 模型被运用于商业，REMI 公司广泛应用此模型。作为美国的一个区域模型，REMI 模型的主要市场是美国州政府，尤其是国家交通部门，也有少数欧洲国家购买了 REMI 的服务。[①] 尽管它的商业化非常成功且持续改进，但其概念是基于 20 世纪 70 年代至 80 年代的区域科学。

REMI 模型是一个混合模型，它连接了 IO 的核心和区域经济模型。无计量经济的 REMI 模型是标准的 IO 模型。计量经济学的本质是新古典主义理论。该模型使用区域的概念来表示区域经济增长的长期状态。

2.4.3.4 FIDELIO 模型

EU27 全跨区动态经济计量长期投入产出模型（FIDELIO）是美国一个新的混合计量的 IO 模型，是由 IPTS 的联合研究中心（JRC）使用最新的世界投入产出数据库（具体见 www.wiod.org）估量其计量核心研究出来的（可参考 Kratena et al.，2013）。EU27 使用了一套在 59 个 NACE 工业/商品层级的供应 – 使用表来进行估计。另外为了能够更好地表示需求因素和贸易，FIDELIO 使用了较为灵活的函数形式，如 Translog 和 aid。

模型中的私有消费是耐用品和非耐用品的动态优化结果。FIDELIO 模型着重研究家庭所购耐用品的能力及其能力效率。模型的生产函数是一个对数模型，其区分了资本、劳动、能源、进口和国内中间体。与使用 CES 函数的标准 CGE 模型相比，包括了 WIOD 数据集中负责能源和环境的卫星数据。劳动力供给以薪资谈判为基础，由薪资曲线来建立模型。

2.4.3.5 IDEM 模型

意大利的综合人口经济模型是一种经济多区域（IDEM）模型，包括了基于空间组合方法的人口结构部分和基于多区域 IO 方法的经济部分。模型的这两

---

① 具体见区域经济模型股份有限公司 http：//www.remi.com/Accessed 24.07.13.

部分通过生产力增长、劳动力市场参与度和移民流动等变量构成关联。该模型已被意大利财政部应用于国家经济地区性的预测和区域公共投资及介入的评估中，例如运输基础设施投资。

2.4.3.6　PECAS 模型

卡尔加里大学的 Dr. Doug Hunt 和 Dr. John Abraham 建立了生产交换及消费分配系统（PECAS）模型。包括了两个主要模型：（1）活动分配（AA）模型，集聚的、平衡空间 IO 模型；（2）空间发展（SD）模型，分解的状态转换模型。PECAS 模型的核心是代表不同地域之间货币贸易流量的空间 IO 模型，区域间的货币贸易流量可以进一步转化为货物流量。这个模型是静态的，并以年为单位计算区域消费价格。PECAS 模型不仅包括劳动力市场和房地产市场，还包括其他商品和服务市场。

2.5　SCGE 模型及 NEG 影响

2.5.1　方法论综述

SCGE 模型是 CGE 模型的区域化形式，并且拥有 CGE 模型的主要特点。SCGE 模型通常校准一年的多区域社会核算矩阵。SCGE 模型结合了经济中主要代理商的微观经济行为和主要的宏观经济关系（如市场的平衡、储蓄与投资之间的关系、交易平衡和利率、政府平衡等等）。在过去的几十年里，它已经成为一个重要的政策分析工具。

Thissen（1998）认为 CGE 模型是一般均衡模型，它连接各代理商的收入、需求模式、收支平衡以及多部门的生产结构。此外，该模型包含了一系列的行为方程，这些方程描述了模型中代理商的经济行为以及当前所受到的技术和制度约束。该模型之所以是一般均衡模型，是因为存在一系列价格和数量，如对商品和服务的超需求在名义上和实际数量上均为零。

CGE 模型包含了投资行为、需求和供给方程，其系数可由经济计量学进行估量或校准（校准技术将在后文给出）。基础的宏观经济行为方程是基于微观经济学理论中的生产者和消费者建立的。CGE 模型通过部门间贸易的形式将各生产部门连接起来。该模型描述了部门所需购买的各类货物商品和服务价格及购买商品及服务的总价。每单位生产输出所需的货物和服务是自变量且取决于该部门的生产技术及相关商品和服务的价格。

SCGE 模型的终止规则反映了宏观经济理论。例如，根据新古典主义理论，支付的劳动力工资等于其边际生产力并且可变；而根据新凯恩斯理论，工资是固定不变的。因此宏观经济的终止条件选择影响了 SCGE 模型策略模拟的可能性。

SCGE 模型的宏观经济部分描述了资本股票发展的关系，即在 t 年的股票等于 $t-1$ 年的股票减去折旧再加上新的投资。同时还介绍了家庭消费者和公司的储蓄决策。在最简单的情况下，公司的储蓄为弥补折旧的部分加上预期的经济增长率，家庭消费者的储蓄则是每一段时间可支配收入的固定部分。基于特定部门（区域）的预期收益率和折旧不同来确定各部门（区域）的总储蓄。根据这一规则将储蓄分配给 SCGE 模型中的不同部门，反映了生成预期模型和经济主体行为的假设。

2.5.2 SCGE 模型的标定

标定是获得 SCGE 模型参数使用最广泛的方法。为了获得这些参数，必须假设模型的初始数据是均衡点，才能将其视为均衡参考点。模型参数由该模型在重新计算中生成的经验数据得到。SCGE 模型数据库的核心是 SAM，其代表了经济中的货币流并确保满足了众多均衡条件。SAM 的列代表了经济领域，而行代表了市场的商品、服务和生产要素。SAM 的列提供了中间和因素输入方面的信息。生产投入的总和等于特殊部门在零利润状态下的产出之和。SAM 的行提供了商品、服务和生产要素的供给与需求信息。供给的总量等于需求的总量，这也反映了市场均衡状态。

由于不可能对模型参数值进行全面统计检验，因此校准程序备受争议。这就需要建模者确保每一个模型仿真都进行了敏感度分析。另一种方法是基于时间序列、交叉部分或面数据的经济估量确定模型参数。这种技术只适用于宏观经济一般均衡模型中的少数方程，不适用于 SCGE 模型。原因有两点：(1)缺乏经济估量必要的数据；(2)缺乏估量大系统中方程式的有效求解算法。为解决这一问题，一些现有的 SCGE 模型采用了经济估量参数并以此校准剩余的 SAM 原始数据。

2.5.3 SCGE 模型的简易数学模型

Krugman 根据重力模型推导出 SCGE 模型的扩展型简单数学公式，这个模型的符号和结构与本章 2.3 节中所给出的一致。该模型以框架的主要元素作为其核心，但它并不是最终的模型结构。在实际应用中该模型结构反映了正在研究的一些问题及模型数据在特定国家的适用性。

SCGE 模型的核心是一个封闭的经济模型，假设其有 N 个部门，$n = 1$，2，$\cdots$，N；I 个区域，$i = 1$，2，$\cdots$，I。每个生产部门只生产一种类型的商品，因此部门与商品之间具有一一对应的关系。在每个区域内商品有三种类型的活动，即生产、运输以及消费。部分模型的区域间概念以共用概念为基础，即在区域 r 中用于中间和最终消费者的第 i 类商品可看作是商品 i 在区域 r 的消费。这一假设意味着在某一区域最终和中间消费的商品区域组合不存在显著性差异。共用的概念大大降低了 SCGE 模型对数据的要求和维数。

模型中每个区域 i 包含了 N 个生产部门，1 个家庭消费者和 N 个生产部门在 r 区域内选择代理商或批发商。部门 i 在区域 r 内把商品生产和劳动力投入作为商品输入。区域内的家庭消费者通过劳动力输出和购买特定区域内的最终消费品来获得家庭消费者的收入。

每个地区的运输部门或批发商根据经济不同地区的货物产量，在 CES 效用函数下运作。t_{nij} 表示区域间商品移动过程中特定商品的运输成本，这意味着一定份额的商品在移动过程中消失了。在已知的各区域间交通运输部门或批发商的 CES 效用函数中，其贸易流量可以表示如下：

$$X_{nij} = \left(\frac{p_{ni}t_{nij}}{q_{nj}} \right)^{1-\sigma_n} S_{nj} \tag{2.17}$$

式中：$q_{nj} = \left[\sum_{n=1}^{N} (p_{ni}t_{nij})^{1-\sigma_n} \right]^{\frac{1}{1-\sigma_n}}$，是交通运输部门或批发商在 CES 效用函数基础上衍生出的 CES 综合价格指数；S_{nj} 是商品 n 在区域 j 的总销售量。区域总销售量是生产部门中间商品消费量 Q_{nkj} 与区域家庭消费者最终商品消费量 C_{nj} 之和，即 $S_{nj} = \sum_k Q_{nkj} + C_{nj}$。CES 综合价格指数 q_{ni} 表示商品在区域 i 的均衡价格。

商品 n 在区域 i 的生产量 Y_{ni} 是由以劳动量 L_{ni} 和中间投入总和 Q_{nkj} 为要素的 Cobb－Douglas 生产函数决定的，即

$$Y_{ni} = L_{ni}^{\alpha_n} \left(\prod_k Q_{kni}^{\gamma_{in}} \right)^{1-\alpha_n} \tag{2.18}$$

式中：α_n 和 γ_{in} 分别表示特定的 Cobb－Douglas 劳动力比率和中间投入。

以技术为约束、以成本最小化为目标公司最优中间和劳动力投入的生产函数，其公式如下所示：

$$L_{ni} = \frac{\alpha_n Y_{ni} p_{ni}}{\omega_i} \tag{2.19}$$

$$Q_{kni} = \frac{(1-\alpha_n) \gamma_{in} Y_{ni} p_{ni}}{q_{ki}} \tag{2.20}$$

基于生产函数可得、其单位生产成本为：

$$c_{ni} = \omega_i^{\alpha_n} \left(\prod_k q_{ki}^{\gamma_{kn}} \right)^{1-\alpha_n} \qquad (2.21)$$

区域家庭消费者通过出卖劳动力给公司来获得收入从而从交通运输部门或经销商手中采购批发商品。而效用最大化取决购买的商品量：

$$U_i = \prod_k C_{ki}^{\beta_k} \to \max, \quad \sum_k C_{ki} q_{ki} = \overline{L}_i \omega_i \qquad (2.22)$$

家庭消费者最优需求函数：

$$C_{ki} = \frac{\beta_k \overline{L}_i \omega_i}{q_{ki}} \qquad (2.23)$$

模型的均衡市场条件包括决定区域劳动水平 ω_i 的劳动力市场：

$$\sum_n L_{ni} = \overline{L}_i \qquad (2.24)$$

同时商品市场的均衡决定了生产者的价格水平：

$$Y_{ni} = \sum_k X_{nik} \qquad (2.25)$$

后者的均衡条件可表述为某一特定区域的输出总量等于输出的流量与自有区域的消费之和，这些交易流量表示该区域输出产品的需求。将中间和最终需求的方程与市场均衡条件相结合得到了简单的 SCGE 模型公式。

2.5.4 考虑空间维度的 SCGE 模型

在过去几十年里，地理或空间维度已经被正式应用到经济分析中。许多论文都通过其他替代名词涉及地理或空间或距离这一要素，如运输成本、土地价格梯度或劳动力流动性等。经济活动的地理格局是通过集聚经济活动的向心力和打破限制集聚的离散力之间的平衡来提升的。

Ottaviano 和 Puga(1997)区分了导致经济活动中空间集聚循环或累积的四种机制，即劳动力迁移、中间产品的 IO 连接、跨期联系的要素积累和组合以及历史与期望。

周边地区可能缺乏维持经济活动的重要物质，因此区域政策可能只是暂时成功地吸引周边经济活动。然而更糟糕的是，通过大型基础设施建设项目、产品的协调或者其他促进经济一体化的行动来提高区域间的贸易自由度可能对周边产生不利的影响，例如公司集中搬迁到核心区域并服务周边市场。NEG 结合了包含一般均衡框架的区域科学观点，是主流经济学理论中唯一认真对待位置经济学的理论。

2.5.5 资本和劳动力流动

区域的成长性与聚集性的关系很大程度上取决于资本流动。如果没有区域之间的资本流动，资本积累和增长的激励机制所产生的自我增强型单向集聚力量将导致所有经济活动转移到一个被称为"灾难性"空间集聚的位置。在缺乏资本流动的情况下，所产生的结果和 NEG（Fujita 等，2001）很相似：两个相同区域之间，逐渐降低的交易成本开始对区域的经济地理没有影响，但在一定的临界水平下会引发灾难性的集聚。在本章节提出的模型中，如果缺少资本流动，"灾难性"的集聚意味着代理商没有更多的刺激因素去积累资本与创新。在由互相加强供需转移表征的经济地理模型中常会导致核心－边缘结构的循环因果关系的产生。生产转移表现为一个区域内的资本积累和另一个区域内的资本消耗的形式，需求转移表现为一个区域由投资带来的长久性收入增加，和另一个区域长久性的收入降低的形式。

2.5.6　集聚╱分散动力

空间集聚的存在有三种不同的解释：第一种是不同地区的自然禀赋；第二种是本能，即当公司从产品的外部效应中获益时产生集聚；第三种是市场渗透，即市场获取某种动力会产生集聚。每种类型的集聚都会使所有产业运营地区中住宅用户租金、产业生产力、产业区域内雇佣份额以及产业区域内雇佣差异发生变化。

禀赋型聚集会出现在不同产业，每一种产业在其生产过程中都使用其行业特定的原材料和劳动力。不同地区以其特定的原材料相区别。因为原材料不能在区域间流通，而在生产过程中必须使用行业特定的自然资源，这样公司可能会找到选址于某区域得天独厚的优势。因此，自然禀赋优势在有效原材料供应的外生模式中被证明。生产商位于可以提供大量原材料的地区相对于竞争对手位于只能提供较少原材料的地区具有很大优势，因为前者原材料投入成本小。

公司另一个利润来源于当地生产的外部性，即当公司的生产可能性依赖于位于相同地区的其他公司的活动时会产生这种现象。具体来说，公司的生产可能随周边其他公司的雇佣决策变化而改变。这种类型的生产外部性可能是技术溢出的结果，即员工泄密，或者因为当地高就业流动率使得公司从员工在原公司所获得的知识技术中获益。生产的外部性通常分为本地化的外部性或城市化的外部性。当公司受益于类似的公司或者同一行业的其他公司时为本地化的外部性，当公司受益于不同区域的公司或者与公司从事不同行业的公司时为城市化的外部性。

集聚的第三个动力是代理商对市场的渴望。如果货物的运输成本很高，那么消费者会靠近更多的生产者以降低他们的货物采购成本。与此同时，生产者也想接近更多的消费者以获得更大的市场来销售他们的产品。综上所述，这些动力促使生产者和消费者都愿意彼此接近，从而产生因果循环关系并形成集聚。

2.5.7 经典 SCGE 模型的综述

2.5.7.1 MIRAGE 模型

MIRAGE 模型是由 CEPII 模型通过贸易政策分析发展形成的一个多区域、多领域的 CGE 模型。MIRAGE 模型使用的是全球最新版本的贸易评估项目数据库（GTAP）。该模型包括竞争的不完全化、产品的差异化与外商直接投资（FDI）。MIRAGE 模型包含一个基于 MacMaps 数据库的具有代表性的贸易壁垒。这个模型已经以欧洲联盟及其周边的贸易自由化为例做了测试。模型中的不完全竞争服从 Cournot 垄断框架，并结合产品差异化和地理分化。该模型是动态的，并且使用了递归设置。每个垄断框架中经营公司的数量是由模型的内源性决定的。模型的动态部分包括资本的重新分配和外商直接投资流动。MIRAGE 模型包括具有区分其他以贸易为主的 CEG 模型的三个明显特征：（1）明确的外商直接投资 FDI 流动模型；（2）垂直产品差异化；（3）代表性货币与非代表性货币贸易壁垒。

2.5.7.2 GEM – E3 模型

GEM – E3 模型是由雅典技术大学开发的应用于欧盟的一般均衡模型，随后应用于能源和环境政策分析。该模型基于欧盟统计局的数据，包括具有代表性的市场商品、服务、劳动力和资本。GEM – E3 模型分别代表欧盟各成员和国际贸易。它结合了各种具有代表性的经济部门。该模型是随着时间动态变化的，基干预期进行投资决策其中包括了具有代表性的资本积累和技术进步。该模型详细描述了政府部门的主要税收、补贴和转移支付。GEM – E3 模型的核心是能源 – 环境政策和制度，它在排放量和减排曲线上具有代表性。

2.5.7.3 DART 模型

基尔大学开发（Springer，1998）动态应用区域贸易（DART）的一般均衡模型，其是一个多区域、多部门、动态递归的 CGE 模型。该模型使用 GTAP 数据库来校准其参数。模型的每个区域包括具有代表性的生产者、消费者、政府与投资者。DART 模型在国际贸易中被分为几个区域。它是一个递归的动态模型，其时间周期与资本累积相关。该模型的动力学是基于经济增长率和人口变化的假设，每个部分的输出是由中间输入和生产的主要因素（包含资本、劳动力和土地）综合考虑得出。模型中使用的能量与温室气体（GHG）的排放量有关。

2.5.7.4　MONASH 模型

澳大利亚莫纳什大学的政策研究中心和碰撞项目联合研发出 MONASH 模型。该模型是澳大利亚静态 ORANI 模型的扩展。MONASH 是一个多区域、多部门的动态 CGE 模型，并允许对行业水平和区域的分解做出不同选择。它也可以应用于对经济主体行为的不同假设，特别是改变经济主体期望。该模型包含了贸易中所需商品和服务区域间的运输边界。所有的经济主体都做出跨时期的决定，即公司通过投资决策最大限度地实现其贴现利润以及用户在可支配收入的基础上做出消费和储蓄的决策。MONASH 模型允许不同类型的设置。模型外源参数的设置依赖于不同类型的假设。

2.5.7.5　SCGE 模型

Toshihiko Miyagi 为日本开发出了 SCGE 模型，主要用于评估 Tokai － Hokuriku 高速公路对整个国家的间接经济影响。该模型的目的是计算区域和国家层面得到运输投资的加成影响。基于区域间 IO 数据表可将日本分为九个区域。基于 CES 函数区域间的交通流模型。

2.5.7.6　CGEurope 模型

由基尔大学开发的 CGEurope 模型是一个覆盖全世界 270 个区域的封闭系统模型，其核心是在欧洲（NUTS2）使用的 NEG 框架（Brocker 等，2010）。所有区域被单独处理并通过内生贸易相互联系。其推理方法相对静态，这意味着模型运行的两个均衡状态（基准和场景）被相互比较。比较的基础是常见指标，如实际收入，实际国内生产总值和等价变化测量。

在每个地区都有很多家庭消费者，他们都拥有一套用于公司生产货物的固定生产要素。货物被分为本地产品和贸易产品两种类型。本地产品只能在生产区域内销售，而贸易产品可以被销往世界各地，包括本地。

本地产品的生产商结合服务、当地产品和贸易品这些主要因素，使用嵌套特定区域成本分摊参数的 Cobb － Douglas 技术。本地产品的输出被假设为完全均衡并规模不变的情况下生产。公司将价格作为输入也作为输出，而且不用于赚取额外的利润。

相对于直接销售，这种家庭消费者或其他生产商的输出，公司可以把它作为生产贸易品所需的输入。各方面技术随着规模的扩大而改进。贸易货物的建模是紧密却不完美的替代品，要服从 DixitStiglitz 方法。不同的产品来自不同地区的生产商，因此，贸易品的相对价格发挥了作用。外生变量（运输成分）的变化使这些相对价格变化并且诱导替代效应。对于生产商的贸易品，只有输入价格是给定的，而输出价格可以在垄断的框架下加成定价。然而，由于自由市场的进入，利润将趋近于零，相当于本地产品的市场。

CGEurope 模型空间维数的两个特征是：

● 产品、要素、公司和家庭消费者的区别；

● 商品交易成本的变化取决于地理和国家市场的分割。

两种贸易成本分别是：与地理距离相关的成本（运输成本）和克服国际贸易障碍的成本。前者是假设运输成本随着距离的增加而增加但其增长率递减。这些成本的变化将影响政策。

欧洲委员会的 FP6 项目最近正在开发一个新的动态版本模型，目前正在测试中（Brocker 和 Korzhenevych，2013）。这个动态版本包括跨时间的投资和家庭、公司的储蓄决策。

CGEurope 模型的经验显示了将 SCGE 模型成功应用于欧洲地区的可能性和在模型结构中动态投资决策的可能性。该模型目前的公式有衍生于微观经济理论简单而清晰的数学结构。模型中划分的代表性区域仅有两个：可流通和不可流通，不可流通就是不允许进行广泛的部门分析和限制模型中可评估的政策类型，该模型的重点是相关运输政策的评估。

2.5.7.7 PINGO 模型

挪威的 PINGO 模型旨在预测区域之间的货物运输（Ivanova、Vold 和 Jean - Hansen，2002）。该模型假设以挪威为代表的 19 个国家和其他地区的小型开放经济体，区域允许出口和进口。区域间的贸易是通过明确建模的运输部门承担运输成本。O/D 矩阵结合了挪威运输模型 NEMO 中的运输成本，构建 SAM 来进行模型的校准。该模型区分九种类型的生产部门，一个服务部门和一个投资部门，部门间的活动以完全竞争为假设。通过运输模型 NEMO 的转换，对特定模型的 O/D 矩阵、运输成本、运输量等进行预测。PINGO 模型是一个静态模型，通过改变外生变量进行预测，如政策和区域人口的预测。

2.5.7.8 SCGE 模型

Goce - Dakila 和 Mizokami（2007）为菲律宾开发了 SCGE 模型并假设其为完全竞争。该模型旨在对菲律宾五个区域中的三种可替代运输方式（陆运、空运和水运）进行最有效的运输基础设施投资。它包括七个生产部门的三种运输方式即陆运、空运和水运。运输服务的需求可从中间需求得到。每个部门使用两种类型的生产要素进行生产：劳动力和资本。运输基础设施的效用根据模型中三种运输方式的生产力进行模拟。

2.5.7.9 B – MARIA 模型

巴西的 B – MARIA 模型是已开发的 SCGE 模型，目前由圣保罗大学维护（Haddad 和 Hewings，2005）。该模型包括巴西的 27 个具有代表性的地区和 8 个仅生产一种特定商品的生产部门。模型中的部门包括：（1）农业，（2）制造业，（3）公共事业，（4）建筑业，（5）贸易，（6）金融机构，（7）公共管理，（8）运输。除了生产部门，每个区域都有代表性的家庭和区域政府。国家级别的模型包含了具有代表性的联邦政府和国际贸易。巴西于 1996 年由区域间 IO 数据库中的数据来模型校准。该模型是静态的并且在两种不同的终止规则下运行：（1）短时间运行，（2）长时间运行。除了假设资本固定，短期封闭的模型结合固定的区域薪资差异还包括固定的区域人口和劳动力供应。在短期运行的情况下，该工资的投资政府赤字也已外生固定。

最新的 B – MARIA 模型（Haddad 和 Hewings，2005）结合了 CES 生产函数包括规模递增和进入行业的固定成本。该模型还包括巴西具有代表性的运输网络。通过包含模型中的真正运输利润率（与冰山成本假设相反）将运输网络加入模型中。模型中的运输服务由区域运输部门使用劳动力、资本和中间产品产生。模型中跨区域货物运输所产生的流量进一步地映射到地理编码的运输网络。运输网络模型允许通过计算区域间的运输成本来作为货物流量函数并以迭代的方式将它们输入到经济部分。

2.5.8 SCGE 模型

2.5.8.1 RAEM – Light 模型

RAEM – Light 模型假设完全竞争和规模不变，因此无法捕捉到 NEG 的特征（Koike 和 Thissen，2005）。经济由跨区域贸易联系起来的多个区域组成。区域之间的劳动力和资本已固定，运输利润率遵循冰山假设，即从一个区域运输到另一个区域的过程中会有一定份额的产品消失。RAEM – Light 模型还包括随机元素。由消费者和生产者购买的产品其原产地的选择是在 Logit 模型的基础上确定的。该模型评估了消费者和生产者在某一特定区域选择购买产品的概率。这种概率受地区价格和运输成本影响。区域间的贸易流量总额是以总的需求量乘以该概率得到的，该模型已在日本、荷兰和匈牙利实施。

2.5.8.2 RAEM 模型

RAEM 模型是由荷兰应用科学研究组织(TNO)与格兰宁根大学合作研发出来的荷兰 SCGE 模型。该模型已在挪威、俄罗斯和欧盟国家实施,同时它也适用于 NEG 理论。而荷兰的 TNO 和 Transport and Mobility Leuven 已在 2006—2007 年联合研究出了该模型的最新版本 RAEM3.0(Ivanova 等,2007)。

RAEM 模型包含以下具有微观经济行为的代表性经济主体:依据 SBI93 荷兰分类所区分的生产部门、投资主体、联邦政府和对外贸易部门。该模型是动态的、随着时间递归,涉及动态物理、人力资本的累积、技术的进步、存量和流动的关系以及适应性的期望模型。递归动态结构是由几个临时的均衡序列组成的。

家庭消费者获得失业救济金的水平取决于与这种特定家庭消费者相关联的失业水平。经济中的自愿失业是根据工资曲线建立的,这与经济中的失业水平和实际工资水平相关。

RAEM 模型以平均成本定价与公司各部门之间的 DixitStiglitz 变化和垄断竞争作为假设,在垄断竞争框架下,假设由一些相同公司组成的部门各生产一个唯一的特定产品。该模型还包含了具有代表性的联邦政府职能。政府部门负责收集税收、支付补贴并将家庭消费者、生产部门和其他人进行转移。

2.5.8.3 RHOMOLO 模型

RHOMOLO 模型是欧盟区域整体模型,并在欧盟中一些 NUTS2 水平的国家(Brandsma、Ivanova 和 Kancs,2011)实施。该模型集经济、环境、能源和社会于一个统一的框架。

RHOMOLO 模型是为事前评价 ECP 影响而特别研究出来的。该模型也可以用于事后影响评估,与其他政策模拟和政策方案进行比较。RHOMOLO 模型具有以下重要的特征:

- 在 NEG 框架内连接区域;
- 具有以知识积累和人力资本为主的内生增长动力的跨时空动态特征;
- 采用公共部门干预措施;
- 采用多层次的治理体系。

RHOMOLO 模型是基于微观经济学的区域间贸易和定位选择的均衡模型,在投入中使用效用和生产函数作为替代。该模型能够将公司中的规模经济、空间集聚活动的外部经济、资本替代、劳动力、能源、材料投入和家庭消费者中的不同消费品纳入其中。此外,DixitStiglitz 类型的垄断竞争允许多种产品存在，因此允许区域间替代产品交叉运输。

模型中的所有生产活动与气体排放量和环境损害有关。该模型包含所有具有代表性的主要温室气体和非温室气体的排放。模型中的气体排放量与公司的能源使用量有关，或者与公司产出的整体水平有关。

SCGE 模型的一般结构延伸到包括内生增长要素，如技术进步和人力资本的积累。这两个要素的发展是基于家庭消费者和公司的行为决策模型以及公共支出。该模型包含两种层次的政府，一种代表中央政府，另一种代表地方政府，相应的也有两种层次的预算制度。

该模型是动态的、随着时间递归的，涉及动态物理、人力资本的积累、技术的进步、存量与流动的关系以及适应性的期望模型。该模型主要参数为时间序列或面板数据技术的经济计量估算，其余模型参数根据 2007 年最新数据校准。

2.6　研究结论与展望

本章介绍了目前区域间货物运输量预测的理论和实证研究方法。近几十年来人口和经济的持续增长、贸易专业化和全球化的趋势已经使货物运输无论是在体积方面还是在平均距离方面都得到空前增加。降低成本和提升货物运输效率已经成为进一步全球化和经济增长的驱动力，并促进了资本市场的全球一体化以及投资者在全球范围内直接投资规模的增加。

国际和区域间的货物运输需求取决于生产和消费活动的空间分布。国际货物运输量很大程度上反映了各国之间的贸易往来。货物运输需求的主要驱动力包括人口的增长和迁移，技术的发展，自然资源的获取，集聚和分散力量的专业化。这些驱动力和国际贸易的驱动力非常相似，其决定了目前用于预测国际和区域间货物运输需求的方法论。

为了调查经济活动和区域间贸易流动的空间分布，目前应使用的主要理论有：微观经济学理论，尤其是 Von Thuenen 和 Alonso 模型；空间相互作用理论，尤其是重力模型；空间计算模型，尤其是多区域 IO 模型和 SCGE 模型。

本章已深入研究用三种方法对贸易和货物运输流程进行建模：重力模型，多区域 IO 模型和 SCGE 模型。所描述的每一个方法都有其优点和缺点，简单讨论如下。

重力模型的主要优点在于它的经济计量估算结果是可以统计验证的。但重力模型相对较少应用于详细统计商品贸易。大多数的实证模型解释了国家之间的贸易总量而没有阐述更多的商品细节,这就需要通过数据的质量和计量经济学方法的复杂性来解释这一部分,也就是需要处理丢失的数据和许多零贸易流量。目前重力模型所使用的细节层次限制了货物运输量的效用性预测。

具有固定贸易系数的多区域 IO 模型数据需求相对较低,易于实现。它抓住了区域间相互作用的本质,但忽略了响应运输成本变化的贸易模式变化。后者的缺点在很大程度上受到了随机效用贸易系数应用的影响。它们是基于微观层次交通调查数据的经济计量估算,并考虑了运输成本的影响。但是,这些模型忽略了运输基础设施和运输政策发生重大变化对收入和供应方面的影响。

SCGE 模型充分考虑了收入和供应方面的影响。该模型在理论上有较好的假设和数学结构。随着区域数据质量和计算机能力的逐步提高,它们越来越受研究人员和政策制定人员的欢迎。这些模型的主要缺点是实施成本高和无法计量评算所有主要行为方程式。目前的做法是计量估算一些主要的模型参数以校准基年数据集上的其他部分。

本章节提出的三种模型在数学推导方面有很多共同之处。重力方程的理论结构是在空间一般均衡模型的基础上推导出来的,因此和 SCGE 模型的假设完全一样。SCGE 模型以 IO 数据为建模的核心框架。在许多情况下,它们还使用 Leontief 固定技术系数来计算中间生产投入。

鉴于目前数据质量改进的速度和计算机技术的提升,可以将 SCGE 模型看作未来区域经济的研究模型,以及运用运输政策和运输基础设施预测区域间运输流量变化的优先选择方法。但是更重要的是将有良好的经验验证和经济计量测试功能形式的参数运用到模型当中,使模型更加可靠。

参考文献

[1] ANDERSON S P, DE PALMA A, THISSE J – F. The CES is a discrete choice model[J]. Economics Letters, 1987, 24: 139 – 140.

[2] BANISTER D, BERECHMAN Y. Transport investment and the promotion of economic growth [J]. Journal of Transport Geography, 2001, 9: 209 – 218.

[3] BERGSTRAND J H, EGGER P, LARCH M. Gravity redux: estimation of gravity-equation coefficients, elasticities of substitution, and general equilibrium comparative statics under asymmetric bilateral trade costs[J]. Journal of International Economics, 2013, 89: 110 – 121.

[4] BRANDSMA A, IVANOVA O, KANCS, D'A. RHOMOLO – a dynamic spatial general equilibrium model[M]. Seville, Spain: JRC IPTS, 2011.

[5] BRÖCKER J, KORZHENEVYCH A. Forward looking dynamics in spatial CGE model-ling

[J]. Economic Modelling, 2013, 31: 389 – 400.

[6] BRÖCKER J, KORZHENEVYCH A, SCHUERMANN C. Assessing spatial equity and efficiency impacts of transport infrastructure projects[J]. Transportation Research Part B, 2010, 44: 795 – 811.

[7] CAPROS P, GEORGAKOPOULOS T, FILIPPOUPOLITIS A, et al. The GEM-E3 model for the European Union: reference manual National Technical University of Athens and others. 1997.

[8] ERLANDER S, STEWART N F. The gravity model in transportation analysis: theory and extensions. Utrecht, The Netherlands; Tokyo, Japan: VSP, 1990.

[9] FACHIN S, VENANZONI G. IDEM: an integrated demographic and economic model of Italy. CONSIP S. p. A, 2012.

[10] FUJITA M, KRUGMAN P R, VENABLES A J. The spatial economy: cities, regions, andinternational trade[M]. Massachusetts: MIT Press, 2001.

[11] GOCE-DAKILA C, MIZOKAMI S. Identifying transport infrastructure investment with maximum impact: a SAM-based SCGE approach[J]. Journal of the Eastern Asia Society for Transportation Studies, 2007, 7: 376 – 391.

[12] HADDAD E A, HEWINGS G J D. Market imperfections in a spatial economy: some experimental results[J]. The Quarterly Review of Economics and Finance, 2005, 45: 476 – 496.

[13] HELPMAN E, MELITZ M, RUBINSTEIN Y. Estimating trade flows: trading partners and trading volumes[J]. The Quarterly Journal of Economics, 2008, 123: 441 – 487.

[14] HUNT J D, ABRAHAM J E. PECAS - for spatial economic modelling: theoretical formulation [M]. Calgary, Canada: HBA Specto Incorporated, 2009.

[15] IVANOVA O, VOLD A, JEAN-HANSEN V. PINGO: a model for prediction of regional- and interregional freight transport (version 1)[M]. Norway: TOI, 2002.

[16] IVANOVA O, HEYNDRICKX C, SPITAELS K, et al. RAEM: version 3.0. Transport and Mobility Leuven.

[17] KOIKE A, THISSEN M J P M. Dynamic SCGE model with agglomeration economy (RAEM-Light) memo. TNO, 2005.

[18] KRATENA K, STREICHER G, TEMURSHOEV U, et al. FIDELIO 1: fully interregional dynamic econometric long-term input-output model for the EU27[M]. Seville: JRC IPTS.

[19] MIYAGI T. Economic appraisal for multi-regional impacts by a large scale express-way project. Tinbergen Institute Discussion Paper, TI 2001 – 066/3, 2001.

[20] OTTAVIANO G I P, PUGA D. Agglomeration in a global economy: a survey of the 'new economic geography'. CEP Discussion Paper, 1997, 356.

[21] SANTOS SILVA J M C, TENREYRO S. The log of gravity[J]. The Review of Economics and Statistics, 2006, 88: 641 – 658.

[22] SIVAKUMAR A. Modelling transport: a synthesis of transport modelling methodolo-gies. Imperial College London Working Paper, 2007.

[23] SPRINGER K. The DART general equilibrium model: a technical description. Kiel Working Paper, 1998, 883.

[24] THISSEN M J P M. A classification of empirical CGE modelling (Rep. No. 99C01). The Netherlands: University of Groningen, 1998.

[25] U. S. Department of Commerce. Regional multipliers: a user handbook for the regional input-output modeling systems (RIMS II). 1997.

进一步阅读的建议

[1] ARNOTT R, BRAID R, DAVIDSON R, et al. A general equilibrium spatial model of housing quality and quantity[J]. Regional Science and Urban Economics, 1999, 29: 283 – 316.

[2] ARROW K J, CHENERY H B, MINHAS B S, et al. Capital-labor substitution and economic efficiency[J]. The Review of Economics and Statistics, 1961, 43: 225 – 250.

[3] BAIER S L, BERGSTRAND J H. The growth of world trade: tariffs, transport costs, and income similarity[J]. Journal of International Economics, 2001, 53: 1 – 27.

[4] BERGKVIST E, WESTIN L. Forecasting interregional freight flows by gravity models. Utilising OLS – , NLS – estimations and Poisson – , neural network- specifications[J]. In: 38th Congress of the European Regional Science Association, Vienna, Austria, 1998.

[5] BOUGHEAS S, DEMETRIADES P O, MORGENROTH E L W. Infrastructure, transport costs and trade[J]. Journal of International Economics, 1999, 47: 169 – 189.

[6] CHEN N, NOVY D. Gravity, trade integration, and heterogeneity across industries[J]. Journal of International Economics, 2011, 85: 206 – 221.

[7] CHOW J Y J, YANG C H, REGAN A C. State-of-the art of freight forecast modeling: lessons learned and the road ahead[J]. Transportation, 2010, 37: 1011 – 1030.

[8] COMI A, DELLE SITE P, FILIPPI F, et al. Urban freight transport demand modelling: a state of the art[J]. European Transport, 2012, 51: 1 – 17.

[9] DE JONG G, GUNN H, WALKER W. National and international freight transport models: an overview and ideas for further development[J]. Transport Reviews, 2004, 24: 103 – 124.

第 3 章　货物运输生成模型和货物运输旅程生成模型

何塞. 奥尔金. 维拉斯（José Holguín – Veras）[a]，米格尔. 贾勒（Miguel Jaller）[a]，伊万. 桑切斯. 迪亚兹（Ivan Sa′nchez – Díaz）[a]，莎玛. 坎贝尔（Shama Campbella）和凯瑟琳. 劳森（Catherine T. Lawson）[b]

[a] 基础设施、运输与环境中心；沃尔沃研究与教育基金会可持续城市货运系统卓越中心；美国纽约州特洛伊伦斯勒理工学院，土木与环境工程系（Center for Infrastructure, Transportation, and the Environment, and the VREF′s Center of Excellence for Sustainable Urban Freight Systems, Department of Civil and Environmental Engineering, Rensselaer Polytechnic Institute, Troy, NY, USA）

[b] 美国纽约州立大学奥本尼分校，地理与规划系（Department of Geography and Planning University at Albany, Albany, NY, USA）

3.1　引言

货物运输系统对当地和区域经济发展起到非常关键的作用。然而，尽管它很重要，它的功能却鲜为人知，这在很大程度上是因为系统的复杂度高和收集数据的难度大。系统复杂度高的原因是参与的代理商多，运输模式、地理区域的多样性造成定义与测算运费的方法不同，这是货运系统和客运系统的根本区别（Holguín – Veras 等，2012a）。例如：货运系统具有被动性，需要代理商对装卸活动进行干预；有大量的商品需要运输，但运输方式、路径和送货时间是由不同代理商决定的；货物运输需求和货物运输能力有很大的不同（Ogden，1992；Holguín – Veras 和 Thorson，2000；Ortúzar 和 Willumsen，2001；Friedrich、Haupt 和 Noekel，2003）。

本章节给出了一个货物运输需求模型的知识要点框架，主要涉及货物运输相关的两个估算模型，即货物运输生成模型（Freight Generation，FG）与货物运输旅程生成模型（Freight Trip Generation，FTG）。因为 FG 模型和 FTG 模型在评估土地长期使用的交通影响和长期运输模型实证中起关键作用，所以将 FG 模型和 FTG 模型分开进行讨论。

本章组织结构如下：3.2 节给出了本章研究的相关文献综述；3.3 节从物流的角度重新解释了 FG 模型和 FTG 模型；3.4 节列出建模时考虑的关键因素；3.5 节对纽约城市区域的研究结果进行讨论；3.6 节对相关研究进行总结分析。

3.2 文献综述

FG 模型涉及货物的生产和吸引力两个方面，以重量（t）或者体积（m^3）为单位进行表达。然而，FTG 模型是用完成货物运输行程所需的车辆数量来表达。将 FG 模型和 FTG 模型分开来讨论很有必要，因为 FG 模型与基础设施建设的规模直接相关，而 FTG 模型则不同（Holguín - Veras 等，2011）。这是因为 FTG 模型与货物运输批量规模有关，会影响货物运输旅程中所需车辆数量，即运输基础设施的规模越大，承接货物运输的运输工具运载能力越大，使得运输车辆数目减少。为了更好地理解 FG 模型和 FTG 模型生成的相关变量，更准确地预测货物运输需求、更好地量化货物运输生成对交通的影响，与旅客运输模型类似，我们可以将货物的吸引力和生产力进行细分，分为引出货物运输吸引力（FA），货物运输生产（FP），货物运输旅程吸引力（FTA）和货物运输旅程生产（FTP）等类别。

目前已有多种不同的方法去量化分析 FG 模型和 FTG 模型。不同方法的优缺点如表 3.1 所示（Jong、Gunn 和 Walker，2004；Bastida 和 Holguín Veras，2009）。这些方法随着是否集计、范围和模型结构等是内生变量还是外生变量等因素而变化。

表 3.1 FG/FTG 模型的优缺点

模型类型	优点	缺点
时间序列	对同一运输工具需要整个周期的多类数据点，独立变量对数据要求不高	难以了解因果关系，且对运输政策的影响难以反映出来
旅程系数	计算简单	不能反映商业规模与 FTG 模型的关联关系，误差较大

续表 3.1

模型类型	优点	缺点
IO	对数据要求不高（区域数据），与经济相关，政治影响如果是弹性系数则需考虑，否则可以忽略	难以了解偶然事件的原因且对运输政策的影响难以反映出来，需要多区域的 IO 表，需要标记进出口贸易流量数据表，需要知道"重量－价值"换算系数数据
普通最小二乘法（回归）	能够识别关系，获得产生的需求，不仅可以预测未来的需求，还能建立变量之间的联系	违反普通最小二乘法（OLS）的假设尤其是使用集计的数据可能会导致参数不准确集计
Spatiat（空间计量分析）	模型的适应性增强，可根据空间相关性估算问题	空间计量分析模型的选择取决于实际的数据并且难以预先决定哪种结构适合
交叉分类分析法	区域预测好，在变量之间不用做线性假设	进行交通影响分析时可能会产生错误，使用的独立变量可能并不独立
MCA（多属性分类分析）	可以克服分叉分析法的缺点	观察的数量如果没有选取足够多的话可能会使 FG 模型或者 FTG 模型的估计过高
神经网络	可以产生精确解，不需要预先选择非独立变量，模型的学习能力强，可以发现复杂的独立变量之间的交互	需要一定规模的基础数据来开发和校准模型

资料来源：Holguín - Veras 等（2012a）。

3.2.1　FTG 模型

对 FTG 模型的公开论述有很多，大多都是使用约束旅程频率和最小二乘法（OLS）模型。Brogan（1980）使用土地标记政策改进 FTG 模型并将其作为最有效的策略。Bartlett 和 Newton（1982）研究 FTG 时，以总就业人数、站点区域、总面积和非办公面积作为独立变量对货物运输旅程进行回归估算。Middleton、Mason 和 Chira - Chavala（1986）对特殊土地使用分级的 FTG 模型进行了分析。Tadi 和 Balbach（1994）对不同的运输工具类型和用于交通的非住宅土地的货物旅程生成频率进行了估计。从快速响应货物运输手册（Cambridge Systematics Inc.，1996）中得到 FTG 费率，该研究基于就业人数估算区域层旅程数、站外和各分区交通流量。

美国联邦公路管理局（GHWA）的国家旅程预测指南（Federal Highway

Administration, 1999)根据从旅程日记获得的土地使用和旅程数据来估算卡车旅程。Iding、Meester 和 Tavasszy(2002)利用产业上的数据测算 OLS 模型,发现最适合的独立变量取决于产业部门和其是否是 FTA 模型或者 FTP 模型。ITE 旅程产生手册(Institute of Transportation Engineers, 2008)包括对不同土地使用 FTG 模型的频率进行编译。Bastida 和 Holguín – Veras(2009)使用 OLS 模型,出行率和多重分析法(MCA)分解 FTG 数据来获得分解的 FTA 频率。他们发现货物的种类,产业部门和就业率变化越多越能够更好地预测 FTG 模型。Holguín – Veras 等(2012a)通过假设 FTG 模型的恒定误差率并得出结论,如果将其用于不依赖业务规模的细分行业中,进行 FTG 模型估算,可能会导致较大的误差。这是接下来章节讨论的重点。

Holguín – Veras 等(2011)使用 NYC 大都市区域的 FTG 数据,使用就业率作为变量为 FTG 模型建立了分解 OLS 模型。他们发现,在 51% 的产业部门中,FTG 模型不取决于商业规模而是常量;31% 的产业部门的 FTG 模型是一个与常量和每位员工的 FTG 费率相关的函数;剩下的 FTG 是对每位员工来说都是固定的费率。Lawson 等(2012)利用两个不同的土地使用分类系统对其进行估算和比较。进一步的发展中,Holguín – Veras 等(2013)使用外部验证数据(数据来自 NYC 的承运人和收货人)对这些 FTG 模型进行适用性测评。他们发现由 Holguín – Veras 等(2011)和 Lawson 等(2012)建立的分解模型比 ITE 手册(Institute of Transportation Engineers, 2008)和快速响应货物运输手册(U. S. Department of Transportation, 1996; U. S. Department of Transportation, 2007)提供的模型更好。Sanchez – Diaz、Holguín – Veras 和 Wang(2013)研究了 FTA 网络的网络特征和空间自动矫正作用。他们发现位置变量(如街道宽度和卡车路径的距离)影响 FTA 网络,而且发现零售的建立具有空间自动校正的作用。Taniguchi 和 Thompson(2002)以及 Patier 和 Routhier(2008)建立了欧洲的 FTG 模型。这些模型通常基于区域或不同的地理位置来进行调查得到数据。

其他学者对特殊设施分析了 FTG 模型。研究 FTG 模型的主要有 Guha 和 Walton(1993);Wegmann 等(1995);Al – Deek 等(2000);Al – Deek(2001);Holguín – Veras、López – Genao 和 Salam(2002);Wagner(2010)。研究 FTG 模型库存的主要有 DeVries 和 Dermisi(2008)以及 Orsini、Gavaud 和 Bourhis(2009)。除了比例和回归模型,时间序列模型(Garrido, 2000),IO 模型(Sorratini, 2000),神经网络模型(Al – Deek, 2001)外,其他的相关模型也被应用到 FTG 模型中。

3.2.2　FG 模型

不同的技术已经应用到 FG 模型中。Novak、HogdonGuo 和 Aultman – Hall (2007)使用 OLS 为美国建立 FP 模型，他们分析了 FP 模型中不同变量的转换方法和空间回归的含义。Waliszewski、Ahanotu 和 Fischer（2004）在空间层次中使用不同货物种类的具体增长率来预测 FP 和 FA。

通常使用输入—输出模型和空间可计算一般均衡（SCGE）模型来测算区域水平上的 FP 和 FA（请参阅本书第 2 章）。聚焦于区域的应用模型可以参看 Sorratini 和 Smith（2000）；Boyce（2002）；Hewings、Sonis 和 Boyce（2002）；Zhao 和 Kockelman（2004）；Al – Battaineh 和 Kaysi（2005）；Giuliano 等（2007）。对于具体应用到欧洲国家的有 SMILE 和 RAEM（Dutch）模型（Tavasszy 等，1998；Oosterhaven 等，2001），它们通过将产品链的生产和消费连接起来测算 FP 和 FA；还有 SAMGODS（瑞典）提出的输入—输出模型（Swahn，2001）；CGEurope（德国）SCGE 模型（Bröcker，1998）；PINGO（挪威）SCGE 模型（Ivanova、Vold 和 Jean – Hansen，2002）；英国的整合区域经济货物运输模型（WSP Policy 和 Research，2005）。Holguín – Veras 等（2012a）在研究中应用了 Holguín – Veras 等（2012b）的相关数据编译了 FG/FTG 模型。

3.3　FG/FTG 模型的物流解释

理解 FG 模型和 FTG 模型的关键是企业生产过程的决策。公司通过投入的性质，来获取运营所需产品的供应商数量，而 FG 模型和 FTG 模型基本由产业活动的类型和建立规模的大小决定。虽然生意越大需要的投入越大，但其生产过程和小规模生产相似，因此不一定需要更多的投入。Holguín – Veras 等（2012a）的实证数据证实了这一推测。其中的统计分析表明，在纽约市一些机构样本中，供应商数量和企业规模没有显著关系。

货运旅行次数取决于供应方和接收方的物流决策。在经济的专业化和竞争激烈的市场环境下，集中承运的缺失导致了更高的运输成本，但供应商必须以接收方指定的方式来运输货物，不然会造成客户流失。由于卡车运输是不可避免的，因此，不管它是满载运输还是零担运输，任何一次交货或装货均会产生一次旅行次数。在这种环境下，供应链模型为 FG/FTG 模型提供了一个重要的视角。如前所述，其主要原因是，FG/FTG 模型与企业为其经济活动所需的产品订购有关。因此，了解这些商业决策背后的逻辑有助于深入了解 FG/FTG

模型。

通常来说，FG 模型是企业规模函数，规模越大，流入和流出的货物量就越大。然而，FTG 模型与其有所不同，因为 FTG 模型不仅受货物量的影响，还受运输装载规模影响。通过简单地增加运输装载规模，改变运输工具的类型，或直接增加运输工具，都可能会使得 FG 增加，而 FTG 没有增加，因此装载规模很重要。由此可知，FG 增加并不一定导致 FTG 增加。企业运营要求投入稳定，货运旅行次数与业务规模成正比，需要调整货运旅行次数以增加运输的灵活性。可知，改变装载规模的能力使大公司比小公司产生更少的货运旅行次数。

在物流决策中，库存理论尤其是经济订货量（EOQ）模型（Harris，1915；Holguín-Veras 等，2011）可以解释这个现象。EOQ 模型可以计算出装运量和交货频率的最优组合，使得总物流成本（运输和库存成本之和）达到最小化（详见第 5 章）。在最简单的情况下，总物流成本（TC）等于下订单的成本（每个订单产生的固定成本 A）（见式 3.1）；运输成本，包括固定的单位运输费用 K（经常具体到模式，包括装卸，短驳费等），运输单位货物的变动成本 C 和单位货物的库存成本 h。TC 可以表示为

$$TC = (A + K)\frac{D}{Q} + h\frac{Q}{2} + cD \tag{3.1}$$

式中：Q 为装载规模，因此 D/Q 是总共所需的运输工具数量。从式（3.1）中可以看出，EOQ 模型建立最佳的装载规模 Q^* 和订单产生的最佳时间间隔 T^*，可以表示为：

$$Q^* = \sqrt{\frac{2(A+K)D}{h}} = \sqrt{\frac{2(建设成本 + 运输成本)(单位时间的需求)}{库存成本}} \tag{3.2}$$

$$T^* = \sqrt{\frac{2(A+K)}{hD}} = \sqrt{\frac{2(建设成本 + 运输成本)}{(库存成本)(单位时间的需求)}} \tag{3.3}$$

通过 T^*，可以求得最佳频率 f^*：

$$f^* = \frac{1}{T^*} = \sqrt{\frac{hD}{2(A+K)}} = \sqrt{\frac{(库存成本)(单位时间的需求)}{2(建设成本 + 运输成本)}} \tag{3.4}$$

上述公式突出了 FG 模型和 FTG 模型之间的差异。例如，FTG 为运输车辆数 Q^* 和运输频率 f^* 的乘积；FG 为单位时间里的需求（D）。模型表明 FG 的增加使得 FTG 中也有较小比例的增加，因为 FG 中的增量是由装载规模和配货频率的增加引起的，因此在 FG 中增加 4 倍只能使 FTG 增加 2 倍。EOQ 模型为实际应用（见第 5 章节；Combes，2012）中的装载规模提供了良好思路。此外，高服务水平和低运输成本通常采用大规模、低频率的装载方式。另外，对于零担装载，最好选择运输能力与装载规模最接近的车辆类型。从本质而言，要运输

大企业所需的货物量，需要增加装运量和交货频率。而结果显示，对于一个小企业来说，FTG 通常比 FG 增加的更少。具体如图 3.1 所示。

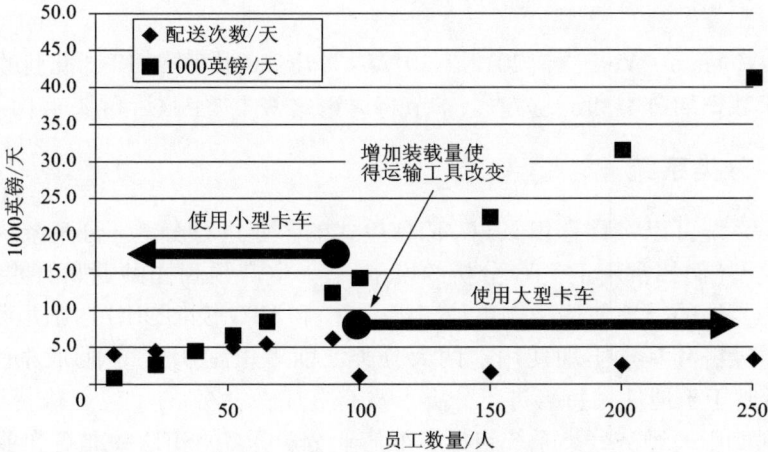

图 3.1　FG/FTG 与商业规模的关系

资料来源：Holguín – Veras 等（2012a）

从经验来看，图 3.2 显示了纽约都会区的整个产业贸易中每个员工的交货数量。这个数据显示了小企业中每个员工的交付数量大约是大企业的 6 倍。

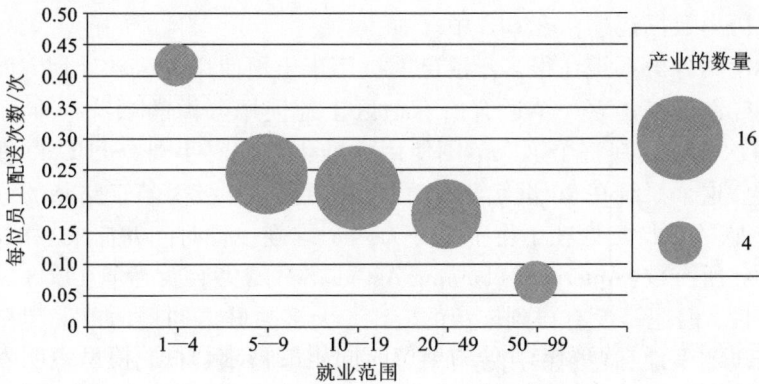

图 3.2　FTA 在整个贸易行业的产业数量

资料来源：Holguín – Veras 等（2012a）。

3.4 估算或者应用 FG 模型和 FTG 模型时要考虑的因素

José Holguín - Veras 等(2012a, 2012b)提出 FG 模型和 FTG 模型的估算质量取决于数据的分类和汇总方式,本节将讨论这些重要因素。

3.4.1 分类系统

分类系统可以将具有相似 FG/FTG 模式的企业进行分组。分类系统可以使用简单模型(例如常用于 FTG 分析的模型),为生产预测提供更好的数据质量,使得其与当地的土地使用条例更加匹配。FG 和 FTG 模型使用的分类系统可以分为基于经济和基于土地使用这两大分类。前者根据所属行业对场地进行分类,后者基于土地使用特点进行分类。

美国使用的经济分类系统包括标准产业分类系统(SIC)和北美产业分类系统(NAICS)。第一个标准分类系统可追溯到 20 世纪 30 年代,这是由于需要收集和分析行业统计数据,为了避免产生歧义,并能够做到跨区域和机构比较而产生的。SIC 的第一个完整版产生于 1939 年,经过 40 多年的修正,1987 年的 SIC 版本包括了 1004 种不同的产业。但 SIC 在 20 世纪 90 年代被替换,因为其对新兴的服务产业没有进行有效的覆盖。这使得 NAICS 在 1997 年得以发展,这个系统也就是现在美国所使用的产业分类系统,比 SIC 覆盖了更多的产业,尽管很多历史数据还遗留在 SIC 中。

土地使用分类系统在很多年前已经被用于土地使用分区和计划方面。然而活动的多样性使得建立一个适合所有地区土地使用分类的系统很难。20 世纪 70 年代首次尝试了在整个国家范围使用标准土地编码手册(SLUCM)进行土地使用分类。这个系统在 20 世纪 90 年代得到更新,升级为基于路基的分类系统(LBCS),它的独特之处在于将土地分为四个维度:活动,功能,结构特征,开发商特征和所有权(American Planning Association, 1994)。尽管 LBCS 展现了巨大的灵活性,但还是没有得到广泛的应用。大多数城市和自治市采用自己的分类标准来规范土地和建筑的用途和规模,比如《纽约城市划分规定》。有关不同分类系统的详细说明可以参考 Holguín - Veras 等(2012a)。

近期的研究聚焦于这些分类系统在 FG/FTG 模型中的作用。结果表明对于 FG/FTG 模型来说,经济分类系统比土地使用分类系统更有意义(Holguín - Veras 等, 2012a),特别是当结合一个大规模的商业经济衡量指标比如就业率和经济分类系统 SIC 或者 NAICS 时,能产生最佳模型。首先,就业是经营活动中的经济投入，因此在竞争条件下，就业率越高，产出就越大。如果是有形投入和输出，FG 和就业率相关性高，与 FTG 相关性小。相反，在生产过程（只有少部分行业，比如农业和矿业，土地的使用才被考虑为投入）中经营场所所占的空间不是必要投入，换言之，土地使用空间只是一个约束条件。而且，本质上大多数土地使用分类系统很笼统（比如商业用途）。因此，学者倾向于将具有不同经济特征的场所进行分类。这种类型的内部多样性大大降低了模型统计可靠数据的能力。

3.4.2　集计水平分析

根据所使用的数据类型，可以将模型分为集计模型和非集计模型两种类别。集计模型通过对许多离散数据点取均值获得平均的估算值，然而非集计模型使用更少但更具体的数据点对个体行为进行估算，非集计模型具有时间和空间统一的优势。因为输入的数据点更少，所以数据的使用效率更高。非集计模型可以利用数据内在多样性，这种可变性在集计模型中不能体现，并且由于总单位之间存在相关性，使得模型中发生偏差的概率降低（Ortúzar 和 Willumsen，2001）。非集计模型可以用来产生集计的结果，但是需要注意矫正集计过程，接下来会讨论这个主题。

3.4.3　集计过程

为了在区域层使用非集计模型进行适当的空间集计，必须要考虑非集计模型的数学结构。尽管情况多种多样，本节以基于就业的模型为例。然而，集计过程将会运用其他模型的相似结构（Holguín – Veras 等，2011）。通常，区域下的总 FTG 是该区域内 n 个格独立机构 f_i 的 FTG 总和。

$$F = \sum_{i=1}^{n} f_i \tag{3.5}$$

由于 f_i 是线性的，这里仅有三种可能：每个机构均使用恒定常量 α（类型 S），每个员工的频率为 β（类型 E）或者采用常量和取决于就业率 E（类型 C）变量的结合。每种模型适当的集计过程如表 3.2 所示。

表 3.2　非集计模型的空间集计过程

类型	模型类型	模型结构	集计程序
S	每个经营场所 FTG 是常量	$f_i = \alpha$	$F^S = \sum_{i=1}^{n} \alpha = n\alpha$

续表 3.2

类型	模型类型	模型结构		集计程序
E	每个员工的 FTG 频率	$f_i = \beta E_i$	$F^E = \sum_{i=1}^{n} \beta E_i = \beta \sum_{i=1}^{n} E_i = \beta E^*$	
C	FTG 由一个常量和一个与就业率相关的量	$f_i = \alpha + \beta E_i$	$F^C = \sum_{i=1}^{n} (\alpha + \beta E_i) = n\alpha + \beta \sum_{i=1}^{n} E_i = n\alpha + \beta E^*$	

本质上,对于 S 类模型来说,总的 FTG 是单元 FTG(α)和经营场所数量(n)的乘积。对于 E 类模型来说,总的 FTG 是由产品的 FTG 频率(β)和总就业率(E^*)的乘积估算的。总就业率 E_i 由单个区域内 n 个经营场所的就业率求和得到。最后,C 类模型总的 FTG 是全部经营场所数量的总数与总就业率(E^*)的乘积和常量(α)与 FTG 频率(β)乘积的求和。

此外,对于表现出不同 FTG 模式的区域,即不同区域的 FTG 是由不同的模型结构确定,必须按照表 3.2 所示的步骤估算不同场所的总 FTG,然后将其相加。

$$F = F^S + F^E + F^C \tag{3.6}$$

3.5 案例研究: FTG 在纽约市的应用

在本章中,作者对 FTG 模型的应用进行了总结,大多数集中在纽约区域,以便读者了解大城市的 FTG 模型。研究中使用的数据通过两种方式得到,一种来自承运人,另一个来自收货人。调查的问题主要集中在公司属性,运营和 FTG。选取的样本包括曼哈顿的收货公司和纽约、新泽西不同产业类型的承运公司。使用传统的最小二乘法(OLS)和 MCA 进行估算。OLS 模型考虑了产能问题,其中 FTG 是每个经营场所员工交付能力总数的函数。因变量是货物运输旅程产量(FTP)和货物运输旅程黏力(FTA)。此类线性模型的使用产生了上一章节中提到的三类模型(S、E 和 C)之一,具体取决于参数的重要程度,使用均方根误差(RMSE)来评估模型 FTP 和 FTA。表 3.3 列出了考虑不同行业领域业务规模的 FTA 非集计模型,其结果表明 60% 的模型有固定的旅行次数,而其余模型每个员工的交付率为常数。Holguín - Veras 等 (2011)建议,使用每个员工固定的旅行次数不是估算 FTA 最适当的方式。

表 3.3　通过 NAICS 得到 FTA(配送/d)模型

经济分类系统：NAICS	Obs	常量	每位员工频率	均方误差
23—建筑物	25	2.160		1.364
31，32 和 33—制造	51	2.831		2.791
31—食物，饮料，烟草，纺织，服装，皮革和联合产品制造	21	2.400		1.295
32—木头，造纸，印刷，石油，煤产品，化学产品，塑料，非金属和矿制品	10	4.420		5.483
33—金属，机械，电脑，电子产品，运输，家具	20	2.490		2.483
42—批发贸易	117	2.272	0.069	3.655
44 和 45—零售贸易	98	3.070	0.063	4.054
44—发动机，家具，食品和饮料，保健品，汽油和衣服	69	2.458	0.132	4.298
45—运动产品，兴趣产品，书和音乐	29	2.724		4.352
72—住宿和食物	56	1.307	0.081	3.091

数据来源：Holguín – Veras 等(2012a)。

为了进一步了解 FTG 和企业规模的关系，作者选择每个产业固定不变和就业率(C 型模型)相关的数据来测算 MCA 模型，表 3.4 列出了这些行业的 MCA 模型。这些结果表明，零售业(NAICS44)相比住宿和食品服务(NAICS44)，批发业(NAICS42)需要更高频的配送服务。

表 3.4　FTG 的 MCA 频率(配送/d)

经济分类系统		42 – 批发贸易	44 – 零售贸易	72 – 住宿和食物
员工	1 ~ 10	2.443	3.543	1.902
	11 ~ 20	3.341	4.442	2.801
	21 ~ 30	5.685	6.785	5.144
均方误差		3.658	4.197	3.355	3.658

数据来源：Holguín – Veras 等(2012a)。注：对于超过 30 名员工的产业结果无意义。

与 FTG 相似,表 3.5 显示了针对不同的 NAICS 编码的非集计模型。对于 FTG 而言,30% 的模型属于 S 类,30% 的模型属于 E 类,40% 的模型属于 C 类。这些结果再次证明了大部分产业的 FTA 不变,其不取决于企业规模。

表 3.5　通过 NAICS 获得的 FTG(配送/天)模型

经济分类系统	Obs	常量	每位员工的频率	均方误差
23—建筑物	9		0.068	1.586
31,32 和 33—制造	28	2.214		3.599
31—食物,饮料,烟草,纺织,服装,皮革和联合产品制造	13	2.846		4.990
32—木头,造纸,印刷,石油,煤产品,化学产品,塑料,非金属和矿制品	7		0.023	0.648
33—金属,机械,电脑,电子产品,运输,家具	8	1.750		1.639
42—批发贸易	124	1.755	0.036	5.094
44 和 45—零售贸易	9		0.161	6.485
44—发动机,家具,食品和饮料,保健品,汽油和衣服	5	0.993	0.021	0.237
45—运动产品,兴趣产品,书和音乐	157	2.718	0.038	4.811
72—住宿和食物	153	2.725	0.038	4.005

数据来源:Holguín – Veras 等(2012a)。

表 3.6 显示了不同产业的 MCA 结果如所示。这些结果表明建筑业 (NAICS23)比制造业(NAICS32)平均多一趟旅程。运输和仓储业也(NAICS42 和 48)比零售业至少多一趟旅程。

表 3.6　FTG 的 MCA 频率(旅程/天)

经济分类系统		23—建筑	32—木质,造纸,石油,煤炭,化工	42—批发贸易	42—发动机,家具,电子产品,食物和饮料	48、49—运输
员工	1 ~20	2.424	1.303	2.946	1.685	3.381
	21 ~40	1.727	0.606	2.564	1.303	2.998
	41 ~60	2.061	0.939	3.283	2.023	3.718
	61 ~80	4.061	2.939	2.764	1.504	3.199
	>80	5.121	4.000	7.609	6.348	8.043
均方误差		1.074	0.934	4.650	0.618	5.219

数据来源: Holguín – Veras 等(2012a).

从 Holguín – Veras 等(2011)、Lawson 等(2012)和 Holguín – Veras 等(2013)的研究中可以看到估计方法和描述模型之间的比较。

3.5.1　FG 模型和 FTG 模型的可转换性

对于 FG 模型和 FTG 模型而言,需要思考其可转换性。这是因为 FG/FTG 模型大多情况下用于研究交通规划较低层次中的预算方面,比如由当地法规授权的交通影响分析,以确保未来的规划不会对运输网络产生负面影响。在缺乏非集计模型相关数据时,这两个模型之间的转换模型就会派上用场。

虽然它很重要,但是对上述两个重要运输模型进行转换的研究还很少。为了填补研究空白,Holguín – Veras 等(2013)评估了模型在与纽约市不同的地点估算 FTG 的能力。这些分析使用了计量经济学,并应用估算模型进行计算,接下来讨论获得的结果。

为了进行具有可转换性的计量经济学分析,Holguín – Veras 等(2013)加入了 30 个城市的 FTG 数据,评价模型用 0 ~ 1 变量来表示不同的区域。结果表明这些 0 ~ 1 变量在很多情况下没有显著意义。由于没有地理限制,证明模型具有可转换性(至少在美国范围内)。

评估可转换性还可以对文献中可用的模型进行比较分析(Beagan、Fischer 和 Kuppam, 2007; Institute of Transportation Engineers, 2008)。FTG 模型在 Campbell 等(2011), National Cooperative Freight Research Program (2012)和 Holguín – Veras 等(2011)学者的研究中进行了评估。Holguín – Veras 等 (2013)计算出的结果如表 3.7 所示。

从表 3.7 中可以看出,除一种情况外,NCFRP25 模型性能比 ITE 和 QRFM

模型更好。然而，Holguín - Veras 等（2011）预测得到 RMSE，NCFRP25 与 QRFM 模型的差距会随着就业率增大而增大。同时，有效数据的来源似乎不影响 RMSE，因此其具有一定程度的可传递性。

表3.7　NCFRP 25，QFRM 和 ITE 模型的测试错误

分类	描述	有效数据			模型应用					
		案例规模	就业	数据设置	NCFRP 25		QFRM		ITE	
					模型	均方误差	模型	均方误差	模型	均方误差
NCFRP 72	住宿/食品	5	5.8	NYSCR	$1.307 + 0.081 \times E$	1.26	$1.206 \times E$	6.51	n/a	n/a
ITE 816	硬件/画具	8	10.0	NYC	$0.369 \times E$	1.67	$1.206 \times E$	1.99	$53.21 \times E$ Trucks：2%	2.04
LBCS	活动餐馆	5	5.8	NYSCR	2.488	1.93	$1.206 \times E$	6.51	n/a	n/a
ITE 890	家具店	12	10.0	NYC	3.769	2.22	$1.206 \times E$	4.58	$12.19 \times E$ Trucks：5%	3.39
LBCS	功能零售	13	8.9	NYS - CR	3.682	2.55	$1.206 \times E$	22.46	n/a	n/a
ITE 890	家具店	58	8.9	MW - FC	3.769	3.42	$1.206 \times E$	5.60	$12.19 \times E$ Trucks：5%	1.25
ITE 860	批发市场	102	17.2	NYC	$2.272 + 0.069 \times E$	3.66	$1.206 \times E$	12.23	$8.21 \times E$ Trucks：30%	11.66
SIC 56	服装/零件	10	10.2	NYSCR	$1.889 + 0.187 \times E$	4.05	$1.206 \times E$	23.25	n/a	n/a
NAICS 44	杂货店	7	15.3	SR - GS	$2.458 + 0.132 \times E$	4.10	$1.206 \times E$	32.06	n/a	n/a
SIC 58	餐饮场所	5	5.8	NYSCR	$4.307 + 0.081 \times E$	4.14	$1.206 \times E$	6.51	n/a	n/a
SIC 52	建筑材料	6	18.8	NYSCR	5.260	4.42	$1.206 \times E$	36.14	n/a	n/a
LBCS	活动商品	21	13.0	NYSCR	$2.588 + 0.067 \times E$	4.56	$1.206 \times E$	23.81	n/a	n/a
SIC 54	食品商店	8	19.5	NYSCR	$3.000 + 0.288 \times E$	5.09	$1.206 \times E$	26.04	n/a	n/a
NAICS 44	杂货店	30	78.0	NYSCR	$2.458 + 0.132 \times E$	7.08	$1.206 \times E$	41.73	n/a	n/a

续表 3.7

分类	描述	有效数据			模型应用					
		案例规模	就业	数据设置	NCFRP 25		QFRM		ITE	
					模型	均方误差	模型	均方误差	模型	均方误差
NAICS 44	零售贸易	21	55.0	NYSCR	$3.451 + 0.153 \times E$	8.02	$1.206 \times E$	23.42	n/a	n/a
LBCS	功能杂货	8	19.5	NYSCR	$0.217 \times E$	13.89	$1.206 \times E$	26.04	n/a	n/a

数据来源：Holguín – Veras 等(2013)。注意：SIC，标准的工业分类；NAICS，北美分类系统；LBCS，基于土地分类标准；NYS – CR，纽约洲城市区域数据；NYC，NYC 数据；NYC – GS，NYC 杂货商店数据；MW – FC，中西部家具链数据；SR – SG，西雅图区域的杂货商店数据；杂货店，家具店和只考虑黏力的 LBCS 模型；ITE 模型用于估计总旅客旅程和卡车旅程占比；E，就业率和 RMSE，均方根。

3.5.2　货物运输旅程吸引力的空间效应

FTG 建模的另一个改善方法是结合位置变量和空间自相关来说明空间效应。Sanchez – Diaz 等(2013)研究表明引入选址决策变量(比如街道宽度，卡车路径和干线运输距离)可将 FTA 模型的有效性提高至 80%。另一个影响 FTA 空间效应的是空间自相关性，可以利用空间计量经济学来控制这些影响。如 Sanchez – Diaz 等(2013)人提到的零售产业受空间效应影响很大。根据实验结果，对零售企业而言，其同质企业对 FTA 产生负面效应。换句话说，销售同质产品的企业有较低的 FTA。

3.6　结论

本章概述了 FG、FTG 的概念以及相关模型。本章聚焦于 FTG 的公路运输模式，因为卡车和其他配送车辆是城市货物运输的主要模式。讨论确定了将 FG 和 FTG 看成两个不同概念的重要性。FG 是企业产生的货物量，而 FTG 是需要运输货物而产生的货物运输旅行次数。在竞争激烈的市场中，大企业将比小企业产生更多的 FG，因此 FG 随着企业规模的增加而增加。对 FTG 来说不一定如此，因为在确定卡车运输旅行次数时，装载量，运输工具(方式)选择和配送频率的物流决策都会产生影响。而且，卡车运输具有不可分割性，即小批量货物运输和大批量货物运输需要同样数量的卡车运输旅行次数。因此，小企业会比大企业产生更多的 FTG。

总而言之，通过使用非集计（产业水平）模型获得物流模式很重要。而且，Holguín – Veras 等（2012a）研究认为预测结果的质量取决于数据的分类、汇总方式，以及模型测算。本文从模型的角度描述了基于经济和土地使用的分类系统，并且结合先前研究的经济系统讨论出其各自优点。本章还概述了文献中用于测算 FG 和 FTG 模型的各种方法及其优缺点。由于首选分类模型，本章强调了在生成集计模型时，使用恰当集计程序的重要性，并介绍了使用最小二乘法（OLS）对 FG 和 FTG 模型的不同功能进行集计的过程。

本文以纽约市为例，使用最小二乘法（OLS）和 MCA 展示了许多 FTG 模型。这些模型使用就业率作为自变量对不同产业进行估计。结果显示仅用企业规模（就业率）进行 FTG 测算不是最好的方法，因为 60% 的吸引力和 40% 的生产模型导致了每个产业的费率恒定。这些结果可以通过外部数据进行验证。另外本章根据先前 Holguín – Veras 等（2013）做的研究得出估计 FG/FTG 模型时需要评估其可转换性的结论。另外，本章对位置变量和空间效应进行了评估，结果表明这些效应可以在很大程度上提升 FTG 的有效性。

本章给出了完整的 FG 模型和 FTG 模型估算过程，希望有助于现有的技术和货物运输需求建模实践。

参考文献

[1] AL-BATTAINEH O, KAYSI I. Commodity-based truck origin-destination matrix estimation using input-output data and genetic algorithms[J]. Transportation Research Record: Journal of the Transportation Research Board, 2005, 1923(1): 37 –45.

[2] AL-DEEK H M. Comparison between neural networks and multiple regression approaches for developing freight planning models with specific applications to sea-ports[C]. In: 80th annual meeting of the transportation research board, Washington, DC, 2001.

[3] AL-DEEK H M, JOHNSON G, MOHAMED A, et al. Truck trip genera-tion models for seaports with container-trailer operations[C]. In: 79th Annual Meeting of the Transportation Research Board, Washington, DC: National Academy Press, 2000.

[4] American Planning Association. Toward a standardized land-use coding standard. 1994.

[5] BARTLETT R S, NEWTON W H. Goods vehicle trip generation and attraction by industrial and commercial premises[M]. Berkshire, England: Transport and Road Research Laboratory, 1982.

[6] BASTIDA C, HOLGúlN-VERAS J. Freight generation models[J]. Transportation Research Record: Journal of the Transportation Research Board, 2009, 2097(1): 51 –61.

[7] Beagan D, Fischer M, Kuppam A. Quick response freight manual II. FHWA – HOP – 08 –

010 EDL No. 14396, 2007.

[8] Boyce D. Combined model of interregional commodity flows on a transportation network[M]. In Hewings G J D, Sonis M, Boyce D, eds. Trade, networks and hierar-chies. Berlin, Germany: Springer, 2002.

[9] Bröcker J. Operational spatial computable general equilibrium models[J]. Annals of Regional Science, 1998, 32: 367 – 387.

[10] Brogan J D. Improving truck trip-generation techniques through trip-end stratifica tion[J]. Transportation Research Record, 1980, 771: 1 – 6.

[11] Cambridge Systematics Inc. Quick response freight manual[R]. Final Report of the Federal Highway Administration, 1996.

[12] Campbell S, Jaller M, Sanchez-Diaz I, et al. Comparison between industrial classification systems in freight trip generation (FTG) modeling[C]. In: 91st Annual Meeting of the Transportation Research Board, Washington, DC, 2011.

[13] Combes F. Empirical evaluation of economic order quantity model for choice of shipment size in freight transport[J]. Transportation Research Record, 2012, 2269: 92 – 98.

[14] De Vries J B, Dermisi S V. Regional warehouse trip production analysis: Chicago metro analysis[R]. Illinois Center for Transportation, Chicago, Illinios, Report No. FHWA – ICT – 08 – 025, 2008.

[15] Federal Highway Administration. Guidebook on statewide travel forecasting. Center for Urban Transportation Studies, 1999.

[16] Friedrich M, Haupt T, Noekel K. Freight modeling: data issues, survey meth-ods, demand and network models [C]. In: 10th annual international conference on travel behavior research, Lucerne, 2003.

[17] Garrido R A. Spatial interaction between trucks flows through the Mexico Texas border[J]. Transportation Research A, 2000, 33(1): 23 – 33.

[18] Giuliano G, Gordon P, Pan Q, et al. Estimating freight flows for metropolitan area highway networks using secondary data sources[J]. Networks and Spatial Economics, 2007, 10(1): 73 – 91.

[19] Guha T, Walton C M. Intermodal container ports: application of automatic vehi-cle classification system for collecting trip generation data[J]. Transportation Research Record, 1993, 1383: 17 – 23.

[20] Harris, F. Operations and costs[M]. Chicago, IL: A. W. Shaw, 1915.

[21] Hewings G, Sonis M, Boyce D. Trade, networks, and hierarchies: modeling regional and interregional economies[M]. Berlin, Germany: Springer, 2002.

[22] HOLGúlN-VERAS J, Jaller M, Destro L, et al. Freight generation, freight trip generation, and the perils of using constant trip rates[J]. Transportation Research Record, 2011, 2224: 68 – 81.

［23］ HOLGúlN-VERAS J, Jaller M, Sanchez-Diaz I, et al. Freight trip generation and land use. National Cooperative Freight Research Program, 2012a, 19.

［24］ HOLGúlN-VERAS J, Jaller M, Sanchez-Diaz I, et al. NCFRP 25 freight generation and freight generation models Database. 2012b, http：//transp. rpi. edu/BNCFRP25/FTG-Database. Rar.

［25］ HOLGúlN-VERAS J, López-Genao Y, Salam A. Truck-trip generation at container terminals ［J］. Transportation Research Record, 2002, 1790：89 – 96.

［26］ HOLGúlN-VERAS J, Sánchez-D'ıaz I, Lawson C, et al. Transferability of freight trip generation models. Transport Research Record, 2013.

［27］ HOLGúlN-VERAS J, Thorson E. Trip length distributions in commodity-based and trip-based freight demand modeling：investigation of relationships. Transportation Research Record, 2000, 1707(1)：37 – 48.

［28］ Iding M H E, Meester W J, Tavasszy L A. Freight trip generation by firms［C］. In：42nd European Congress of the European Regional Science Association, Dortmund, Germany, 2002.

［29］ Institute of Transportation Engineers. Trip generation：an ITE informational report［M］. Washington, DC：Institute of Transportation Engineers, 2008.

［30］ Ivanova O, Vold A, Jean-Hansen V. PINGO a model for prediction of regional and interregional freight transport［R］. Institute of Transport Economics, Oslo, Norway, Report No. 578/2002, 2002

［31］ Jong G, Gunn H, Walker W. National and international freight transport models：overview and ideas for future development［J］. Transport Reviews, 2004, 23：1.

［32］ Lawson C, HOLGúlN-VERAS J, Sánchez-D'ıaz I, et al. Estimated generation of freight trips based on land use［J］. Transportation Research Record, 2012, 2269：65 – 72.

［33］ Middleton D R, JR Mason J M, Chira-Chavala T. Trip generation for special-use truck traffic ［J］. Transportation Research Record, 1986, 1090：8 – 13.

［34］ National Cooperative Freight Research Program. NCFRP 25：freight trip generation and land use［R］. NCHRP report, 2012, http：//onlinepubs. trb. org/onlinepubs/nchrp/ nchrp_rpt_ 739. pdf.

［35］ NOVAK D C, HOGDON C, GUO F, et al. Nationwide freight genera-tion models：a spatial regression approach. Networks and Spatial Economics, 2007, 10.

［36］ OGDEN K W. Urban goods movement：a guide to policy and planning［M］. Brookfield, VT：Ashgate Publishing Company, 1992.

［37］ OOSTERHAVEN J, KNAAP T, RUIJGROK C J, et al. On the development of RAEM：the Dutch spatial general equilibrium model and its first application［C］. In：41st European Regional Science Association Conference, Zagreb, 2001.

［38］ ORSINI D, GAVAUD O, BOURHIS P L. Logistics facilities impacts on the territory［C］.

In: 2009 European transport conference, London: AET, 2009.

[39] ORTúZAR J D, WILLUMSEN L G. Modelling transport[M]. New York, NY: John Wiley and Sons, 2001.

[40] PATIER D, ROUTHIER J. How to improve the capture of urban goods movement data[C]? In: 8th International Conference on Survey Methods in Transport, Annecy, France, 2008.

[41] SANCHEZ-DIAZ I, HOLGúlN-VERAS J, WANG C. Assessing the role of landuse, network characteristics, and spatial effects on freight trip attraction[C]. In: Transportation Research Board 92nd Annual Meeting, Washington, DC, 2013.

[42] SORRATINI J, SMITH R. Development of a statewide truck trip forecasting model based on commodity flows and input-output coefficients[J]. Transportation Research Record: Journal of the Transportation Research Board, 2000, 1707(1): 49 − 55.

[43] SORRATINI J A. Estimation statewide truck trips using commodity flows and input-output coefficients[J]. Journal of Transportation and Statistics, 2000, 3(1): 53 − 67.

[44] SWAHN H. The Swedish national model system for goods transport. 2001.

[45] TADI R R, BALBACH P. Truck trip generation characteristics of nonresidential land uses [J]. ITE Journal, 1994, 64(7): 43 − 47.

[46] TANIGUCHI E, THOMPSON R G. Modeling city logistics[J]. Transportation Research Record, 2002, 1790: 45 − 51.

[47] TAVASSZY L A, VAN DE VLIST M, RUIJGROK C, et al. Scenario-wise anal ysis of transport and logistic systems with a SMILE[C]. In: WCTR Conference, Antwerp, 1998.

[48] U. S. Department of Transportation. Quick response freight manual. 1996.

[49] U. S. Department of Transportation. Quick response freight manual II. 2007, http: //www. ops. fhwa. dot. gov/freight/publications/qrfm2/qrfm. pdf.

[50] WAGNERE T. Regional traffic impacts of logistics-related land use. Transport Policy, 2010, http://dx. doi. org/10. 1016/j. tranpol. 2010. 01. 012.

[51] WALISZEWSKI J, AHANOTU D, FISCHER M. Comparison of commodity flow fore casting techniques in Montana[J]. Transportation Research Record: Journal of the Transportation Research Board, 2004, 1870(1): 1 − 9.

[52] WEGMANN F J, CHATTERJEE A, LIPINSKI M E, et al. Characteristics of urban freight systems. FHWA, 1995.

[53] WSP Policy & Research. The EUNET 2. 0 Freight and Logistics Model—Final report, regional pilot for economic/logistic methods. UK Department for Transport, London, England, 2005.

[54] ZHAO Y, KOCKELMAN K M. The random-utility-based multiregional input-output model: solution existence and uniqueness[J]. Transportation Research Part B: Methodological, 2004, 38(9): 789 − 807.

第 4 章 配送结构

汉诺. 弗里德里希(Hanno Friedrich)[a], 洛瑞. 塔瓦泽(Lori Tavasszy)[b], 伊戈尔·达维登科(Igor Davydenko)[b]

[a] 德国 达姆城工业大学 (Technical University Darmstadt, Germany)
[b] 荷兰 应用科学研究院, 代尔夫特理工大学(TNO, Delft and Delft University of Technology, The Netherlands)

4.1 引言

一般来说,货物运输不仅仅是从生产到消费的直接运输。为进行集中运输或仓储,货物运输通常需要经过转运中心或仓库进行中转。运输和仓储的规模经济效应和库存靠近客户而产生的服务效益均是间接运输的重要驱动因素。本章我们将重点讨论仓库在配送网络中的应用。从高价值和小批量商品比重增加的总体趋势来看,仓库发挥了非常重要的作用。

在货物运输模型中需明确考虑配送结构的原因有:(1)间接运输是货物运输中的重要组成部分。(2)配送结构对于解释货物流向的空间格局十分重要;一个区域可以没有生产或者消费,但可以通过它的物流、仓储功能等来吸引货流。(3)库存结构和运输路径表示一个物流决策,表示参与者对政策或基础设施的变化做出相应反应的可能性,而这些变化正是货物运输建模人员需要研究的内容。(4)配送结构之间的组合搭配能够发挥协同效应,因此,配送结构对于计算货物运输成本十分重要。

在本章中,我们提出多种方法来将间接运输中的配送结构加入货物运输模型中。并将模型划分为非集计(微观)模型与集计(宏观)模型。首先,我们从微观层面详细介绍上述结构的形成机制。我们从单个企业物流网络的角度出发,确定其形成的驱动因素,并引入子问题的典型建模方法。同时,通过一个实例说明非集计货物运输模型及其优化方法的应用。其次，继续讨论宏观层面的集计货物运输模型，构建微观与宏观之间的桥梁。本章将介绍三种宏观层面的货物运输建模方法：O/D 流的重力模型、配送结构的离散选择模型和超网络模型。最后，我们对本章节进行了简要总结，并提出未来的研究方向。

4.2　微观层面

在微观层面中，运输需求由节点（企业）之间的商品流组成。商品流可以用一段时间内从一个地点运输到另一个地点的商品数量（或重量、体积、价值）来描述。这些节点可以是：

- 表示货物运输来源的生产地。
- 将商品销售给其他客户的分销点。通常从分销点运输出去的货物使用的是运输容量较小的运输工具，如私家车等。
- 消费点，即商品的最终目的地。这些地点可以是生产地，商品将作为生产其他商品的原料，或者是餐厅或私人住宅等最终消费点。
- 仓库，即商品进行存储，拣选和包装（拣选就是将商品从仓库的货架上取下的过程）的地点。
- 转运点，即商品被重装，打包或拆分到其他车辆上的地点。

仓库与转运点的选址是物流决策的结果。单个商品流是确定最优配送结构、供应路径、批量、行程和路线的输入。

配送结构的决策包括（Pawelleck，1996）：

- 层级的数量，即有多少级中转点，常见的层级包括有中央配送中心（CDC）与区域配送中心（RDC）。
- 每一层级中仓库与转运点的数量。
- 仓库/转运点货物运输量与其下游节点的分配。
- 仓库/转运点的选址。

配送结构的决策包含了对货物运输路径的决策，代表货物从起点（生产）到终点（消费）经过的地点、商品的运输批量、运输车辆的路径和车辆的行驶路线。这个过程中会有许多不同的参与者影响配送结构，每一个参与者考虑的范围有所不同，这意味着一系列不同的货物运输流已被考虑到物流决策之中，其中最重要的参与者有：

- 生产型企业，主要考虑从生产地到客户手中的商品流。
- 批发或零售企业，主要考虑他们交易的商品流，这些商品从不同生产商开始运输，直至消费者或者销售点为止。

• 物流公司，主要考虑从不同产地到客户或消费点之间的商品流动，但与其他参与者的区别在于他们没有商品的所有权。

上述决策的制定需要综合考虑商品流特性与上述物流参与者的目标。在物流领域的主要目标是降低物流成本与提高服务水平（如：运输时间和产品的可达性）。近年来，很多研究表明：除了这些经济目标之外，还有其他一些可持续发展方面的目标，诸如"社会"和"环境"相关的目标也变得越来越重要。在对相关类别的成本进行简单讨论后，我们将以此为基础，继续深入讨论商品流背后最重要的驱动力和发展因素，成本和服务水平。

主要的物流成本类别如表 4.1 所示。关于物流成本种类的详细讨论及其在交通模型中的应用参考相关著作（Park，1995；Beuthe Vandaele 和 Witlox，2004；Friedrich，2010；Blauwens、De Baere 和 Van de Voorde，2012）。

表 4.1　主要物流成本的构成

类别	运输成本	仓储成本	订购与处理成本	风险成本
成本主要构成	• 司机 • 燃油 • 车辆 • 基础设施使用 • 运输过程中的资本成本	资本 • 建筑与设备 • 土地 • 能源	处理 • 拣选和打包 • 订货 • 订单处理	缺货 • 丢失和损坏 • 耗损 • 送达不及时

运输成本是指货物在不同地点之间的运输产生的所有成本。入库成本（吨千米/托盘千米）一般要比出库成本低，这主要是因为与干线运输相比，配送路线上的运输能力利用率更低，由于车辆容量较小，区域或城市内比区域间的道路，产生更多的时间和燃料消耗。

仓储成本包括存储货物产生的所有成本。其中固定成本占据仓储成本（至少在一定的时间段内）的绝大部分，主要包括了土地、建筑以及设备的成本。订货与处理成本包含了所有在仓库内或是转运点中的活动所产生的成本。特别是在一些劳动成本很高的国家里，对货物的人工处理、拣选和包装占了订货与处理成本中很大的一部分。前文提过风险成本是指所有可能发生的无法预期的事情所产生的费用。它们通常与服务水平相关联，例如，可达性较高的货物可能会产生损坏，可达性较低的货物可能会发生货物短缺的情况。

以上为现阶段的物流参与者中所产生的主要物流成本的类别。在未来，可持续方面的因素将变得更为重要，也可以称之为外部成本，例如，碳排放所造成的危害可能会成为一个很重要的方面，在公共基础设施投资时已将其考虑在内。

4.2.1　驱动因素及其发展

本节概述了配送结构中的驱动因素，并说明这些驱动因素对物流成本类别和配送结构的形成具有重要作用。这里所描述的关系都只是一个粗略的趋势，对于每一个具体情形都需要进行检验。图 4.1 描述了五类不同的驱动因素。除了需求与供给等决策基础(对货物运输而言)外，货物特征，物流系统配置以及外部资源的利用都可能对配送结构造成影响。

需求	供给	货物特征	物流系统	资源
需求量	供应量	价值密度	自动化	运输基础设施
配送空间	配送空间	处理要求	范围	不动产
波动性	可靠性	易腐性	规划能力	能源
需求的提前期	可能的提前期			

图 4.1　配送结构的驱动因素

4.2.1.1　货物的需求

第一类包括所有与需求相关的驱动力，包括配送点的需求量，配送的空间分布，需求随时间的波动性和提前期。较小的配送量或较低的配送密度会导致更高的(出库)运输成本。这使得建设更多的区域性仓库以更接近配送点来减少出库运输成本。在这种情况下，现阶段快速增长的电子商务值得关注。与快递和包裹(CEP)的配送系统一样，对于为个体家庭提供服务的配送系统来说，仓库或转运点最好足够接近它们的客户。这与很多传统零售业的配送结构是不一样的。需求的波动性与较短的需求提前期使得库存增加以保证能及时满足需求，这会导致仓储成本增加，从而使得仓库数量减少。如果在各个配送点之间的需求波动是独立的，并且配送的货物相同，那么一个更加集中化的库存结构可以缓解需求波动带来的负面影响，促生出额外的（中心化）的层级。另一方面，更短的需求提前期要求更短的区域货物运输时间。这种趋势与由于仓储成本较高而导致仓库较少的趋势相反。

4.2.1.2 货物的供应

正如需求的驱动因素，供应的驱动因素就是每一个配送点的供应量及其空间分布。由于入库成本较低所以对决策影响较小。这里我们不讨论波动性与需求的提前期，我们更多关注的是供应的可靠性与可能的供应提前期。较低的可靠性和较长的提前期，导致更多货物被存储在仓库中，使仓储成本增加，从而导致仓库数量减少。如果供应货物相同并且可靠性的波动之间是相互独立的，则它们可以达到均衡。

4.2.1.3 货物特征

货物的特征对物流过程有很大影响。除了货物的价值密度之外，特殊的处理需求和易腐性也可能影响物流活动。高价值密度在库存结构中意味着更高的仓储成本和运输成本（倾向于以更小的批量进行运输）。特殊的处理要求导致更高的处理成本与特殊的处理设备。因此，在同一物流系统中同时处理有不同要求的货物十分困难。这将造成物流系统中层级数减少，单个物流系统的仓库数减少，但总仓库数量增加的总体趋势。

4.2.1.4 物流系统

对于物流活动中的物流系统自动化而言，规划范围与规划能力是相关联的驱动因素。自动化，特别是自动化仓库，在减少可变仓储成本的同时增加了固定投资成本。随之带来的库存结构变化趋势可能是不同的。有关规划范围的一个例子是不断升级的物流系统，如国家配送系统整合为欧洲配送系统。这使得在物流系统中产生一个新的需求与供应的重心，从而形成一个新的物流节点。此外，更好地利用物流系统可能会导致仓库数量减少。目前系统规划能力由于IT系统的应用和数据可用性而发生变化，这可以提高整个过程中的效率，也将影响所有相关成本。由于利用更好的使用或处理方式可以降低运输成本，或者通过改进仓库流程降低处理成本，因此很难预测配送系统的整体趋势。

4.2.1.5 资源

最后，物流系统中的资源也是配送结构的驱动因素。这包括运输基础设施、物流节点的固定资产和能源的成本和可达性。较高的成本或较低的基础设施服务水平会使运输成本增加，从而导致建设更多的仓库来减少出库运输。较高的固定资产成本会使固定仓储费用增加，从而导致仓库数量减少。能源价格上升使得运输成本增加，将导致仓库数量增加。

4.2.2　微观层面的标准模型

配送结构的决策可以包括仓库的数量、层级和选址，以及客户点、生产点或客户对于仓库的分配情况。这里的每一个问题都与其他问题高度相关。特别是同时考虑多个子问题的优化方法是十分复杂的，所以通常使用启发式算法来求近似解。我们对单独子问题或者组合问题的最常见的求解方法进行了概述。

4.2.2.1　仓库的数量决策

单独考虑仓库数量是很困难的，因为这个问题高度依赖其他的问题，如仓库选址和仓库的需求分配问题。例如，如果有一个额外的仓库被加入，所有仓库的最佳选址都会发生改变。Tempelmeier(1980)给出了包括所有费用构成的详细的问题定义。为了简单明了，我们要介绍 Geoffrion(1979)提出的一个模型，该模型描述了最重要的驱动因素，并且与我们在最后一节讨论的问题相匹配。

Geoffrion(1979)提出了一个不需要位置数据的公式。他假定需求在平面上均匀分布，用需求密度 d 和被考虑的区域 A 描述。使用几何平均距离计算供应地与消费点之间的距离。他提出了一个关于最优仓库数量的简单公式：

$$n^* = 0.332 \times F \times \left(d \times \frac{c_2}{w_{fix}} \right)^{2/3} \times \left(1 - \left(\frac{c_1}{c_2} \right)^2 \right)^{1/2} \tag{4.1}$$

式中：n^* 为最优仓库数量；F 为服务地区面积（平方千米）；d 为地区需求密度（托盘/平方千米）；c_1 为入库运输成本费用（欧元/千米托盘）；c_2 为出库运输成本费用（欧元/千米托盘）；w_{fix} 为固定仓库成本（欧元）。

尽管这个模型做了很多简化，但是清楚地表示了一些依赖关系，这些已经在 4.2.1 节中讨论过了。仓库的数量将会随着服务地区面积，需求密度和出库成本费用的增加而增加；随着仓库固定成本的减少而减少。可变服务成本不会出现在最终的公式之中，因为模型假设它们不会因为仓库规模差距而变化，因此对其没有影响。此外，模型没有考虑库存水平上的差异，因此不能解释诸如在食品零售行业中，零售折扣店和普通零售店在仓库数量上的区别。Toporowski(1996)详细研究了库存水平对仓库数量的影响，他以一个基本的批量模型为例，比较了 n 个仓库和一个仓库的周期库存（两次配送之间消耗的货物量）。他的结论是，当仓库数量从一个增加到 n 个时，周期库存将随着 n 的一个因素增加。他的分析展示了库存水平是如何显著影响仓库数量决策的。在成本方面，库存水平的增加也会导致库存调配和资本成本等一些额外费用的产生。

4.2.2.2 仓库层级

现在，我们单独来考虑仓库层级的问题。这个问题通常可以归纳为一个二级仓库(中心仓库)是否应该被设立的问题，我们参考 Bartholdi 和 Hackmann (2008)的方法。他们的方法最开始是研究哪些物品应该摆放在仓库的前端。由于在前端区域拣选费用更低，因此被推荐放在该区域的物品应为能够实现最大的成本节约的物品。给定前端区域的体积 V，V_a 指的是物体 $a(a=1,\cdots,A)$ 摆入前端区域所需的体积，s_a 为物品 a 放入前端区域后节约的成本。因此，为了最大化节约成本 S，该最优化问题可以表示：

$$\max S = \sum_{a=1}^{A} s_a \tag{4.2}$$

$$\sum_{a=1}^{A} v_a \leq V$$

$$v_a \geq 0, \ \forall \, a \in \{1 \cdots A\}$$

将这个思路应用到二级(中心)仓库的问题上，就要考虑哪一种物品应该放置在中心仓库里。不同于设定一个确定的数量，问题的主要目标是分析出哪种物品的集中化能引起可变成本的节约。这个节约要与中心仓库的额外成本进行对比(C_{add})。因此，在以下情况下，引入中心仓库层级是很有必要的，如果：

$$\sum_{a=1}^{A} \max\{s_a; 0\} - C_{add} > 0 \tag{4.3}$$

可变成本的节约来自较低的库存成本和入库运输成本。

4.2.2.3 仓库选址

已有文献中描述的基本"仓库选址"(或"设施选址")问题包括了选址，分配与数量决策问题，这将在 4.2.2.6 进行讨论。本小节只考虑单一选址问题。当选址决策可以在平面中自由的决定时(没有离散的选项)，该问题被称为"Steiner – Weber"问题 (Domschke 和 Drexl, 1996)：以坐标($h_i; v_i$)的形式给出消费点的位置 $i(i=1\ldots I)$，每一个消费点的需求为 X_i。仓库的(运输)最佳选址($h^*; v^*$)为备选仓库位置与各仓库之间总路程最小的那一个：

$$\min \sum_{i=1}^{I} X_i \sqrt{(h-h_i)^2 + (v-v_i)^2} \tag{4.4}$$

该函数不能进行解析求解，但是 Miehle（1958）根据 Steine – Weber 模型提出了一种迭代方法，这种方法背后的"心智模型"（也被称为绳和权重模型）以表格的形式描述了一个代表地图的物理装置。其中每一个消费点都有一个孔并有一条绳从中穿过，绳的末尾有一个悬挂的重量对应着需求量。将所有的绳都固定在表格中的一个环里，环的位置也就是最佳位置点。求解的起始（Miehle 过程的第一次迭代）重心可以表示：

$$(h_{gr}; v_{gr}) = \left(\frac{\sum\limits_{i=1}^{I} h_i X_i}{\sum\limits_{i=1}^{I} X_i}; \frac{\sum\limits_{i=1}^{I} v_i X_i}{\sum\limits_{i=1}^{I} X_i} \right) \tag{4.5}$$

这个位置通常已经接近上述的最小化的点。下一次迭代的新的坐标$(h; v)$是由关于h_i到v_i对（4.5）进行微分所决定的，设置结果为 0 并通过h_i与v_i进行求解。

然而，在多数情况下，已经给出离散备选点；而距离的计算也常常和欧几里得距离不一致，而是取决于道路网络。因此，通过这个过程产生的解只能作为近似解，接近最优点的选址方案也应该被检查确认。

4.2.2.4　消费点的分配

最后，消费点的仓库分配问题是和经典运输问题一致（Neumann 和 Morlock，1993）：给定$i = 1 \ldots n$个仓库，$j = 1 \ldots m$个消费点，每个消费点所需求的数量为b_j，每个仓库供给的能力为a_i（总需求等于总供给）。成本矩阵c_{ij}代表每单位的运输费用，矩阵x_{ij}代表从i到j的运输量。该运输问题的目标是为了找到使得总运输成本最小的x_{ij}：

$$\min TC = \sum_{i=1}^{n} \sum_{j=1}^{m} c_{ij} x_{ij}$$

$$\text{s. t. } \sum_{i=1}^{n} x_{ij} = b_j (j = 1 \cdots m)$$

$$\sum_{j=1}^{m} x_{ij} = a_i (i = 1 \cdots n)$$

$$x_{ij} \geqslant 0 (i = 1 \cdots n, j = 1 \cdots m)$$

这是一个经典的线性优化问题，可以采用单纯形法来求解。MODI（修正分配）模型是网络单纯形法的一种特殊形式，其在运输表中的示意图如图 4.2 所示，表示了从仓库到消费点之间的商品流，圆圈标记了在满足约束条件的情况下，如何改变（增加或减少）运输流量使成本降低。这个方法对解决运输问题非常有效（Neumann 和 Morlock，1993），其详细来源可以参考 Domschke（1981）。

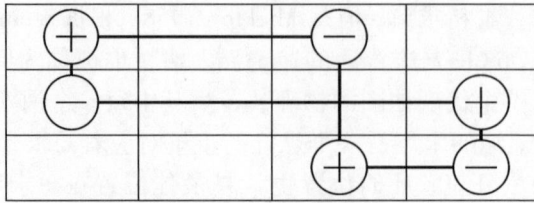

图 4.2 MODI 方法在运输表中的示意图

数据来源：从 Neumann 和 Morlock(1993)简化。

这个分配问题的描述属于有容量限制的仓库分配问题，表明仓库的能力是有限的，因为客户只能被分配到最近的仓库，无容量限制的情况极为少见。

4.2.2.5 组合问题与求解方法

在各类文献之中，设施(或工厂)选址问题和仓库选址问题是两类非常接近的问题，主要包含了上面描述过的三种问题：设施数量，选址问题和分配问题。仓库选址问题(Baumol 和 Wolfe，1958)主要描述了在生产点与客户点之间选择仓库建设地点的问题。设施选择问题主要描述了如何确定服务客户点的设施(工厂和仓库)的选址，Sharma 和 Berry(2007)介绍了两个问题间的区别。

设施选址问题可以依据其不同的特性加以区分。从概述和分类上看，典型的分类是设施是否有容量限制(Aikens，1985)。最简单的带容量限制的设施选址问题可以建模：

$$\text{Min} \sum_{i=1}^{n} \sum_{j=1}^{n} c_{ij}x_{ij} + \sum_{j=1}^{n} f_i z_i$$

$$\text{s.t.} \quad \sum_{i=1}^{n} x_{ij} = b_j (j = 1, \ldots, m)$$

$$\sum_{j=1}^{m} x_{ij} \leqslant a_i z_i (i = 1, \ldots, n)$$

$$x_{ij} \geqslant 0 (i = 1, \ldots, n, j = 1, \ldots, m)$$

$$z_i \in \{0, 1\} (i = 1, \ldots, n)$$

式中：c_{ij} = 从设施 i 到消费点 j 的运输成本矩阵；x_{ij} = 从设施 i 到消费点 j 所运输的物品数量；f_i = 设施 i 的成本；$z_i = 1$ 表示建立，否则为 0；b_j = 消费点 j 的需求量；a_i = 设施 i 的容量。

上述模型与运输问题的描述十分相似。区别在于额外考虑了仓库的固定成本 f_i，0 – 1 变量 z_i 表示的只是潜在的仓库选址点。此外，第一个约束表示当需求没达到仓库的最大容量时，仓库也会被使用。

然而，这个问题远比运输问题复杂，因为其同时考虑了设施选址以及数量问题。找到大规模问题的最优解需要非常强大的处理能力（Beasley，1988）。因此，可以通过启发式算法产生一个较好解（不一定最优）（Green、Kim 和 Lee，1981）。

将确定仓库的数量问题从选址与分配问题中分离出来后，这样尽管问题有所简化，但仍然比较复杂。Cooper（1972）提出了一个启发式算法求解选址和分配问题，Domschke 和 Drexl（1996）将该算法应用到一个实际例子中，改善了求解的质量。Spath（1975）在聚类分析研究中提出了一个类似的启发式算法，该方法也被称为 KMEANS – 准则。他们两人都证明了该方法可以获得高质量的解。

4.2.2.6　面向整体库存结构问题的启发式算法

在本节中，我们描述了一个用来求解同时考虑四个子问题的综合库存结构问题的启发式优化算法。它由我们之前提出的单个方法组合而来，Friedrich（2010）实现了这个方法。该启发式算法的一个概述如图 4.3 所示。在第一阶段中，对仓库的数量与仓库的层级进行优化。第二阶段则决定仓库的选址与分配到各仓库存储的货物量。

启发式算法流程　　　　　　　　　　　　　　　　　　　　　　　　简化假设

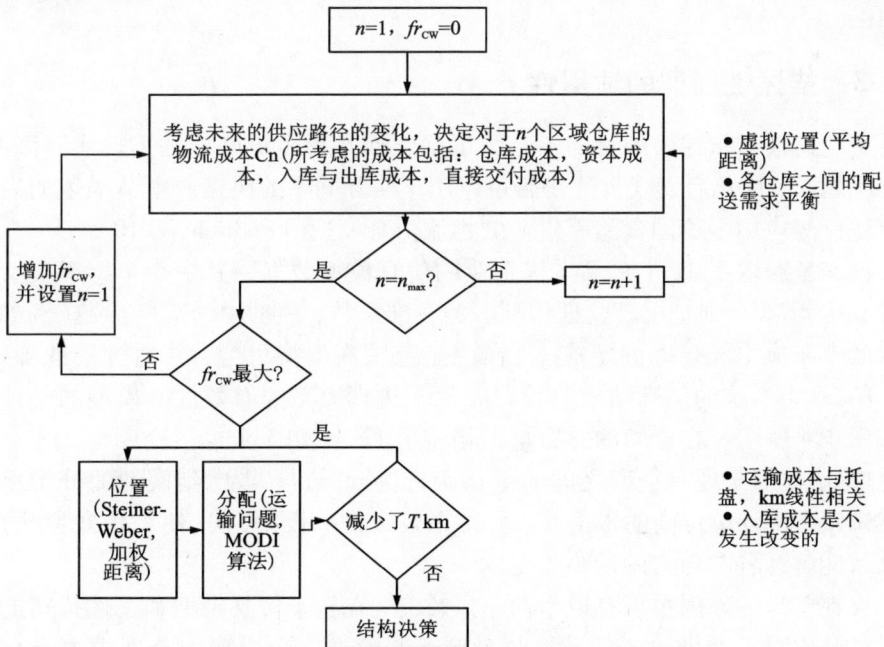

图 4.3　决定库存结构的启发式算法流程框架图

第一阶段的优化是通过完全枚举法来进行的，计算所有可能的库存结构的成本。不同种类的中心层级的仓库是通过中心仓库与区域仓库之间每周的运输频率 fr_{cw} 来区分的。考虑的成本有仓库成本，资本成本，入库、出库成本以及直接配送成本，这些成本都与库存结构相关。启发式算法考虑到了所有因为"新"库存结构而产生的改变，包括了新的入库运输批量和供给路径的可能改变。启发式使用一些简化的假设来保持问题的可解性。对于仓库数量的决策来说，我们假设位置是虚拟的，并且每个仓库的需求都是相等的。假设的位置是均等地分布在空间之中，因此可以计算出平均距离。为了避免求解组合问题的时间较长，假设各仓库的需求是相等的。

启发式算法在第一阶段的详细模型与运筹学中的标准问题不同，比如仓库选址与设备选址问题，其主要是详细地表示了仓库成本。

分配与选址问题通过迭代过程同时解决。选址问题参考 Steiner – Weber 问题。分配问题则对应于运筹学中的标准运输问题，可以通过 MODI 算法来完成求解。通过对这两个问题反复求解，可使得解的质量不断提高。当改变仓库选址或分配时不能改进可行解的质量时，算法终止。这一部分隐含了入库成本不变的假设，所以不必对第一部分进行重新计算。此外，我们将吨千米的最小值对应于成本的最小值。有关该启发式算法的详细描述可以参考 Friedrich (2010)。

4.2.3　描述性模型的适用性

货物运输需求建模的目的不是为了优化而是为了更好地描述现实。因此，核心问题是，优化启发式算法是否可以用于实际问题的决策。上节描述的启发式算法已经应用于德国食品零售业的物流仿真模型(Friedrich, 2010)。

该文章获取了 31 个食品零售企业的仿真模型数据。其中 5 个用于模型的校准，其余 26 个则是用于验证模型。为校准参数，模型中的某些参数(例如每千米的卡车成本或仓库固定成本)在一定范围内保持可变，并通过校准确定。剩下的 26 个系统的仿真结果向我们展示了仿真模型的有效性。模型的整体结果如图 4.4 所示。在仓库的总数量上相差了 13 个(205 个模拟仓库与 213 个现有仓库)，模拟与现有仓库之间的平均距离为 60 km。考虑到模型的分辨率为 NUTS(领土统计单位内的术语)3，此结果较好，表示该算法(使用校准参数)结果大致能解释各参与者的行为。

存在差异的原因主要有以下两个。首先，在整个仿真模型和上述描述的启发式算法中都已经做出了简化；两个例子假设在一个模型中仓库规模是相同的，而使用绿色场地方法意味着仓库的历史选址情况将不会被考虑。实际问题

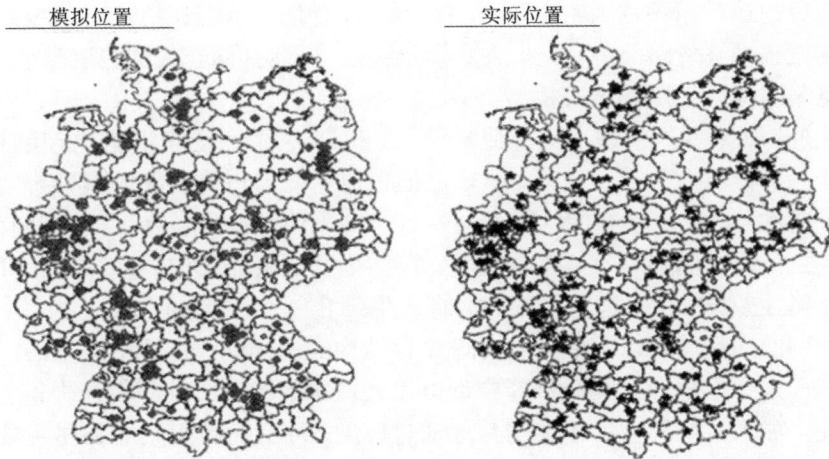

图 4.4　德国食品零售业的模拟位置与实际位置（Friedrich, 2010）

中，一个物流系统中的仓库大小可能会发生偏离，并且配送结构也会随时间发生变化。其次，可能是不同的参与者会有不同的目标函数，或者不像启发式算法的假设中那么理性，从而导致信息的缺失。这是运输建模中的一个经典挑战，可以通过增加一些要素，如误差项来解决。这将是该领域模型的未来发展方向。

4.3　宏观层面

4.3.1　集计模型中的挑战

当对整个城市、地区、州或大陆的货物运输进行分析与描述时，上面的微观方法将不再适用，主要是因为所有企业与运输活动的精确数据是难以获得的。多数企业没有保存足够范围与详细的数据来进行全面的微观建模。前面例子中的大量数据都是通过人工收集。在未来，由于越来越多的供应链流程通过ICT（信息与通信技术）系统进行，数据获取情况将得到改善。然而，尽管公司数据可获得，但也是专有的，很难获得完整的数据，并且几乎不可能公开，这给我们的研究带来了巨大的挑战。货物运输的总体统计一般不包括物流运作的特征。通常我们不能采集到库存统计数据，区分出入库的运输成本，或者起始点与终点的流量（例如，生产地，配送中心和末端）。即使这些数据可以获得，很多与货物运输相关的因素也不会被记录，或者是为了能在更高空间级别代表商品的过程中被忽略。换言之，在集计层面上，我们可能不能收集到所有需要的信息来确保所使用的微观模型有效。

此外，如果我们要建立集计流量模型，我们必须考虑到居民的异质性要比单独产品的异质性大得多。例如，产品的价值密度与包装密度的属性影响仓储与处理成本，也决定了仓库的数量与选址。高价值与高包装密度的产品将导致仓库中更高的仓储与处理成本，使得库存结构变得更加集中。如果一个商品组内产品属性差异很大，运输量很大，将产生不止一个主要的空间结构，来处理不同类别的产品。所以我们需要考虑库存结构的多样性，并且用正确的产品属性来解释这个多样性。集计选择模型可以处理决策的异质性和潜在决策变量的多样性。如果这个异质性不能清楚地通过模型表示，商品组则需要尽可能地同质化。根据相关商品属性计算货物运输模型的同质化商品组的方法（称为"物流族"），Burmeister（2000）和 Tavasszy（2000）就旨在解决这个问题。

类似的问题也出现在供应端实际库存网络中。把集计数据从企业层（每一个企业都会有自己独特的解释）的网络叠加到区域层的网络上，单个企业的模式都将消失，被这种集计的模式所取代。这种集计的模式可能与底层企业层的模式有所不同，并表现在诸如运输成本或距离的差异上。这表明该模型不能保证考虑公司的实际情况（无论是在规范性还是描述性的意义上）。相反，我们所描述的集计逻辑可能不会出现在企业层面。此类集计过程在集计模型中是普遍存在的（即，并非库存结构所独有），并在文献中广泛讨论（Ortúzar 和 Willumsen，2011）。集计网络将导致企业层面的网络之间相互依赖的信息丢失。特别是当企业将其物流外包时，将同时为多家企业制定库存结构决策，或部分集计流量（或中尺度流，详见 Liedtke（2009））。从企业层到区域层面意味着缺失了对其相互依赖性的考虑，取而代之的是更简单的区域层货物流的特性假设。在集计层面上，我们必须假设决策的制定是通过相同方法在区域内、区域间制定的，或者即使是非集计的，也必须根据企业类型、企业规模、产品类型或运输量大小来决定，而非针对个体或相互依赖的企业。

下文中，我们介绍三种不同的方法来处理集计模型中的库存结构问题。模型框架描述基于一般的集计模型语言，即四阶段运输模型。我们提供了三种在理论上可行的方法，并根据已有文献进行总结。

4.3.2　库存结构的集计模型

4.3.2.1　集计建模问题

库存结构的集计、描述性模型的框架描述如下。

T_{ij}表示货物 T (吨每年) 在地区 i 与 j 之间的流量。通常情况下，起始地 i 表示生产地，目的地 j 表示的是货物的消费点。各地区之间货物流量的表为 P/C 矩阵。根据第 2 章的描述，P/C 矩阵是由多地区的空间经济模型得来的，比如 MRIO (多区域投入/产出模型) 模型或是 SCGE (空间性应用一般均衡) 模型。由于中转仓库的存在，以上模型不能恰当地描述货物运输空间流动。在下述的模型中，我们对这一过程进行描述。

通过在区域 k 插入仓库作为中转起点和终点，我们将 P/C 矩阵转化为纯运输移动的矩阵，即起讫点矩阵或 O/D 矩阵。在一个简单系统中，P 与 C 之间最多不超过一个配送中心，P/C 流可以被拆分为 3 个不同的 O/D 矩阵，第一个表示直接从 i 到 j 的流 T'_{ij}，其余两个表示通过区域 k 中的一个仓库的间接流，即 T_{ik} (P/W 流) 和 T_{kj} (W/C 流)。当分配给运输网络时，它们一起构成可以用于描述运输流的 O/D 表。

本节的问题是如何通过集计模型来描述组合的贸易和运输系统。传统模型假设 O/D 与 P/C 之间不存在差异，即，假设只有一个表，既代表贸易量也代表运输量。根据所选方法，它们或者是 (1) 将 P/C 流直接应用到运输网络中，或者是 (2) 从运输流中获得一个 O/D 矩阵，并尝试将其与生产地与消费点的经济集聚联系起来。第一种方法会导致对运输量的低估，因为忽略了由间接运输所产生的额外流量。第二种方法会导致弹性问题，因为假设仓储相关的路径将与生产或者消费相关的路径一样，根据经济改变而发生变化。

明确考虑 O/D 与 P/C 两个表格的方法也有很多。根据不同的方法，至少有部分物流因素的细节能被纳入模型中。在接下来的部分，我们将讨论：

- O/D 流的重力模型；
- 库存结构的离散选择模型；
- 超网络模型。

除了列出一个简短的合理和数学化的公式表达，我们还回顾了已有文献中相关模型的例子，并讨论了所获得的实证结果。

4.3.2.2　重力模型方法

在经典的牛顿物理学重力模型中，一些理论解释可以应用在货物贸易模型中(见本书的第 2 章)。与我们研究问题最接近的解释是地区间固定价格与运输成本的差异,即在净贸易利润率为正的情况下诱发贸易。

为了将这个解释应用于库存网络问题,我们必须假设仓库地区也是贸易点,生产价格能代表它们作为配送选址的吸引力,即不同的生产地的终点,和不同的消费地的起始点。用这个方式类比贸易的方式可用如下模型表示:

$$T_{ik} = p_i^* q_k^* r_{ik}$$

$$T_{kj} = p_k^* q_j^* r_{kj}$$

$$T_{ij} = p_i^* q_j^* r_{ij}$$

这里的 T, i, j. k 都与之前表述的含义一致, p, q, r 则表示对于运输的 3 个 O/D 表中起点与终点的参数。当集计代理人的离散选择框架被用作推导重力模型的一个基本理论基础,此时 r 可以用一个运输成本的指数函数所替代。

我们所知的唯一一个对该模型进行实证检验的案例是在荷兰,Davydenko 和 Tavasszy(2013)使用从统计数据中获得的表示起点和终点类型的流量矩阵,为三类 O/D 表分别估计了这些模型。他们找到了确定 r 值的函数参数的合理值,并且很好地拟合了观测值。

4.3.2.3 离散选择模型

通过离散选择建模方法,解释从 P/C 表到 O/D 表这一步中所使用的方法与基于总物流成本发展的微观模型类似。如图 4.5 所示,这个模型代替了两个表之间的箭头。

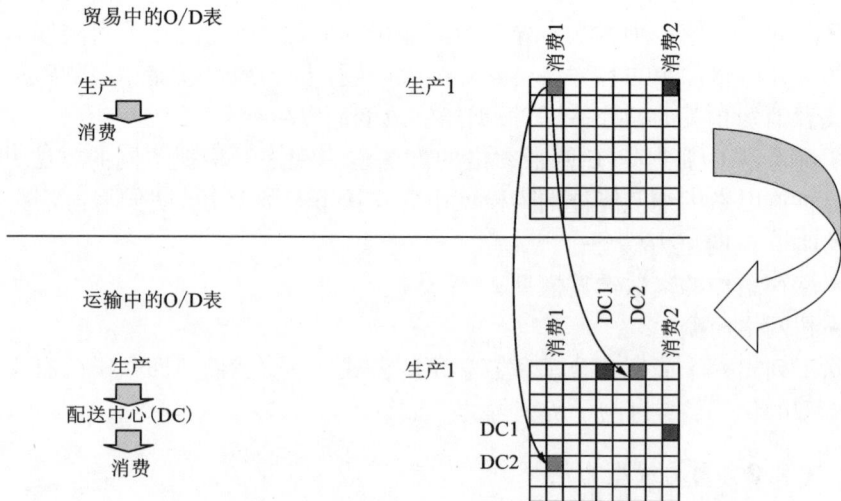

图 4.5 生产 – 消费表和 O/D 表(示例:每个 DC 对应一个流)

　　模型的选择是在可选结构之间的，要么间接地通过库存的中转点，要么直接从 P 到 C。在原则上，对于间接流量，原则上每一个地区都可以是库存的中间点。在实践中，这种通过不同区域的选择将形成一系列名为"间接运输"的备选项，从而构成一个嵌套模型表（如图 4.6 所示）。

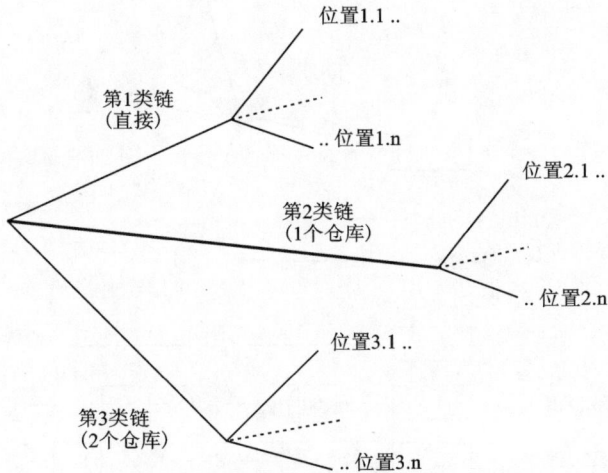

图 4.6　库存结构的嵌套模型

　　一些涉及这种模型的研究文献中提出了选择模型的 logit 公式（Tavasszy、Huijsman 和 Cornelissen，2001；Jin 和 Williams，2005；Kim 等，2010；Davydenko 和 Tavasszy，2013），还有两个研究提出了全有全无模型（Boerkamps 和 van Binsbergen，1999；Maurer，2008）。Kim 等（2010）是唯一一个提出离散选择模型的，然而这种模型不是基于成本逻辑，而是基于产品特性。其不足之处在于对政策评估的作用不大。Tavasszy、Smeenk 和 Ruijgrok（1998）与 Jin、Williams 和 Shahkarami（2005）提出了物流成本集计模型，但该模型的有效性并没有得到很好的证明，而且这些模型仅在有限的研究文献中出现。据我们所知，Davydenko 是唯一在宏观层面，即 O/D 层面上，通过以物流成本为基础的离散选择模型获得估计结果。基本的模型是遵循了集计 logit 模型，其中物流成本函数包括运输与仓储成本。

　　物流成本 c 包含了 3 个部分：$c = c^t + c^v + c^m$。

　　上标 t，v，m 分别定义了运输成本，仓库成本与仓储成本。

　　为计算运输成本，将可选路径分段来表示货物运输路径的几个阶段，路径中的几个路段如图 4.7 所示。每一个阶段背后的逻辑是时间价值（VOT），不同阶段可使用的运输模式是不相同的。例如，S4 区段表示了一条 *DC* 与客户之间运输路径的最后一部分。因为发货时间的要求是比较高的，所以导致更高的运输成本(这部分通常由货车或卡车来完成交付 LTL)和时间价值。

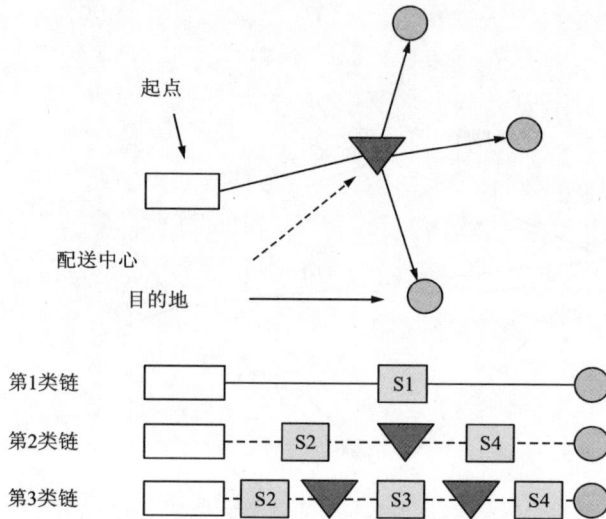

图 4.7   配送的路径与路段(Tavasszy 等, 2001)

通过简单的加权成本函数(权重根据不同的模式所占份额确定)估计总运输成本。在计算加权成本时的一个限制条件来源于不同路段所采用的运输模式，例如，在最后一个 S4 路段中，只允许使用公路运输。库存成本针对每一个货物流，并包含为满足产品需求所必需的库存与安全库存。仓库成本则包括了处理成本与持有成本。

$$c^v = a_f X_{ij,f} i_f$$
$$c^m = a_f X_{ij,f} w(h_f + o_f)$$

式中：i = 利息成本(美元/吨/年)；a_f = 每个货物流量的库存比例；$X_{ij,f}$ = 每种流种类的 O/D 矩阵的贸易流；o_f = 持有成本(美元/立方米)；h_f = 处理成本(美元/立方米)；w = 体积重量比(立方米/吨)。

与微观建模方法相类似，理论上，配送中心的备选地点数量等于所有可用区域的数量。为便于计算，可以通过与需求相关的中心性等区域特征对每个区域评分，列举有限个可选择的区域来减少备选数量，参考 Tavasszy 等(2001)。

显然，该集计模型是对潜在集计成本模式的一个粗略再现。如果缺少成本数据，资源必须作为模型的参数用于估算不确定成本因素。Davydenko、

Tavasszy 和 Smeets（2012）表明这个方法可以形成一个与观测到的运输流相匹配的结果。

4.3.2.4　超网络

第三种方法是将配送中心的选择问题融入路径选择问题中考虑。据我们所知，还没有应用这种方法解决配送结构选择问题的实际案例。我们简要地描述该方法，因为它可以简单直接地解决问题。这个方法是基于一般的"超网络"方法（Sheffi，1992），并扩展到用于货物运输的多路径选择模型（Jourquin 和 Beuthe，1996；Tavasszy，1998；de Jong，2007），到现在已经包含了配送中心以及转运点的库存成本。Nagurney 等（2002）和 Yamada 等（2011）提出了模型在相关方向上改进的思路。

如果我们在配送中心选择前后考虑不同运输规模的网络，则隐含了网络中对运输规模的选择。值得注意的是，可以通过不同方法对流量预测，这取决于我们假设供应是恒定的（基于需求导向的选择模型）或是依赖于需求（基于均衡方程）。

在这个网络模型中，运输规模从大到小的变化，单位货物运输成本从低到高的变化，都只能通过一个配送中心来完成。消费者会要求小批量与快速交付；直接取货与间接配送也会作为两个备选路径方案来进行比较（如图 4.8 所示）。

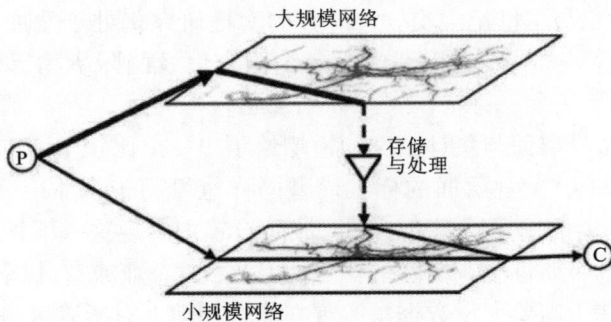

图 4.8　超网络的库存结构

大批量的运输网络主要用于长途干线运输服务。这种类型的货物运输常见于国际贸易通道中，如欧洲－亚洲，美国－亚洲，最小的运输单位通常为一个集装箱。大批量的网络也存在于国家或者欧盟的层面上。这些都与零售链上从生产点到的配送点(超市)的运输流类似。货物承运商与分销商也可以在仓库间使用这个运输网络,将其与大型配送点连接到一起。相反,小规模的运输网络与流向消费点或消费代理相关设施(例如零售店)的商品流有关。小规模运输网络也可以在生产环节下观察到,如专业化生产与准时制生产的实践应用。上述两种网络将仓库与不同种类的配送设施联系到了一起,小规模网络为大规模网络提供补充功能:从一个网络类型到另一个网络类型的转变主要体现在配送设施的不同。

与其他两种方法一样,超网络方法的实践应用依赖于对现实世界中物流结构使用的不同领域或者商业类型的观察。此外,还可以观察到上述两种网络类型中的未被转换的流量,例如小批量网络中的生产地与消费地之间(主要是生产地与消费地很接近,或者是高价值货物的情况)。大批量网络也可用于直接的生产地 – 消费地的运输,主要用于作为下一步生产目的的中间产品的大批量产品运输。

4.4　本章小结

配送结构是货物运输建模中所关注的一个新兴领域。考虑配送结构的货物运输模型在传统的四阶段货物运输建模机制的基础上加强了对货物流动的空间格局表示,丰富了对物流成本和中转仓储活动的表示。最早提出关于配送结构模型是在 20 世纪与本世纪之交,大部分的实证研究仍处于发展阶段。经过一些国家的应用后,这些模型逐渐成为各个国家以及国际货物运输模型的研究领域。

本章对非集计层面与集计层面的模型给了出一个比较全面的描述,其研究重要成果包括:(1)微观层面的标准模型同样也可用于企业层面的配送决策;(2)简单的集计离散选择模型可以在区域间设置中实现这一配送结构。简化后的非集计模型具有贴近企业实际的优点,因此,对企业或商品属性的变化很敏感。但其缺点在于需要大量数据来实现在集计层面上对所有货物流的应用。与集计模型相反,对总流量建模可以采用较少的数据从更高的空间与部门层面来建模。尽管如此,集计模型对数据的需求可能超过了很多目前被广泛采用的模型环境设定,包括仓库的流量以及物流成本的组成部分。

未来的研究可以专注于缩小宏观层面与微观层面之间的差距。一方面,对于微观模型的发展,可以使输入数据充分聚合以进行系统范围的研究,即跨部门和跨地区研究。另一方面,使集计模型更加具体化,不仅仅能考虑单一企业及其小团体，还能表示更加复杂的物流配送情况。在实际应用方面，需要了解配送结构决策的实践知识，将其输入到微观或区域模型中，并进一步汇总，从而得到一个较好的区域或国家配送结构模型。

参考文献

[1] AIKENS C H. Facility location models for distribution planning[J]. European Journal of Operational Research, 1985, 22: 263 – 279.

[2] BARTHOLDI J, HACKMAN S. Warehouse and distribution science. Release 0.85. Free Textbook, 2008, http://www.warehouse-science.com.

[3] BAUMOL W J, WOLFE P. A warehouse-location problem[J]. Operations Research, 1958, 6(2): 253.

[4] BEASLEY J E. An algorithm for solving large capacitated warehouse location pro-blems[J]. European Journal of Operational Research, 1988, 33: 314 – 325.

[5] BEUTHE M, VANDAELE E, WITLOX F. Total logistics cost and quality attributes of freight transportation. In: Selected Papers of the WCTR 2004 in Istanbul, 2004.

[6] BLAUWENS G, DE BAERE P, VAN DE VOORDE E. Transport economics[M]. Berchem: De Boeck, 2012.

[7] BOERKAMPS J, VAM BINSBERGEN A. GoodTrip a new approach for modelling and evaluation of urban goods distribution[C]. In: Urban Transport Conference, 2nd KFB Research Conference, Lund, Sweden, 1999.

[8] BURMEISTER A. Familles logistiques: propositions pour une typologie des produits transporte's pour analyser les e'volutions en matie're d'organisation des transports et de la logistique. Lille: PREDIT 'Syste'mes d'information', 2000. Convention DRAST no 98 MT 87.

[9] COOPER L. The transportation-location problem[J]. Operations Research, 1972, 20: 94 – 108.

[10] DAVYDENKO I, TAVASSZY L A. Estimation of warehouse throughput in a freight transport demand model for the Netherlands[C]. In: Proceedings of the Ninety Second Annual TRB Meeting, Washington, DC: Transportation Research Board, 2013.

[11] DAVYDENKO I, TAVASSZY L A, SMEETS P S G M. Commodity freight and trip generation by logistics distribution centers based on sectorial employment data[C]. In: Proceedings of the Ninety First Annual TRB Meeting, Washington, DC: Transportation Research Board, 2012.

[12] DE JONG G, BEN-AKIVA M. A micro-simulation model of shipment size and trans-port chain choice[J]. Transportation Research B, 2007, 41(9): 950 – 965.

[13] DOMSCHKE W. Logistik transport[M]. München: Oldenbourg Verlag, 1981.

[14] DOMSCHKE W, DREXL A. Logistik standorte[M]. 4th ed. München: Oldenbourg Verlag,

1996.

[15] FRIEDRICH H. Simulation of logistics in food retailing for freight transportationanalysis[D]. KIT, Institut für Wirtschaftspolitik und Wirtschaftsforschung (IWW), 2010.

[16] GEOFFRION A M. Making better use of optimization capability in distribution[J]. IIE Transactions, 1979, 11: 96 – 108.

[17] GREEN G, KIM C S, LEE S M. A multicriteria warehouse location model[J]. International Journal of Physical Distribution and Logistics Management, 1981, 11: 5 – 13.

[18] JIN Y, WILLIAMS I, SHAHKARAMI M. Integrated regional economic and freight logistics modelling: results from a model for the Trans-Pennine Corridor, UK[C]. In: European Transport Conference, 2005.

[19] JOURQUIN B, BEUTHE M. Transportation policy analysis with a geographic infor-mation system: the virtual network of freight transportation in Europe[J]. Transportation Research Part C, 1996, 4(6): 359 – 371.

[20] KIM E, PARK D, KIM C, et al. A new paradigm for freight demand modeling: the physical distribution channel choice approach[J]. International Journal of Urban Sciences, 2010, 14 (3): 240 – 253.

[21] LIEDTKE G. Principles of microbehavior commodity transport modelling[J]. Transportation Research part E, 2009, 45: 795 – 809.

[22] MAURER H. Development of an integrated model for estimating emis-sions from freight transport[D]. The University of Leeds Institute for Transport Studies, 2008.

[23] MIEHLE W. Link-length minimization in networks[J]. Operations Research, 1958, 6: 232 – 243.

[24] NAGURNEY A, KE K, CRUZ J, et al. Dynamics of supply chains: a multilevel (logistical informational financial) network perspective[J]. Environment and Planning B: Planning and Design, 2002, 29: 795 – 818.

[25] NEUMANN K, MORLOCK M. Operations research[M]. München, Wien: Carl Hanser Verlag, 1993.

[26] DE ORTúZAR J D, WILLUMSEN L. Modelling transport[M]. West Sussex: John Wiley & Sons, 2011.

[27] PARK J K. Railroad marketing support system based on the freight choice model[D]. Department of Civil and Environmental Engineering, M. I. T, 1995.

[28] PAWELLECK G. Simulationsgestützte distributionsplanung[J]. Zeitschrift für Logistik, 1996, 17: 6 – 9.

[29] SHARMA R R K, BERRY V. Developing new formulations and relaxations of single stage capacitated warehouse location problem (SSCWLP): empirical investigation for assessing relative strengths and computational effort[J]. European Journal of Operational Research, 2007, 177: 803 – 812.

[30] SHEFFI Y. Urban transportation networks[M]. Englewood Cliffs, NJ: Prentice-Hall, 1992.

[31] SPÄTH H. Cluster-analyse-algorithmen[M]. München: Oldenbourg Verlag, 1975.

[32] TAVASSZY L A, HUIJSMAN E, CORNELISSEN C. Forecasting the impacts of changing patterns of physical distribution on freight transport flows in Europe[C]. In: Proceedings of the Nineth World Conference for Transport Research, 2001.

[33] TAVASSZY L A. On the demand-side segmentation of freight transport markets with logistical families, THINK-UP Project Deliverable, Brussels: European Commission, 2000.

[34] TAVASSZY L A, SMEENK B, RUIJGROK C J. A DSS for modelling logistics chains in freight transport systems analysis[J]. International Transactions in Operational Research, 1998, 50(6): 447 –459.

[35] TEMPELMEIER H. Standortoptimierung in der marketing-logistik[M]. Würzburg: Physica-Verlag, 1980.

[36] TOPOROWSKI W. Logistik im handel, optimale lagerstruktur und bestellpolitik einer filialunternehmung[D]. Universitat Köln, 1996.

[37] YAMADA T, IMAI K, NAKAMURA T, et al. A supply chain-transport supernetwork equilibrium model with the behaviour of freight carriers[J]. Transportation Research E, 2011, 47(6): 887 –907.

第 5 章　库存理论与货物运输模型

弗朗索瓦. 康姆斯(François Combes)

法国 巴黎东 – 马恩拉瓦莱大学，城市交通运输实验室（Université Paris – Est, LVMT, UMR T9403 ENPC IFSTTAR UMLV, Marne – La – Vallée, Cedex, France）

货物运输中按批次进行的运输称为货物运输批量，确定运输批量的规模是承运商的重要决策之一，而这取决于承运工具的特点及托运人货物的类型。

确定最优的运输批量与库存等基础科学问题相关，同时涉及供应链的优化与管理。当然，它也是一个运输相关的决策问题，能从侧面反映出托运人的偏好。本章的目的是通过规范库存理论模型，从描述的角度帮助读者更好地理解货物运输模型作用机理。库存理论有利于货物运输模式的选择，引起了人们的广泛关注。本章从微观经济学、计量经济学和微观仿真的视角，嵌入库存分析基本理论元素，来进行货物运输建模分析。

本章组织结构如下：在 5.1 节中介绍与货物运输建模有关的基本库存理论；在 5.2 节中讲述基于库存理论的托运人的微观经济模型；在 5.3 节中讨论数据的需求与可用性；在 5.4 节中对现有的计量经济学结果进行概述；在 5.5 节中提出在考虑托运人的运输批量规模时货物运输建模仿真面临的挑战。

5.1　库存理论

库存理论是运筹学的一个领域，致力于优化公司供应链运营决策，它涵盖了生产，供应链网络设计和运输决策等主题。对于与货物运输相关的库存理论模型，运输决策也是供应链管理中影响较大的一部分。库存理论建模通常优化目标函数，包括：物流成本，客户的服务质量(或服务水平)和运输成本。从货物运输模式选择建模的角度看，本节介绍了很多有趣的库存理论模型原理。

5.1.1　经济订购批量模型

一个世纪前 Harris 提出(Harris，1913)经济订购批量(EOQ)模型，该模型决策了工厂中最优的生产批量。因为用于生产给定批次的机器所产生的准备费用是固定的，与批量无关，所以大批量生产更加节约生产成本，然而，由于大批量生产必须存储货物，物流成本会增加。因此，就需要建立生产规模的优化模型，从而实现固定成本和物流成本的整体优化。

1988 年，Larson 把原始的 EOQ 模型直接套用到货物运输背景上，假定托运人从发货地 O 到接收地 D 的货物流量为 Q(吨/年)，则其需要确定发货的规模。如果货物以稳定的速率生产，库存在最开始的时候为 0，它以速率 Q 增长，经过时间 s/Q 后，库存量达到 s，此时第一批货物将被发运，库存下降到 0，然后再次以速率 Q 增加。如此循环，库存状态变化如图 5.1 所示，平均库存量为 $s/2$。

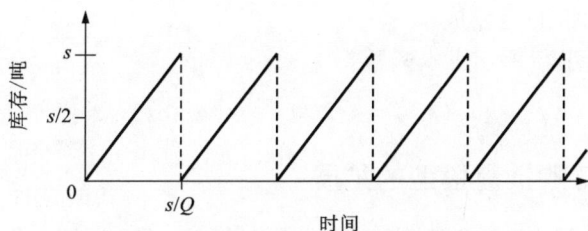

图 5.1　EOQ 模型中原始库存的演变

托运人为避免持有大量库存，故在 EOQ 模型中用系数 α 代表托运人的时间价值，即托运人愿意支付以保证每吨商品在供应链中减少停留一天的金额，系数 α 乘以平均库存量 $s/2$ 得到初始库存成本 $\alpha s/2$，并且以速率 s 增长，通常被称为周期库存成本。这种周期库存成本，还需要增加货物在一定时间内运输的"在途库存"成本。用 t 表示运输提前期(比如从商品拣货到发货的时间跨度)，给定时刻的货物平均运输量为 Qt，相关的成本为 αQt。

相反，太频繁的货物运输也不可取，因为会造成高昂的不合理运输费用，所以必须明确运输批量和运输成本之间的关系。另外，由于运输成本以"t"为基准计量，运输批量和运输成本的关系需脱离货物运输模型的经典假设。用 $p(s)$ 表示一批货物从 O 到 D 运输批量为 s 的费用。在 EOQ 模型中，p 假定由以下公式构成：$p(s) = b + cs$，其中 b 和 c 为货币单位。通常，p 不一定满足此规范，当 s 趋于 0 时，p 不能趋于 0，否则托运人以无限高的频率发送无限小批量的货物，这种情况显然不合理。

给定周期内的运输成本等于 $p(s)$ 乘以发货频率 s/Q，再加上库存成本，得到总物流成本（TLC）公式，用 g 表示：

$$g(s) = \frac{\alpha s}{2} + \alpha Qt + \frac{Q}{s} p(s) \tag{5.1}$$

化简可得：

$$g(s) = \frac{\alpha s}{2} + \frac{Qb}{s} + Q(c + \alpha t) \tag{5.2}$$

最佳运输批量 s^* 通过对 g 微分并等于 0 后找到其最小值，即为经典 EOQ 公式：

$$s^* = \sqrt{\frac{2Qb}{\alpha}} \tag{5.3}$$

运输批量随着运输成本 b 的增加而增加，随托运人时间价值 α 的增加而减少。运输批量也随着商品流通总量 Q 的增加而产生非线性增加。最后，它不取决于依赖运输批量的运输成本 c。

当运输批量最优时，成本函数：

$$g(s^*) = \sqrt{2Qb\alpha} + Q(c + \alpha t) \tag{5.4}$$

5.1.2 经济订购批量模型的扩展

经济订购批量（EOQ）模型已扩展到广泛的应用领域，将其中几种列举如下。

5.1.2.1 带车辆容量约束的经济订购批量模型

在 EOQ 模型中，Hall 于 1985 年提出车辆的容量有限这一问题。用 K 表示车辆的容量约束，得到最优的运输批量：

$$s^* = \min\left(\sqrt{\frac{2Qb}{\alpha}}, \ k \right) \tag{5.5}$$

则成本函数：

$$g(s^*) = \begin{cases} \sqrt{2Q\alpha b} + Q(c + \alpha t), & Q \leqslant \dfrac{K^2 \alpha}{2b} \\[2ex] \dfrac{\alpha K}{2} + \dfrac{Qb}{K} + Q(c + \alpha t), & Q > \dfrac{K^2 \alpha}{2b} \end{cases} \tag{5.6}$$

该函数分为两种情况，如图 5.2 所示，当 Q 非常小时，根据方程 5.3 可以计算出最佳运输批量，即成本函数无容量约束；当 Q 超过界限时，运输批量 K 和成本函数之间存在线性关系。

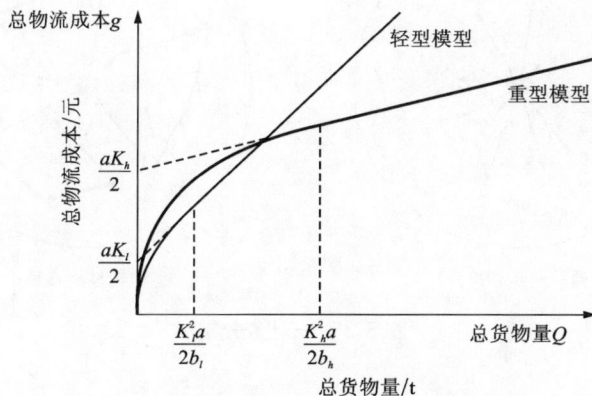

图 5.2 商品流通率对总物流成本的影响

5.1.2.2 一对多配送问题：车辆路径

一对多（或者多对多）配送问题就是将货物从一个始发地或者多个始发地运到多个配送中心的情形。这种模式具有共同运输货物的潜在优势，并且是一个与车辆路径问题（VRP）有关的重大课题。车辆路径问题是一个对数据要求高的复杂数学问题，对初始条件敏感。

然而，也许可以用统计学里求近似解的方法来解决其数学上的难题，充分发挥货物运输模型的潜在价值。Daganzo（2005）用如下的实例给出了证明。

假设区域大小为 A，有 n 个可能的目的地。在每个目的地中根据随机需求确定到货量，并且到货时间满足参数为 q 的泊松分布（在时间间隔 t 内，每个目的地的平均到货量为 qt）。结果显示，该区域在每个周期内的平均需要发货量为 $Q = qn$。现在假定托运人从这个区域的某个特定仓库发货，每 H 小时派发一组 n_v 辆车的车队配送一次货物，这种假设的模型如图 5.3 所示。

根据以上假设，初始库存的平均值为 $QH/2$，用 α 表示托运人的时间价值，可以推出 $\alpha_c = \alpha Q/2$，得到每小时的周期库存成本为：

$$C_c(H) = \alpha_c H \tag{5.7}$$

接下来，继续讨论运输成本是如何随着时间 H 变化。每个周期内，车辆 n_v 运送 QH 的货物到目的地。正如 Daganzo（2005）所解释的，假设 n_v 是运送 QH 所需最小的车辆数，两个连续目的地之间的平均距离可以近似地表达为

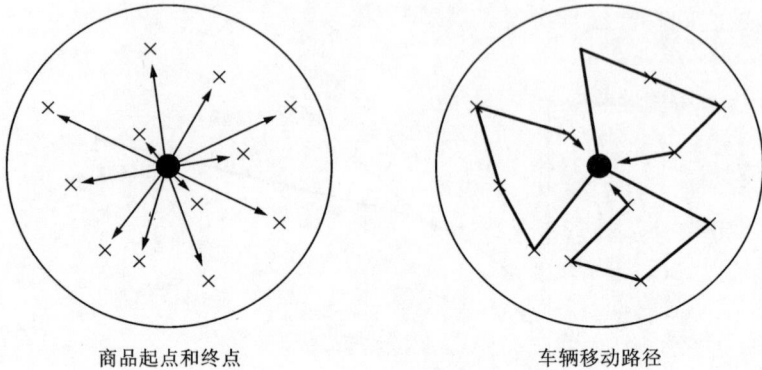

商品起点和终点　　　　　　　　车辆移动路径

图5.3　一对多分销

$d(H) = 3/4(A/QH)^{1/2}$，结果显示，每辆车在时段 H 内必须经过 QH/n_v 个目的地。当车辆速度为 v 时得到，$(QH/n_v)d(H)/v = H$。由此可得所需的车辆数量为 $n_v(H)$，用 c 表示一辆车每小时的运营成本，则每小时总的运营成本为 $C_o(H) = cn_v(H)$，带入 $\alpha_o = 3c(AQ)^{1/2}/4V$ 可得：

$$C_O(H) = \frac{\alpha_O}{\sqrt{H}} \tag{5.8}$$

最后，如果每辆车都能按时到达路径上的每个目的地，那么每一货物的平均运输时间为 $H/2$，每小时的在途库存成本 C_p（已知 $\alpha_p = \alpha Q/2$）：

$$C_p(H) = \alpha_p H \tag{5.9}$$

总物流成本函数 g 由方程(5.7)～(5.9)可得：

$$g(H) = \frac{\alpha_o}{\sqrt{H}} + (\alpha_c + \alpha_p)H \tag{5.10}$$

最终，得到最优的时间间隔：

$$H^* = \left(\frac{3c\sqrt{A}}{8v\alpha Q} \right)^{2/3} \tag{5.11}$$

结果类似于 EOQ 模型（$H^* = s^*/Q$ 即 $H^* = (2b/\alpha Q)^{1/2}$），区域 A 内的运营成本 c 越高（需求给定的总体水平），运输频率就会越低。反过来，车辆的速度 v 越快，托运人时间价值越高，或者总需求量 Q 越大（即更高频率的发货请求 q 或者更多潜在的目的地 n），车辆的调度频率就会越快。

Daganzo(2005)提出了多种类似的模型，这些模型给出了有效优化方向，包括路径问题在内的货物运输需求模型（例如城市货物运输，以及涉及散杂货的零担运输）。城市货物运输建模和城市物流在第 9 章中另有讨论。

5.1.2.3　物流网络设计

目前考虑物流网络是改善货物运输需求模型的一个极大挑战。仓库的位置，吞吐量，交互平台对货物运输系统有决定性的影响，但是很难观察和模拟，这个问题在第 6 章中有详细的讨论。

在这种情况下，从 EOQ 模型中扩展的模型可以提供思路，说明某些物流网络结构比其他物流网络结构更受青睐的原因。例如，思考一个工厂服务一组目的地的情况，所有目的地都远离工厂但彼此靠近，则在目的地附近设立配送中心，用运量大，速度快的交通工具将货物从工厂运到配送中心，再将货物配送到更低级别的目的地，以此来实现运输成本和库存成本的平衡。然而，这将产生租赁和经营平台成本以及需要转运商品，可以使用简单的分析模型来比较这些选择。

5.1.2.4　其他拓展

如上所述，这种类型的模型很多。有些学者重点关注生产约束和运输约束之间的相互关联（Blumenfeld 等，1985）；有些学者将 EOQ 模型运用到各种货物定价结构（Langley，1980；Aucamp，1982）；还有学者在 EOQ 运输批量模型的基础上发展了最优车辆类型模型（McCann，2001）。Daganzo（2005）对 Newell（1971）提出的连续近似法做了延伸，这是一种将上述模型扩展到参数不均匀但变化缓慢情况的简单方法，例如 Q 随时间的缓慢变化或空间中目标密度的缓慢变化而变化。所有这些模型都是在货物运输建模基础上对可用资源进行的扩展。然而，相关行为带来的好处应该与其他的需求实现平衡。

5.1.3　需求不确定下的最佳运输批量模型

物流是以低成本和高水平的服务方式运输货物。这不仅涉及在运输成本，库存成本和客户满意度之间找到平衡，还涉及不确定需求。在本节中，简要介绍了随机需求的运输批量选择模型。

5.1.3.1　可积压的单一商品定期审查模型

在不确定的情况下，供应链的日常管理是运筹学和管理科学的热门领域。通常，目标是在随机需求条件下为供应链企业提供高效的算法。

可积压的单一商品定期审查模型是库存理论的经典模型。它于 1958 年由 Arrow、Karlin 和 Scarf 提出。在此模式中，托运人在原产地 O 生产某种类型的商品，并在特定时刻（例如每天）将其发送到目的地 D，然后将其出售给消费者。这些客户随机购买商品，他们会在库存暂时短缺时选择等待，但会产生不满。托运人必须决定每天的运输批量。然而，从 O 到 D 运输需要一定的时间 l，所以托运人必须预测目的地的需求。目的地每天的库存量会随从 l 天起始发货的货物数量而增加，并随客户在白天订购的数量而减少（如果订单有待处理，则可能会出现负数）。

假设在时间段 t 的需求 D_t 是独立的，且具有相同分布，即具有相同的累积分布函数 F_D。托运人的最佳方案是确保目的地库存水平等于一定值 I_s，即安全库存。足够的安全库存平衡了预期的目标库存成本（随着 l_s 增长而增加）和预期的客户满意度（库存短缺的可能性更大且备货时间更长会导致客户满意度下降）。

假设需求是服从平均值为 μ 和标准偏差为 σ 的正态分布，即用 Φ 表示正态分布。用 α 表示客户愿意支付避免缺货的费用，α_c 表示托运人运输商品的时间价值（例如资本机会成本和折旧费用），α_w 表示目的地仓储成本，全部以每天每吨为货币单位。则托运人预期 TLC 最小的最佳安全库存：

$$I_s^* = \sigma \sqrt{l+1} \Phi^{-1}\left(\frac{\alpha}{\alpha_c + \alpha_w + \alpha}\right) \tag{5.12}$$

安全库存随着最终需求的变化而增加（以绝对值计）。消费者的行为越难预测，托运人就越容易受到不可预测变化的影响。此外，从货物运输模型的角度来看，更重要的是当运输提前期增加时，安全库存也会增加（以绝对值计）。这表明越慢的运输模式越不利于托运人的物流配送。最后，安全库存的增减幅度取决于物流成本 α，α_c 和 α_w 的相对值。如果 $\alpha > \alpha_c + \alpha_w$，安全库存为正数，安全库存会随着 α 的增加而增加，意味着对缺货敏感的客户越多，安全库存就越高。在对比情况下，托运人选择较少的安全库存，甚至可能是负的安全库存，即宁愿让客户等待。

5.1.3.2 意义

在这个阶段，这些应用大多数具有实践性，它们旨在指导公司在经营中的决策，而不是应用在货物运输市场上指导托运人行为的模型。此外，诸如安全库存等变量在货物运输规模上似乎没有直接的利益影响，然而，本节提出模型的微观经济分析对托运人的行为，以及这些变量与货物运输相关决策之间的关系，尤其是货物运输模式选择产生了具有启发性的结果。

值得注意的是，EOQ 模型解决了最佳运输频率问题，而库存补充模型解决了最佳安全库存的问题。将这两个模型衔接起来即为经典的（s，S）物流策略

（运输批量为 S，而目标库存水平一旦降至 s 时，就立刻配送货物）。这个理论是 Porteus（2002）提出的，并且得到了广泛的应用，它使得运输批量和安全库存各个变量之间有了内在的关联，并且可以用数学方法求得最优解。然而，目前还未对该模型的统计特性进行分析使其符合货物运输建模。

5.2　物流和货物运输的微观经济学

库存理论是从单一托运人的角度考虑，为适应给定的经济背景，旨在提供最佳决策规则。货物运输模型考虑了多个托运人的情况，关注他们对经济环境变化的反应，给出适用于他们的决策原则。本节的目的是着眼于多个托运人视角的改变：目标不再是某一托运人在给定情况下的最佳行为，而是在假定他们遵循库存决策规则的基础上，模拟其在货物运输市场上的行为。

本节分三个阶段，首先是引入总物流成本的概念；其次，提出了基于 EOQ 模型的简单货物运输模式选择模型；最后讨论了该模型的扩展。

5.2.1　总物流成本函数

库存理论通常需要优化某个特定的目标函数。例如，在 EOQ 模型中，方程（5.2）最小化函数 g 以获得最佳运输批量；在一对多闭合配送模型中，方程（5.10）最小化函数 g 以获得最佳提前期；方程（5.12）给出了安全库存 I_s^* 的计算方法。

这些函数与货物运输模型中的广义成本函数有一些相似之处，广义成本函数表示托运人在不同运输方式之间的选择偏好，它们通常包括成本和非成本，以相关的边际替代率加权。这种旅客运输方式具有新古典理论基础（Jara - Dı'az，2007；Fowkes，2010），实际上是时间分配理论的一种应用（Becker，1965）。在货物运输中，虽然这种理论不完善（尽管一些基本内容在前面的部分中已经介绍过），但实际应用是相同的。

广义成本函数与 5.1 节中函数的区别在于，后者包含物流成本部分：发货地或目的地的库存成本，周期库存和安全库存成本，订购成本，装卸成本，客户满意度等，因此它被称为总物流成本函数。

在理论上，基于总物流成本函数的模型在决策支持方面提供了更广泛的可能性。除了对传统变量（例如运输时间和成本）敏感之外，它还考虑了仓储成本，装卸成本，车辆容量限制，客户偏好等变化。这就是在货物运输模型中投入大量精力整合考虑库存理论的主要原因。

5.2.2 经济订货批量模型总成本函数：简单的货物运输模式选择模型与物流

EOQ 模型除了确定最佳运输批量之外，还确定了每个模式的总物流成本。用 m 表示某种运输模式，t_m 表示运输时间，运输成本为 $p_m(s) = b_m + c_m s$，运输容量为 K_m，方程 (5.6) 表示的就是选择 m 运输模式产生的总物流成本：

$$g_m = \begin{cases} \sqrt{2Q\alpha} + Q(c_m + \alpha\, t_m), & Q \leqslant \dfrac{K_m^2 \alpha}{2\, b_m} \\[4mm] \dfrac{\alpha\, K_m}{2} + \dfrac{Q\, b_m}{K_m} + Q(c_m + \alpha\, t_m), & Q > \dfrac{K_m^2 \alpha}{2\, b_m} \end{cases} \tag{5.13}$$

显然，可以通过这些总物流成本函数来构建货物运输模式选择模型。现在，为了证明该模型的潜力，考虑在两种模式之间做出选择，用 l 表示轻质货物，用 h 表示重型货物。以每吨为基准，假设货物越轻，则运输时间越短（$t_l < t_h$），小批量运费越低（$b_l < b_h$）。然而，货物的运费越贵（$c_l < c_h$），车辆的承载能力越弱（$K_l < K_h$），再根据 α 和 Q 的值，如果 $g_l < g_h$，托运人更喜欢公路运输（5.2.2 节介绍了与运输成本有关的假设）。

在经典货物运输需求模型中，广义成本与商品流动速率 Q 成正比，所以无需将 Q 作为模式选择的因变量。借助库存理论的启发，两种模式中总物流成本随 Q 的变化示意图如图 5.4 所示。

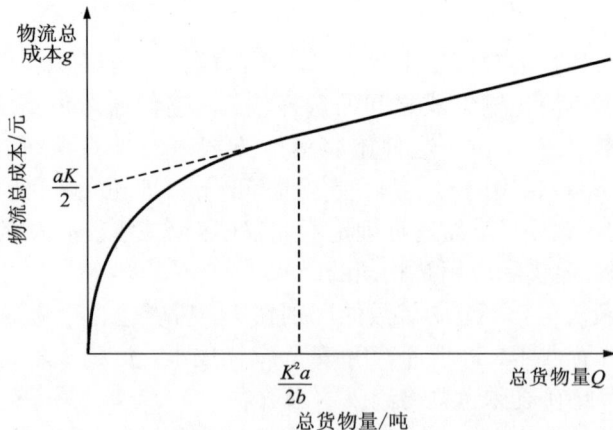

图 5.4 两种模式的总物流成本对比

货物流通总量对每种模式的相对竞争力有显著影响。对于小批量运输，轻型货物更加具有竞争力，这就是小规模运输。当 b 越小的时候，运输成本越低。然而，对于轻质模型而言，c 越大，车辆的承载容量 K 越小。所以当货物量增加的时候，轻质模型就失去了原本的优势。相比之下，重质模型对于小批量商品流动来说太昂贵。对于小批量货物，采用重质模型是昂贵而低效的，但是对于大批量货物运输而言，重型货车体现出它载运量大的优势，成本 c 更低。

另外，比较两种模式优劣的另一个方面取决于托运人 - 收货人的特点 α 和 Q，如方程 (5.4) 所示，在没有容量约束的条件下，当 α 大于其某个给定的阈值 $\bar{\alpha}(Q)$ 时，轻质运输模式优于重质模式，$\bar{\alpha}(Q)$ 由下式给出：

$$\bar{\alpha}(Q) = \frac{c_l - c_h}{t_h - t_l}\left(1 - \frac{2}{1 - \sqrt{1 + 4(t_h - t_l)(c_l - c_h)Q/(\sqrt{b_h} - \sqrt{b_l})^2}}\right) \quad (5.14)$$

从货物时间价值 α 和货物流通率 Q 平面 (α, Q) 上两种模式竞争力的比较如图 5.5 所示。与图 5.4 一致，对于给定的货物时间价值，大批量的货物优选重质运输模式。相反，对于给定的货物流量，时间价值越大，轻质运输模式优势越明显。值得注意的是，对于价值大的货物流通量 Q，时间阈值的渐近值可以从经典货物运输模式选择模型中获得。当考虑容量约束时，这些计算将更加复杂，但是，一般模型的规律仍然存在。这个模型的经验相关性，特别是图 5.5，将在第 5.4.2 节中讨论。

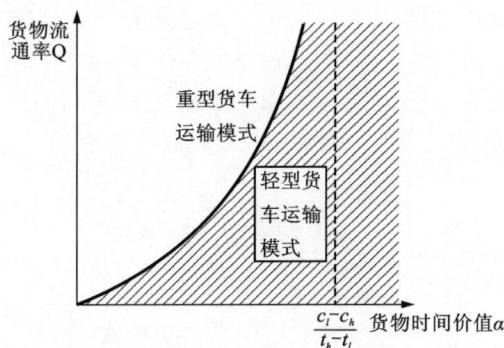

图 5.5　总物流成本函数及模式竞争力

这个例子显示了如何简单地将库存理论应用于模式选择模型。它表明货物运输模式选择与托运人 - 收货人的关系相关，在这个关系中，托运人与收货人之间的商品流通率扮演着十分重要的角色，在 5.4 节会用实例证明。

5.2.3 动态模型背景下的总物流成本函数：时间价值和运输可靠性价值的部分理论

从微观经济角度分析，对 5.1.3 节提出的库存补货模型给出了指导性建议。当运输提前期 l 增加时，托运人的物流和运输成本如何变化？可以获得托运人总物流成本相对于 l 的隐式，从而得到托运人为节省运输时间而愿意支付的费用。Combes(2010)提出用 α 表示时间价值：

$$\alpha = \alpha_c + \frac{\zeta}{2} \frac{\sigma}{\sqrt{l+1}\,\mu} \tag{5.15}$$

其中，ζ 是随 α，α_c，α_w 的增加而增加的参数，α_c 和 α_w 表示时间价值的两个分量，第一个对应于在途库存成本，如果运输时间减少，则商品在运输中浪费的时间更少；第二个对应于目的地的物流成本，它反映了更快的运输模式有利于更好地控制供应链。托运人可以在减少目的地安全库存的同时，也降低缺货的概率和平均等待时间，从而提高其客户的满意度。值得注意的是，由于目的地的需求变化，托运人对缺货高度敏感。此外，如果目的地的仓储成本非常高，也会使得托运人对运输时间更加敏感。

从微观经济学的角度来看，这一结果具有重要意义。第一，给定的托运人对于不同的模式有不同的时间价值观。第二，提高运输速度对于运输时间更有价值。第三，通常的计量经济学假设中，托运人为节省运输时间而愿意支付的费用外部特征不成立。

通过这种建模方法，还可以计算出为节省运输时间而愿意支付的费用。用 σ_l 表示运输时间的变化。那么，由 Combes(2009)提出的可靠性价值：

$$\alpha_r = \frac{\zeta}{\sqrt{1 + (l+1)\sigma^2/\mu^2\sigma_l^2}} \tag{5.16}$$

同时，时间价值：

$$\alpha = \alpha_c + \frac{\zeta}{2} \frac{\sigma}{\sqrt{(1+l) + \mu^2\sigma_l^2/\sigma^2}\,\mu} \tag{5.17}$$

这些结果为货物运输的可靠性提供了理论依据：不可靠的运输时间会导致目的地库存的变化，从而导致更高的物流成本，并造成客户不满。此外，它表明在时间价值和可靠性价值之间可能存在非线性关系。特别是在不可靠的运输模式中，如果特定模式的可靠性差，则相关联的时间价值将降低，为用户提高运输速度就没意义了。

另外，方程(5.16)有重要的计量经济学意义。事实上，当运输时间的可靠性很高时，可靠性值非常小，因此，使用可靠模式对托运人的可靠性值进行估计，结论是托运人需要重视可靠性。

最后，需要指出的是，库存补货模式的相关性一般而言也受到外源性运输频率的约束。因此，目前展开相应研究工作一般使用 Porteus（2002）中描述的更一般的(s, S)模型，从而验证上述结论是否成立。

5.2.4　货物运输需求的库存理论模型

目前，Baumol 和 Vinod（1970）给出了货物运输模式选择模型的总物流成本函数最一般的形式。在这个模型中，Baumol 和 Vinod 除了考虑和方程(5.2)相同的成本组成，还增加了与安全库存有关的另一个成本。库存量假定等于 $k\sqrt{(H+l)\mu}$，其中 k 表示发生库存短缺的概率，H 表示两次货物运输之间的平均间隔时间。

总物流成本函数在 1970 年由 Baumol 和 Vinod 经过几次修正后提出：

$$g(H) = \frac{\alpha QH}{2} + \frac{b}{H} + Q(c + \alpha t) + (\alpha_c + \alpha_w)k\sqrt{(H+l)\mu} \qquad (5.18)$$

在需求不确定条件下，成本由安全库存导致的额外仓储和商品成本组成，因为库存短缺而产生的客户成本忽略不计。使用该模型，既不能获得最佳运输频率的表达式，也不能获得与每个模式相关联的总物流成本。

这个模型有两个局限性，首先，当需求不确定时，最佳的物流策略为(s, S)策略，而不是采用固定频率发货策略；其次，模型没有考虑客户成本，并且 k 是外部变量。然而，它既有 EOQ 模型的逻辑，又有库存补货模型的逻辑，并且其理论局限性可能仅对有限的经验有影响。因此，它为基于库存理论的货物运输模式选择的计量经济学模型打下了潜在坚实基础。它还启发了 5.4 节讨论的许多货物运输模式选择的经验模型。

5.2.5　货物运输成本结构

正如提出 EOQ 模型时所讨论的，货物运输成本结构至关重要，运输方式的选择不能单独从每吨多少成本来计算，需要更加准确的运输成本模型。

首先，最佳运输批量直接取决于运输成本，显然，不同的运输成本结构会产生不同的最佳运输批量（Langley, 1980；Vernimmen 和 Witlox, 2003）和不同的总物流成本函数。然而，几乎没有论文研究运输批量和运费之间的关系，Swenseth 和 Godfrey（1996）提出了一个典型的费率曲线作为运输批量的函数，Smith，Campbell 和 Mundy（2007）对运费，运输批量，年产量和距离之间的关系进行了预测，Kay 和 Warsing（2009）重点关注美国的零担货物运输运费问题。

此外，有趣的是运输成本结构背后的原因，实际上运输成本结构与托运人的生产函数有关，如果考虑到运输规模，生产函数至关重要。首先，我们区分整车运输(TL)和零担运输(LTL)，整车运输对于取货相关性不大，但其具有较高装载率，因此每吨运输成本不高。相反，零担运输对取货和配送更加高效，但是总体上每吨的成本更高。用第5.1.1节的符号可以表示为 $b_{TL} < b_{LTL}$ 和 $c_{TL} < c_{LTL}$，鉴于第5.2.2节的结果，经典运输在流量较大、运输量较大时更优，而综合运输在流量较小、运输量较小时更优。关于托运人的生产成本和货物运输费率之间的关系，详见 Combs(2013)提出的理论。

5.3　数据库

为了评估受库存理论启发的经验模型，必须要有足够充分的数据分析。本节介绍与我们主题特别相关的两个调查或一组调查：5.3.1节中的货物流调查(CFS)和5.3.2节中的法国 ECHO(Envois Chargeurs Operateurs)调查，另外第11章中对货物运输数据可用性进行了更普适的讨论。

5.3.1　商品流调查

商品流调查(CFS)是托运人调查，其中观察单位是装运。每个接受调查的托运人必须在给定时间内，描述发出的货物样品的性质和运输特性。CFS包含数百万个观测值。

以2007年美国 CFS 为例，它涵盖位于美国从事给定生产和服务活动的很多企业。对102000家企业进行了调查，每个企业都报告20~40批货物的信息。它将货物定义为："从企业到单个客户或到该运输公司的另一个特定目的地的单批商品或产品，通常带有货物运输单据，例如舱单，提货单或运单。"它清楚地表明，如果一些货物在部分行程中(例如在一个周期内)一起运输，它们仍然应该被视为不同的货物(美国运输部和美国商务部，2010)。

每个托运人在受调查的周期内都要声明出库货物的总数，然后对货物样品有关的装运日期，价值，净重，商品类型等信息进行收集，获得目的地和运输模式。如果货物需要用不同运输方式进行运输，则称为多式联运。如果货物需要出口，则需要记录海关清关和出口的运输方式。

CFS 应用的另外一个例子是瑞典的案例。它的最新版本是2004/2005，类似于美国 CFS。调查了大约12000家企业，总计大约74.9万件货物(瑞典交通和通信分析研究所，2006)。

CFS 对基于库存理论的货物运输模式选择模型的建模本应很有用，然而，他们记录了托运人的决定，但没有观察到托运人决策所依据的可变变量，例如托运人 – 收货人商品流通率等。所以限制了库存理论启发的模型估算。

5.3.2　托运人调查

2004—2005 年实现的法国托运人 ECHO 调查类似于 CFS，这是一个收集托运人和货物信息的托运人调查，但是，它们收集信息的范围不同。特别之处在于它详细地观察托运人与收货人之间的关系和货物运输操作（Guilbault，2008；Guilbault 和 Gouvernal，2010）。虽然仅观察到 10462 批货物，但是每次装运最多可观测到 700 个变量。

ECHO 数据库中的信息可以分为四组：

1. 建立阶段：托运人和收货人根据其位置，活动，发送或接收的商品数量，对基础设施或设备的使用，生产和物流过程等进行描述。

2. 装运阶段：装运的特性（尺寸，重量，性质，价值，运输条件等），托运人与收货人之间的关系特性（流速，通信手段，期限等）。

3. 运输操作阶段（物理链）：始发地和目的地，支路数量，每条支路的特性，转运位置，包装，运输时间和成本等。

4. 运输操作阶段（组织链）：决策层次，运营商数量，提供的服务，分包关系等。

ECHO 调查从库存理论的角度来看特别有趣，它是唯一用于观察基本变量的数据库，例如托运人 – 收货人的货物流通速率。

5.3.3　库存理论及对数据的需求

货物运输模型中，运输批量具有特定的数据需求。关于运输需求的数据可用性差，但是仍需要建立数据库。在这个阶段，很难建立完备的空间仿真模型，它们对一些变量，如安全库存，需求可变性，运输时间可靠性的研究进展可能发挥重要作用，但至今还未发现。

在运输供应方面，情况较为不利，几乎没有关于运输批量和各种运输模式价格、运输性能之间关系的信息。运费和运输批量之间的关系并不简单，也不可忽视。运费反映了三件事：承运人的投入成本（司机，车辆，燃料等），承运人的市场支配能力，以及特定货物的运输如何适应承运人的运营（Demirel 等，2010）。这使得运费估算成了一个复杂的经验问题，所幸缺乏可靠的运费数据并不能完全阻碍基于库存理论的货物运输模式选择模型构建。

5.4 货物运输模式选择和运输批量的计量经济学

涉及库存理论或运输批量概念的大多数货物运输实证分析都涉及货物运输模式的选择。在本节中，它们被分为两组：一组为探索性分析（第5.4.1节），测试了一般微观经济、直观和变量可变性的影响；另一组为结构分析，其中作者明确把库存理论作为选择规范的动机（第5.4.2节）。应该注意的是，这些不同的模型有时可能会导致非常相似的结果。

5.4.1 探索性分析

从计量经济学的角度来看，货物运输模式选择和运输批量之间的关系早已确定。研究初期强调货物运输模式选择对运输批量的因果影响，随着研究的深入，着重研究两个决策变量之间的依赖关系。

5.4.1.1 因果模型

从20世纪60年代末到80年代初进行的大量研究表明，货物运输模式的选择取决于运输批量。Miklius(1969)评估了一种模式选择模型，其中运输批量为自变量，结果表明，运输批量越大，选择铁路运输模式的可能性越大。相反，Rakowski(1976)表明运输批量很大程度上取决于模式选择。Friedlander 和 Spady(1980)在涉及总成本函数的经典方法框架中，也使用出货特征作为模式选择的因变量。在其他变量中，每种模式都关联一种取决于货物平均特征的广义价格。Winston(1981)通过评估模式选择的多项式概率模型得出了类似的结果：对大于特定阈值的货物，采用铁路运输的概率增加。这些论文都是基于美国CFS扩充的版本。后来的工作中，在1988年法国ECHO调查始祖 Enquete Chargeurs 的基础上，Jiang、Johnson 和 Calzada(1999)也使用货物运输特征作为模式选择的因变量。

5.4.1.2 并发模型

包括评估模型和运输批量离散－连续模型在内的其他评估模型也显示出这两个变量是相互关联的。并发模型的预测也很重要，采用了很多不同的方法。在1977年美国CFS的基础上，Abdelwahab 和 Sargious(1992)和 Abdelwahab(1998)考虑在铁路与公路卡车运输之间进行选择。模式选择假设由二项式概率模型确定，用 I^* 表示潜在变量，表示如下（用最小值调整）：

$$I_i^* = \gamma X_i + \eta_{\text{truck}} Y_{\text{truck}, i} + \eta_{\text{rail}} Y_{\text{rail}, i} + \varepsilon_i \tag{5.19}$$

当 X_i 是一个外源变量的向量，$Y_{\text{truck}, i}$ 和 $Y_{\text{rail}, i}$ 是选择某一运输模式条件下的运输批量（仅在所选模式下运算）可得：

$$Y_{\text{truck}, i} = \beta_{\text{truck}} X_{\text{truck}, i} + \varepsilon_{\text{truck}, i} \quad \text{if } f I_i^* > 0$$

$$Y_{\text{rail}, i} = \beta_{\text{rail}} X_{\text{rail}, i} + \varepsilon_{\text{rail}, i} \quad \text{if } f I_i^* > 0 \tag{5.20}$$

同时对这两个模型进行评估，ε 以及 $\varepsilon_{\text{truck}}$ 和 $\varepsilon_{\text{rail}}$ 之间相关性的评估也很重要，从而表明从经验上看，模式选择和运输批量的决策相互关联。

第二种方法更加偏向结构性，由 Holguin – Veras（2002）提出。在危地马拉城收集的特定数据集中，首先不考虑车辆选择来估计运输批量模型，然后，基于每个模式 m 的变量 XL_m，将车辆类型之间的选择设置为离散选择模型：

$$XL_m = |M_m - y| \tag{5.21}$$

式中：y 是指特定模型预测的运输批量，M_m 是模式 m 的有效载荷指标。M_m 可以用不同的方式定义，其中某些方式比其他方式更适合统计。

第三种方法依赖于最新的统计方法。Pourabdollahi、Karimi 和 Mohammadian（2013）耦合多项 Logit 模式选择模型和具有 Copula 分布的多项式 logit 运输批量（关于 Copula 分布，参见 Bhat 和 Eluru，2009）。模型还显示了两个变量之间的相互依赖性。该模型使用由伊利诺伊大学、芝加哥大学收集的特定托运人数据库（Sturm、Pourabdollahi 和 Mohammadian，2013）进行评估，以支持开发可变动的货物运输模式运行模拟估算器（FAME），（Samimi，Pourabdollahi、Mohammadian 和 Kawamura，2012）。

5.4.2　结构分析

在本节中，提出了基于 5.1 和 5.2 节中理论要素的不同类型的模型：运输批量模型，模式选择模型，以及同时考虑运输批量和模式选择的模型。

5.4.2.1　运输批量选择

最佳运输批量理论研究早已开始。原则上，最佳运输批量模型的评估非常容易。事实上，由方程（5.3）给出的最佳运输批量：

$$\ln s^* = \frac{1}{2}\ln 2 + \frac{1}{2}\ln Q + \frac{1}{2}\ln b - \frac{1}{2}\ln \alpha \tag{5.22}$$

只要相关的数据库可用，很容易凭经验得到评估方程式，该模型采用 Combes（2012）中的 ECHO 数据库进行估算。商品价值密度 α_{dens} 作为商品的时间价值 α，总商品流量 Q_{tot} 被视为商品流速 Q。由于 ECHO 数据库中的运费不可靠，所以 b 被简单地视为模型特定的常数。得到以下估算方程：

$$\ln s^* = \beta_m + \beta_Q \ln Q_{tot} + \beta_\alpha \ln \alpha_{dens} + \varepsilon \tag{5.23}$$

式中：m 是运输模式，评估模型与 EOQ 理论模型非常一致。β_Q 的估计值接近 0.5，β_α 的估计值接近 -0.5；β_m 的等级与 5.2.2 节的讨论一致：较高的 β_m 模式（一方面是中短途运输：$\beta_{waterway} > \beta_{rail} > \beta_{combined} > \beta_{privatecarrier} > \beta_{commomcarrier}$，另一方面是海外运输：$\beta_{sea} > \beta_{air}$）。该结果还表明，在公路运输的情况下，运输业务中的多频次转运与小批量运输规模相关联，这一观察结果证实直接运输适用于大宗商品流动（即大批量运输），而合并运输则适用于较小的商品流动。总体而言，EOQ 模型的估算解释了 ECHO 数据库中约 80% 的差异。

5.4.2.2 模式选择

如第 5.2.4 节所述，Lloret – Batlle 和 Combes（2013）使用 ECHO 数据库进行研究发现，在应用 EOQ 模型时，相关的总物流成本具有一定的规范，然后可以设计出具有这种总物流成本函数的模式选择模型。因此，解释变量是模式的选择，也是库存理论建议采用的变量，例如方程（5.6）中的 α_{dens} 和 Q_{tot}，理论上可以得到每吨的总物流成本函数：

$$\frac{g_m}{Q} = \begin{cases} \sqrt{\dfrac{2\alpha b_m}{Q}} + c_m + \alpha t_m, & Q \leqslant \dfrac{K_m^2 \alpha}{2b} \\ \dfrac{\alpha K_m}{2Q} + \dfrac{b_m}{K_m} + c_m + \alpha t_m, & Q > \dfrac{K_m^2 \alpha}{2b} \end{cases} \tag{5.24}$$

在 Lloret – Batlle 和 Combes（2013）中，使用以下公式（即变形）：

$$V_m = ASC_m + \beta_{EOQ,\,m} \sqrt{\frac{\alpha_{dens}}{Q_{tot}}} + \beta_{d,\,m} d + \beta_{t,\,m} \alpha_{dens} d + \varepsilon_m \tag{5.25}$$

基于这些效用函数，模式选择由多项式 Logit 模型给出。对于每种模式，相应的效用取决于替代的特定常数 ACS_m，比率 $\sqrt{\alpha_{dens}/Q_{tot}}$，距离 d 和 d 与价值密度 α_{dens} 的乘积。后两个变量的目的分别是表示运输成本和每种模式的时效，这在 ECHO 数据库中不可用。

根据理论以及对 EOQ 模型的评估，在重质运输模式中，系数 $\beta_{EOQ,\,m}$ 应当较低。该模型的估算证实：私人承运和公共承运的系数是不确定的，在多式联运中，内陆水运和铁路运输的比例明显更低。对于海外运输，海运系数低于航空运输系数。在这个阶段，Lloret Batlle 和 Combes（2013）更是证明了一个概念：α_{dens} 和 Q_{tot} 具有重要作用，但是它缺少可以直接用在货物运输模式选择模型中的重要变量。

如图 5.6 所示，其定性地证实了方程（5.24）和（5.25）的理论，它代表 ECHO 数据库中每批货物的主要运输模式。八个子图分别对应八个范围从 0 到

20000 km 的距离段。在每个子图中，x 轴是 α_{dens}，是商品的价值密度（以 £ /t 为单位），而 y 轴是 Q_{tot}，是从托运人到收货人的总商品流量（以 t/y 为单位），均以对数标度表示。每个点对应一个货物运输，符号代表主要运输模式（通常是多式联运中的非公路运输模式，参见 Guilbault（2008）中关于 ECHO 数据库中主要模式的确切定义）。

图 5.6 与理论获得的图 5.5 一致。对于较大的 Q_{tot} 和较小的 α_{dens}，重质运输模式优势更大。在 150～1000 km 之间的争夺中，公路和铁路之间的竞争尤其明显；海运和空运之间的竞争在运输距离大于 3000 km 中。

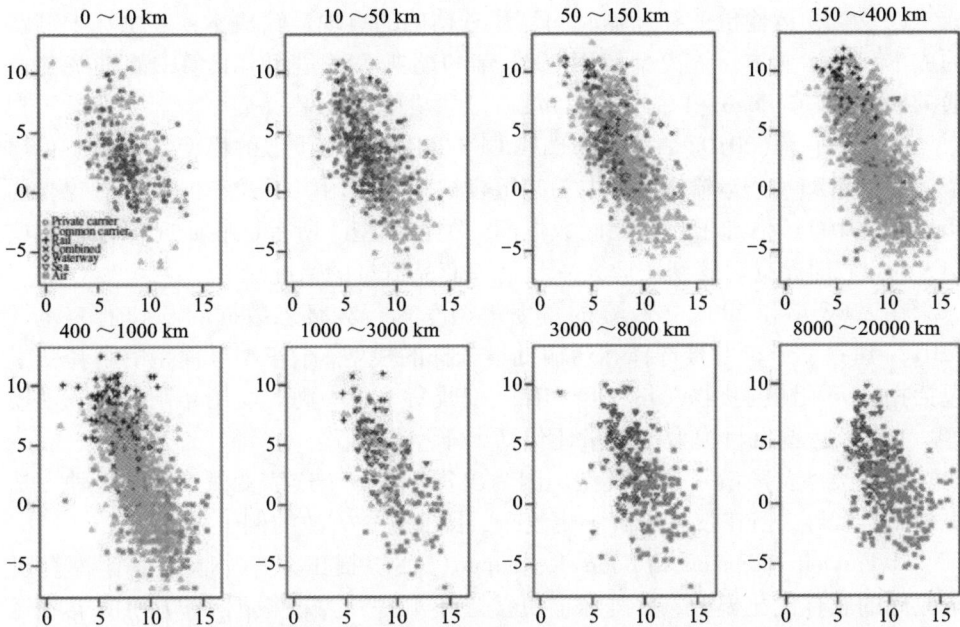

图 5.6　ECHO 数据库中的商品流量和价值密度，起点，目的地距离和模式选择

5.4.2.3　联合模式选择和运输批量

另一种方法是同时构建模式选择和运输批量模型。它的优势在于使用观察到的运输批量进行估算，并且简单地说明了车辆容量限制：由于运输批量不能超过车辆容量限制，则它为模型中的不可行方案。该模型的缺点在于估算过程复杂。

可以将模型分为两个主要类别。第一类涉及离散 – 离散选择模型，其中托运人可以在有限(但可能很大)的一组模式组合的运输中进行选择。这种建模方法的优点是可以轻松地应用经典的离散选择模型。受到诸如 Baumol 和 Vinod 方程(5.16)的总物流成本函数的启发,每组组合运输模式,运输批量都具有确定的效用函数。

在第 5.5 节讨论的大规模项目中,De Jong 和 Ben‐Akiva(2007)提出了一个多项式 Logit 离散模型,该离散模型具有 5 种运输批量和 17 种运输模式。与每组运输模式和运输批量相关的效用函数,主要由相关数据的可用性来确定。例如,某年度托运人‐收货人商品流量是未知,则不予考虑。用于估算的解释变量包括工厂的可到达性,公司规模,商品类型,货物运输的价值密度,运输成本以及货物运输价值和运输时间。注意精确的重现运输成本:考虑基于链路的成本和转运成本。该模型使用 2001 年的瑞典 CFS 进行了估算,而这些更灵活的模型(嵌套 Logit 和混合 Logit)没有产生更好的效果。

Windisch 等(2010)估算了与瑞典 CFS 2004/2005 类似的模型,但区分了 14 个运输批量和 8 条运输链,其中一些组合被禁止使用多项式和嵌套 Logit 测试。Habibi(2010)还估计了具有相同数据库的类似模型。所有这些研究都符合瑞典 CFS 约束,即没有观察到托运人‐收货人商品流量的情况。

在 2006 年和 2007 年收集的丹麦重型车辆行驶日志数据的基础上,Abate(2012)建立了卡车型号选择和运输批量选择的模型,卡车型号模型的解释变量包括托运人预测的货物总量,但没有区别收货人,车辆的使用年限,车队规模等。当然,运输批量模型的变量还包括卡车型号。

第二类涉及离散‐连续模型。因为出货量是一个连续变量,所以这种方法更加贴合实际,但在技术求解中更复杂,目前这种方法的例子很少。

McFadden、Winston 和 Boersch‐Supan(1985)提出了一个大致基于库存理论原理的联合优化模型,其实际上更接近于顺序模型。根据 1977 年的美国运输数据进行估算,解释变量是运输批量和运输模式的选择(在公路和铁路之间)。运输批量规定如下:

$$s = \beta_1 t_{\text{truck}} + \beta_2 t_{\text{rail}} + \beta_3 b_{\text{truck}} + \beta_4 b_{\text{rail}} + \beta_5 c_{\text{truck}} + \beta_6 c_{\text{rail}} \qquad (5.26)$$

式中:t_m 是模式 m 的运输时间;b_m(或 c_m)是模式 m 的运费,取决于距离,与运输批量无关;ε 是正态分布误差项;运输模式选择本身的隐变量 F:

$$F = \gamma_0 + \gamma_1 (t_{\text{truck}} - t_{\text{rail}}) + \gamma_2 (b_{\text{truck}} - b_{\text{rail}}) + \gamma_3 (c_{\text{truck}} - c_{\text{rail}}) + \gamma_4 \alpha_{\text{dens}} + \gamma_5 s + \varepsilon_2$$
$$(5.27)$$

其中商品的价值密度 α_{dens} 是模式选择的解释变量。误差项 ε_2 也服从正态分布,并且可能与 ε_1 有关。如果 $F > 0$,则选择卡车。

De Jong 和 Johnson 在证明模式选择和运输批量的连续离散模型之前,于

2009 年提出了库存理论的原理。模型本身的规范类似于在 5.4.1 节介绍的 Holguin – Veras（2002）规范。将其性能与其他模型架构相比，结论一是，估算值可能随运输规模变化而显著变化。结论二是，原则上应该使用完全信息的最大似然估计模型，如果不能，可以应用两步估计法，然而，这就要求解释变量不会出现在运输批量和模式选择方程中。在这种情况下，运输批量和模式选择对货物运输成本缺乏敏感性，从而得不到满意的结果。

5.4.2.4　启示

从这一广泛的实证研究可以得出三个一般性结论：首先，尽管库存理论的主要目的是提供规范模型，但是现在它也是一个有效的工具集，从描述性立场来理解和模拟货物运输；第二，从托运人到收货人的商品流量是一个模式选择必要的解释变量，如针对 ECHO 数据库的库存理论模型的估计所示，若缺乏它，则当前的模型和数据库会使货物运输研究准确性受到严重阻碍；第三，其他变量，例如安全库存，最终需求变化等，也可能对运输模式选择具有潜在的重要影响，但是还未被证实，最直接的后果就是，调查研究应该考虑扩展变量，例如托运人 – 收货人商品流量，这些变量在托运人的偏好和决定中起着重要作用。

这些方法还没有被集成到货物运输建模实践中，但它是一个值得研究的领域，可以在短时间内得出运输模式选择模型。

5.5　面临的挑战

将库存理论的原理整合到货物运输模型中是一项复杂的任务。上面的理论和经验讨论表明，这涉及具体的理论和调查挑战。

第一个困难与理论特性有关。库存理论模型提出了一个关于托运人行为有趣的启示，特别是关于货物运输，物流环境的重要性。考虑安全库存或者客户需求变化的变量对交通模型和社会经济分析都有所帮助，然而，相关的微观经济学框架仍然没有实现。

第二个困难与数据可用性有关。ECHO 数据库的例子是惊人的：在库存理论的评估模型中，通过提供一些可用的战略变量去表示数据库中大量未知变量。然而，这个数据库是唯一的，不是最新的，并且规模有限。我们需要进行新的调查研究，同时调查方案（如 CFS）也需要更新（也许可以用大量的观察值替换大量变量）。

　　第三个困难与模型的架构有关。例如,本章一个明确的结论是将托运人 -收货人视为一组搭建模型框架。不同于传统方法的将给定发货地收货地视为一组,通过每种商品类型的商品总流量来描述货物运输需求。新的架构认为有必要通过托运人 -收货人人口的联合分布来描述。模式选择阶段应该基于托运人 -收货人的分解进行操作。一旦将商品流量分配给每个发货地 -收货地组合之间可用的运输模式中,则需要将它们转换为车辆运输。虽然可以合理地假设为整车运输,将一个运输批量等同于一辆车,但是对于最常涉及的零担运输而言,情况就不一样了(这种方法的推理明确适用于所有运输模式)。零担运输需要考虑规模经济,涉及运输、散货平台,这会产生很多问题(在第 8 章讨论)。

　　De Jong 等(2005)提出了很多原则。作者还介绍了一种模型架构:聚合 -分解 -聚合(ADA)模型。De Jong、Ben - Akiva 和 Baak(2007),De Jong 和 Ben - Akiva(2007)和 Ben - Akiva 和 de Jong(2013)都认为这个模型的目的是将生产 -消费(P/C)矩阵转换到车辆流量,同时根据库存理论的原理对物流链的选择,运输批量,模式选择和运输操作进行建模。首先,分解生产 -消费(P/C)流以获得托运人和收货人的综合数量,将它们一一分配,把商品流量分配给所得到的托运人 -收货人组对。然后,应用联合离散选择模式和运输批量模型。最后,货物被汇总并转换为车辆运输。在最后一步中,应明确处理货物的合并。第 5.4.2 节讨论了模式选择运输批量模型的估算,校准其余参数以便观察再生产总的商品流量。在这个阶段,引入库存理论原理对货物运输建模最有利。

参考文献

[1] ABATE M. The optimal truck size choice[C]. Presented at Kuhmo-Nectar Conference, Berlin, Germany, 2012.

[2] ABDELWAHAB W M. Elasticities of mode choice probabilities and market elasticities of demand: evidence from a simultaneous mode choice/shipment size freight transport model [J]. Transportation Research Part E, 1998, 34(4): 257 -266.

[3] ABDELWAHAB W M, SARGIOUS M A. Modeling the demand for freight transport: new approach. Journal of Transport Economics and Policy, 1992, 26(1): 49 -72.

[4] ARROW K J, KARLIN S, SCARF H. Studies in the mathematical theory of inventory and production[M]. Stanford, CA: Stanford University Press, 1958.

[5] AUCAMP D C. Nonlinear freight costs in the EOQ model[J]. European Journal of Operational Research, 1982, 9: 61 -63.

[6] BAUMOL W J, VINOD H D. An inventory theoretic model of freight transport demand[J].

Management Science, 1970, 16(7): 413 –421.

[7] BECKER G. A theory of the allocation of time. Economic Journal, 1965, 75: 493 –517.

[8] BEN-AKIVA M, DE JONG G. The aggregate-disaggregate-aggregate (ADA) freight model system[M]. In: BEN-AKIVA M, MEERSMAN H, VAN DE VOORDE E, eds. Freight transport modelling. Bingley, UK: Emerald Group Publishing Limited, 2013.

[9] BHAT C, ELURU N. A copula-based approach to accommodate residential self-selection effects in travel behaviour modelling [J]. Transportation Research Part B, 2009, 43: 749 –765.

[10] BLUMENFELD D E, BURNS L D, DILTZ J D, et al. Analyzing trade-offs between transportation, inventory and production costs on freight networks [J]. Transportation Research Part B: Methodological, 1985, 19(5): 361 –380.

[11] COMBES F. The choice of shipment size in freight transport[D]. Universite' Paris-Est, Marne-la-Valle'e, 2009.

[12] COMBES F. Logistic imperatives and mode choice[C]. In: Proceedings of the European transport conference, Glasgow, United Kingdom, 2010.

[13] COMBES F. Empirical evaluation of the economic order quantity model for choice of shipment size in freight transport[J]. Transportation Research Record: Journal of the Transportation Research Board, 2012, 2269: 92 –98.

[14] COMBES F. On shipment size and freight tariffs: technical constraints and equilib-rium prices[J]. Journal of Transport Economics and Policy, 2013, 47(2): 229 –243.

[15] COMBES F, RUIJGROK K, TAVASSZY L. Endogenous shipment size in freight mode choice models: theory and empirical testing. In: BEN-AKIVA M, MEERSMAN H, VAN DE VOORDE E, eds. Freight transport modelling. Bingley, UK: Emerald Group Publishing Limited, 2013.

[16] DAGANZO C. Logistics systems analysis[M]. 4th Ed. Berlin: Springer, 2005.

[17] DE JONG G, BEN-AKIVA M. A micro-simulation model of shipment size and trans-port chain choice[J]. Transportation Research Part B, 2007, 41: 950 –965.

[18] DE JONG G, BEN-AKIVA M, BAAK J. A micro-model for logistics decisions in Norway and Sweden calibrated to aggregate data [C]. In: Proceedings of the European Transport Conference, Leiden, Netherlands, 2007.

[19] DE JONG G, BEN-AKIVA M, FLORIAN M, et al. Specification of a logistics model for Norway and Sweden [C]. In: Proceedings of the European Transport Conference, Strasbourg, France, 2005.

[20] DE JONG G, JOHNSON D. Discrete mode and discrete or continuous shipment size choice in freight transport in Sweden[C]. In: Proceedings of the European transport Conference, Leiden, Netherlands, 2009.

[21] DEMIREL E, VAN OMMEREN J, RIETVELD P. A matching problem for the backhaul

problem[J]. Transportation Research Part B, 2010, 44: 549 – 561.

[22] FOWKES A S. The value of travel time savings [M]. In VAN DE VOORDE E, VANELSLANDER T, eds. Applied transport economics-a management and policy perspective. Antwerpen: De Boeck, 2010.

[23] FRIEDLANDER A F, SPADY R H. A derived demand function for freight transportation[J]. The Review of Economics and Statistics, 1980, 62(3): 432 – 441.

[24] GUILBAULT M. Enque^te ECHO: Envois-Chargeurs-Ope'rations de transport: re'sultats de re 'fe'rence, INRETS, 2008.

[25] GUILBAULT M, GOUVERNAL E. Transport and logistics demand: new input from large shippers surveys in France [J]. Transportation Research Record: Journal of the Transportation Research Board, 2010, 2168: 71 – 77.

[26] HABIBI S. A discrete choice model of transport chain and shipment size on the Swedish Commodity Flow Survey 2004/2005[D]. Kunglika Tekniska Högskolan, 2010.

[27] HALL R W. Dependence between shipment size and mode in freight transportation[J]. Transportation Science, 1985, 19(4): 436 – 444.

[28] HARRIS F W. How many parts to make at once[J]. Factory, the Magazine of Management, 1913, 10(2): 135 – 152.

[29] HOLGúlN-VERAS J. Revealed preference analysis of commercial vehicle choice process[J]. Journal of Transportation Engineering, 2002, 128(4): 336 – 346.

[30] JARA-DꞌlAZ S. Transport economic theory[M]. United Kingdom: Elsevier, 2007.

[31] JIANG F, JOHNSON P, CALZADA C. Freight demand characteristics and mode choice: an analysis of the results of modeling with disaggregate revealed preference data[J]. Journal of Transportation and Statistics, 1999, 2(2): 149 – 158.

[32] KAY M G, WARSING D P. Estimating LTL rates using publicly available empiri cal data [J]. International Journal of Logistics Research and Applications, 2009, 12 (3): 165 – 193.

[33] LANGLEY C J. The inclusion of transportation costs in inventory models: some considerations [J]. Journal of Business Logistics, 1980, 2(1): 106 – 125.

[34] LARSON P D. The economic transportation quantity[J]. Transportation Journal, 1988, 28 (2): 43 – 48.

[35] LLORET-BATLLE R, COMBES F. Estimation of an inventory-theoretic model of mode choice in freight transport [J]. Transportation Research Record: Journal of the Transportation Research Board(in press), 2013.

[36] McCann P. A proof of the relationship between optimal vehicle size, haulage length and the structure of distance-transport costs [J]. Transportation Research Part A, 2001, 35: 671 – 693.

[37] MCFADDEN D, WINSTON C, BOERSCH-SUPAN A. Joint estimation of freight trans

portation decisions under non-random sampling[M]. In: Daughety A, ed. Analytical studies in transport economics. Cambridge, UK: Cambridge University Press, 1985.

[38] MIKLIUS, W. Estimating freight traffic of competing transportation modes: an application of the linear discriminant function[J]. Land Economics, 1969, 45(2): 267 –273.

[39] MOHRING H. Profit maximization, cost minimization and pricing for congestionprone facilities[J]. Logistics and Transportation Review, 1985, 21: 27 –36.

[40] NEWELL G F. Dispatching policies for a transportation route[J]. Transportation Science, 1971, 5(1): 91 –95.

[41] PORTEUS E L. Foundations of stochastic inventory theory[M]. Stanford, CA: Stanford University Press, 2002.

[42] POURABDOLLAHI Z, KARIMI B, MOHAMMADIAN A K. A joint model of freight mode and shipment size choice [C]. In: Proceedings of the 92nd Annual Meeting of the Transportation Research Board, Washington, DC, 2013.

[43] RAKOWSKI J P. Competition between railroads and trucks[J]. Traffic Quarterly, 1976, 30 (2): 285 –301.

[44] SAMIMI A, POURABDOLLAHI Z, MOHAMMADIAN A K, et al. An activity-based freight mode choice microsimulation model[C]. In: Proceedings of the 91st annual meeting of the Transportation Research Board. Washington, DC, 2012.

[45] SIKA. Commodity flow survey 2004/2005[R]. SIKA Report 12, SIKA, Stockholm, 2006.

[46] SMITH L D, CAMPBELL J F, MUNDY R. Modeling net rates for expedited freight services [J]. Transportation Research Part E, 2007, 43: 192 –207.

[47] STURM K, POURABDOLLAHI Z, MOHAMMADIAN A K. A nationwide establishment and freight shipment survey: descriptive and non-response bias analyses[C]. In: Proceedings of the 92nd annual meeting of the Transportation Research Board, Washington, DC, 2013.

[48] SWENSETH S R, GODFREY M R. Estimating freight rates for logistics decisions[J]. Journal of Business Logistics, 1996, 17(1): 213 –231.

第6章　运输模式选择模型

杰拉德. 德. 琼(Gerard de Jong)

英国利兹大学运输研究所；Significance 公司 荷兰海牙；瑞典皇家理工学院运输研究中心，瑞典斯德哥尔摩(Institute for Transport Studies，University of Leeds，UK；Significance BV，The Hague，The Netherlands；and Centre for Transport Studies，VTI/KTH，Stockholm，Sweden)

6.1　引言

6.1.1　不同空间层次的运输模式选择

货物运输中的模式选择模型或模式划分模型刻画了某个地区内给定的货物运输需求分配情况(或是一个给定的发货地 – 目的地(O/D)矩阵，矩阵包含发货地和目的地之间的总货物运输量)。运输模式的选择取决于空间层面上的运输规模。

大多数货物运输模式划分模型用于描述城市间(或区域间)的交通流分配(例如：在欧洲的大部分货物运输模型，在美国洲际层面的货物运输模型，以及将欧洲或美国看作一个整体的货物运输模型)。上述层面可选的运输模式通常为公路和铁路运输；对某些O/D组合而言，内河水路运输、短途海洋运输和管道运输也可以作为运输模式划分模型的可选运输模式。在 O/D 对层面的运输模式划分模型的应用中，对于所有O/D组合来说，可替代方案的选择集不一定要相同。为了更好在实际中应用运输模式划分模型，需要在所有备选运输模式中剔除不可行的运输模式(例如，在岛屿陆地间运输时选择公路运输，或在远离内陆港口点的运输选择内河水运)。

对于城市而言,唯一可用的交通方式通常是公路运输，此时需要对公路运输中不同种类的交通工具进行区分(有时将其称为"车辆选择",从而来与运输模式选择相区分)。尽管在城市间模型中有时也需要每种运输模式中区分的不同交通工具类型,但是区分车辆大小对城市交通而言更为重要。这是因为车辆大小会对城市环境产生重要的影响,并且某些大小的货车在城市中心区域有可能会受到限制。

对于洲际间的货物流量,其运输模式主要有海上运输和航空运输。航空运输在以吨为计量单位的运输中比重较小,但在一些高价值与高成本的运输中占有大量份额。

6.1.2　运输模式划分模型的相关要素

运输模式划分模型不仅是传统"四步骤或者多步骤"货物运输模型的重要组成部分(因为在某些情形下,只有通过运输模式划分模型才能理解网络中的车流分布),同时它还是货物运输尾气排放量的重要解释因素。按照每吨/千米为单位来计算的话,航空运输的尾气排放率最高,公路运输第二,铁路运输第三,海洋运输与内河水运最低(尽管上述运输模式还具有相当大的改进空间),相关案例详见 Maibach 等(2008)。另外在上述交通模式中对公共资金和事故发生率的要求也有很大不同。

运输模式划分是大多数货物运输模型中对政策最敏感的部分,因此从这个角度来分析,相较运输产生与分配,运输模式划分对运输时间与运输成本更敏感(在某些模型中,运输生产和分配对政策敏感性非常低);另一方面,网络分配和路径选择可能会对运输产生与分配更为敏感。有些关于货物运输中政策影响的讨论仅仅局限于运输模式划分,这是不合理的。这是因为国际和区域贸易流通也可能对运输时间与成本的变化很敏感,并且一些经常在货物运输建模中被忽略的其他重要因素,也在很大程度上受运输时间与成本的影响,如货物运输批量大小和车辆装载率等。本书第 9 章对货物运输弹性进行讨论时会对货物运输时间与成本的影响进一步讨论。在货物运输中,还有一些其他选择可以与运输模式结合起来,具体如下所述。

6.1.3　因变量与自变量

当我们对单个运输批次层面进行分析时,模式选择中的因变量可以是一个离散的选择(选择其中一个模式,其他模式则不被选择);

或在集计层面上进行分析时,因变量也可以是在特定的地理区域内某一特定 O/D 流的一部分(即某种模式的份额)。

运输模式划分模型的自变量/解释变量可以是可用的运输模式的运输成本

（包括装卸成本）、运输时间（有时被合并成广义运输成本）、转运次数、可靠性（准时送达率）、灵活性（处理短期需求的能力）、运输过程中损坏率、货物的物流跟踪、有害的排放物和提供的运输频率。不同商品种类（如散装与普通货物）、装运规模、所在行业、企业规模、运输设备的使用（如集装箱）和地理距离对上述属性的灵敏性不同。

6.1.4　运输模式选择：集计模型与非集计模型

货物运输模式选择模型主要有集计模型和非集计模型。事实上集计模型经常会表示成"模式划分"，而非集计模型经常表示成"模式选择"，本书将二者看为同义词。

"非集计模型"研究对象是独立的决策者（客运中的旅客、货物运输中的企业），而"集计模型"研究的研究对象是决策者的汇总，且通常按地理区域来进行汇总。

非集计模型在货物运输中的运用比客运要少得多，这主要是由于货物运输中数据的商业性质，导致可用的公开非集计数据较为缺乏。货物运输企业通常不愿公开相关的单批次货物、运输模式的选择、运输成本等信息。本书第10章将会再次讨论数据可用性问题。

由于运输模式选择是非集计货物运输模型中最典型的决策，并且单一运输方式的选择模型相对简单，本书对非集计选择模型理论进行单独介绍（见6.2节），并用其关联上下文。在本章中将被讨论的模型主要包括不同类型的单个离散选择模型（如多项式Logit模型（MNL），Probit模型，嵌套Logit模型（Nested – Logit），有序广义极值费用logit模型（Ordered generalised extreme value logit），交叉嵌套Logit模型（Cross – Nested – Logit），混合Logit模型（Mixed – Logit），潜在分类等）以及效用最大化的偏差。

然而，集计模式选择模型，尤其是集计Logit模型，是货物运输中最常用的运输模式选择模型，因为集计模型通过相对少的工作量（特别是数据搜集）就能得到较为满意的结果（弹性、预测）。我们认为最好把它看作是一个实用方法，而不是一种间接基于个体行为理论上的基础模型。在6.3节中，我们将会讨论与集计与非集计模式选择模型相关的实际例子。

6.1.5　与运输模式密切关联的相关选择

运输模式选择通常是独立进行研究的，就像是一个独立的内生变量。在大多数地区、国家或者国际货物运输预测系统中，运输模式划分也是独立的，不受贸易规模、网络的服务水平等外生变量影响。然而，对于有多个因变量的货物运输模型系统而言，运输模式选择和其他选择会同时进行。货物运输中一些其他选择与运输模式紧密关联，并且有时候也以相同方式进行建模：

● 基于运输链选择模型的一系列模式选择。研究 O/D 流的运输模式选择，具有选择方案简单、选择集有限的优点。然而在实践中，一个特定的模式经常会与运输链中其他模式结合使用。运输链由一系列运输方式和转运点组成，用于将货物从发送方运输到接收方（例如，公路—铁路—公路）。因此，运输链实际上是生成与消费流（P/C）层面而不是 O/D 层面。以公路—铁路—公路的运输链为例，它分解成两段公路 O/D 流和一段铁路 O/D 流。我们认为，和在 O/D 层面构建运输链选择模型相比，在 P/C 流层面构建运输链选择模型是一个更好的定性策略选择，尤其是因为后者更有可能得到 P/C 层面的次优方案/局部最优方案。然而在实践中，通常只能收集到 O/D 层面的数据而非 P/C 层面的数据。在运输链选择模型中，备选项是模式的组合（包括一直使用单一模式的直接运输），而不是单纯的模式。运输链选择模型的一种简化方式是定义 P/C 层面的主要运输模式，然后对可选择的主要运输模式建模。对主要模式的定义可以基于最长距离或基于模式的层次结构（以内河运输、铁路、公路为例，如果运输链某处使用内河运输，则内河运输是主要运输模式，否则是铁路，如果上述两种运输方式都没有被使用，主要运输模式就是公路运输）。因此，内河运输和铁路运输的因变量便包括往返内陆港口或铁路终端的公路运输成本和相应的转运成本。在 6.2 节中的选择模型既可以被理解为 O/D 层面的模式选择模型也可以被理解为 P/C 层面的模式选择模型。

● 模式选择和装运规模联合选择模型（通常以吨为单位）。出货量小的货物大多数是利用公路来运输的，较大的货物通过非公路方式（如铁路、内河运输）运输的可能性更大。这本身可能是在模式选择中将装运规模作为外生变量的一个原因（Jiang、Johnson 和 Calzada，1999）。但我们可以更进一步建立双向互动模型，因为模式选择也会影响装运规模的选择。Holguín–Veras 等（2011）与学生进行了相关经济实验，实验中学生主要扮演的是托运人和运营商，托运人知道库存成本关于运输模式的函数，运营商知道运输成本关于运输模式的函数。运营商通过秘密投标（包括价格和运输方式）与其他人竞争向托运人提供运输服务的机会。经过多次重复实验，根据博弈论的预测，这些实验很快就在模式和装运规模方面收敛到了联合最优。实验结果推翻了货物运输模式选择是独立决策的假设，激发了人们对运输模式与货物装运规模联合优化模型的兴趣。这个实验结果衍生新的非集计模型，即在运输模式选择中考虑大规模的库存理论和物流框架，从而得到更好的运输规模优化方案（更多有关内容见第 5 章）。

● 运输模式和供应商的联合选择模型（主要从交通流起点区域的角度出发进行研究）。在客运建模时，有时会遇到运输模式和目的地选择的联合模型，即在给定出发点下，旅客在目的区域和到该目的地的运输模式的组合中进行选择。在货物运输建模时，模式—目的地选择似乎不是一个非常明智的选择，因为它相当于供应商对客户的选择。更符合实际的做法是站在货物接收者角度（处理入库货物的公司，批发商或者是零售商），结合他对供应商的选择与从供应商（发送方）到给定位置的接收方选择的运输模式来进行联合建模。

● 运输方式和路径联合选择模型。这包括了将货物运输中运输模式与路径选择结合的非集计模型和多模式网络集计模型。多模式网络建模为运输链问题提供了另一种处理方式[①]。运输链中有几种运输模式是被连续地用在门对门货物运输中的。例如，首先使用卡车将货物从出发地区送到港口，再使用短途海运，然后使用铁路运输，最后使用卡车将货物派送到接受地区。如果网络中不仅包括每个模式的链路和节点，还包括可以将一个网络连接到另一个网络的多模式节点，上述任务分配就可能出现。这些节点可以是港口、铁路和内河码头，用于模式间的转运。换言之，只要具有能够进行运输方式转换并且连接公路、铁路以及内河水运的网络的转运点就能形成多模式网络（或者超网络）。

运输模式的选择和运输规模的选择通常仅在非集计水平上建模（针对个体运输而言）。而另外的三种联合选择可以在集计水平和非集计水平上进行建模，尤其是运输模式和路径选择，主要是在集计水平下进行建模。地区和国家政府以及国际上的运输模型通常有一个巨大的交通网络，网络包含了许多运输方式的选择和可替代路径的选择（这些路径具有复杂的相关结构，例如，一部分路径重叠），该网络通常将非集计联合模型和路径选择模型看作一个不可行选择（这种情况未来可能会改变）。然而，在特定的条件下，尤其是穿越特定的地理屏障时（例如：海峡和山谷），可能仅有非常有限的可替代路径，此时联合模式与路径选择（二者的变量都是离散变量）便十分可取。

运输模式选择模型和相关选择的联合模型的例子（集计和非集计）将在 6.3 节进行讨论。

---

① 另一种方法是从包含不同单一模式和多模式的运输链的选择集中为选择建立一个非聚合或聚合模型（如上所述）。

6.2　非集计模式选择理论

6.2.1　成本函数和效用函数

和大多数非集计运输模式选择模型类似，我们假设决策者是需要将货物运输到接收企业而产生运输服务需求的托运人。托运人可以选择自己运输货物或签订合同外包给其他运营商（或者通常情况下外包给物流服务供应商，这也包括整合不同承运商所提供的服务）。实际情况中，上述企业也参与模式选择决策。因此货物运输中同一项货物运输[①]的决策通常涉及多个企业（托运人，接收人，运营商和中介机构）。构建模型既可以假设多个企业中单独一方进行决策，也可以研究多方之间的相互影响构建联合模型。联合建模是货物运输建模中是一个相当新的领域，关于这方面的研究现状见 6.2.4 小节。

我们假设的托运人所进行的决策以单个运输批次为单位。运输批次指被购买、运输和配送的一定数量的产品。运输批次并不一定与车辆容量一一对应，因为在同一车辆中（发货合并）可能有多批次的少量运输，而量大的单批次运输也可能需要多辆车。

运输模式选择的备选方案有公路运输、铁路运输、内河运输、海洋运输、航空运输和管道运输。此外，上述运输模式还可按车辆类型或船只类型进一步区分（运输工具类型选择）。这些备选方案的基本特征是：它们均为离散的替代方案（不是连续的选择变量和有序的替代选择）。针对这个方面的模型就是离散选择模型。

非集计层次的离散选择模型最初是在客运中发展起来的，其中主导的选择范式和理论基础是随机效用最大化（Random Utility Maximisation，RUM）（McFadden，1974；1978；1981）。随机效用模型的基本方程是：

$$U_{ik} = Z_{ik} + \varepsilon_{ik} \tag{6.1}$$

式中：U_{ik} 为决策人 k 选择备选方案 i 的效用（$k = 1，\cdots，K$；$i = 1，\cdots，I$）；Z_{ik} 为观察效用；ε_{ik} 为随机效用。

效用最大化属于消费者行为经济学的概念，似乎不适合解释企业的行为，因为企业的标准经济规范是利润最大化或成本最小化。然而，我们可以对随机

[①]　此外，卡车司机在面临拥堵时，通常可以自由选择路线或调整路线。

效用框架进行转换再应用到货物运输模式选择中，将广义运输费用[①]相反数作为效用函数的观察部分，并且减去一个或多个随机成本因素：

$$U_{ik} = -G_{ik} - e_{ik} \qquad (6.2)$$

式中：G_{ik} 为广义运输成本的可观察部分；e_{ik} 为随机成本部分。

在(6.2)中，当随机成本取最小值时，则得到 RUM 模型。对于有独立误差项并且没有异方差性的标准离散运输模式选择模型，不妨在 e_{ik} 前面加一个 + 号。这时，货物运输模式选择模型可以使用与在客运中估计 RUM 模型的相同软件来进行估计。人们不仅要考虑到成本的增加会导致效用减少，也要考虑运输成本在客运模型中的作用。如果我们假设成本变量的系数符号为负，同样可以在(6.2)中写成 $+G_{ik}$，正如我们以下所述。

具体来说，假设决策者 k 需要在三个备选方案：公路（road），铁路（railway）和内陆水路（inland waterway，IWW）中进行选择，三种运输模式的效用符合以下非线性[②]效用函数[③]：

$$U_{road} = \beta_0 + \beta_1 \cdot COST_{road} + \beta_2 \cdot TIME_{road} + \beta_3 \cdot REL_{road} + e_{road} \qquad (6.3a)$$

$$U_{rail} = \beta_4 + \beta_1 \cdot COST_{rail} + \beta_5 \cdot TIME_{rail} + \beta_6 \cdot REL_{rail} + e_{rail} \qquad (6.3b)$$

$$U_{IWW} = \beta_1 \cdot COST_{IWW} + \beta_7 \cdot TIME_{IWW} + \beta_8 \cdot REL_{IWW} + e_{IWW} \qquad (6.3c)$$

式中：$COST_i$ 为运输模式 i 的运输成本；这既包括距离有关的成本 $f_i \cdot DIST_i$（例如燃料成本），其中 f 为每千米运输成本，$DIST$ 是距离，单位为 km；也包括与时间相关的成本 $g_i \cdot TIME_i$（例如运输人员和车辆费用），其中 g 表示每小时成本。$TIME$ 为运输模式 i 的运输时间，单位是小时。REL_i 为模式 i 运输时间的可靠性，可按运输时间标准偏差或准时交付百分比进行衡量。$\beta_0, \beta_1, \cdots, \beta_8$ 为估计系数；令 $\beta_1, \cdots, \beta_3$ 和 $\beta_5, \cdots, \beta_8$ 为负，β_0 和 β_4 可以为正也可以为负。

由公式(6.3a)~(6.3c)可得，选择公路运输获得的效用取决于公路运输的运输成本、时间及其可靠性，其他两种运输方式也是如此。运输模式的成本、时间和可靠性的值可能来源于包含上述运输模式的网络，也可能由决策者自己提供（通常决策者对自己没有选择的模式可能存在感知错误），或来源于

---

① 广义运输成本是运输货物的直接货币成本加上该运输方式的其他定性特征的影响（运输时间，可靠性等），该影响通常用货币单位表示。在模型中，还包括对库存的考虑（如对装运规模进行选择的时候），人们甚至可以进一步概括和使用总物流成本（包括运输和库存成本）。（包括其他运输和库存成本）

② 效用函数也可能会具有非线性方程的形式，如对数或二次函数的属性，跨对数成本函数（Oum，1989）或 Box – Cox 变换。

③ 严格来说，还有一个关于"规模"的参数，它反映了实用的随机分量的方差，用于标准化模型。这是所谓的"规模"的参数，因为它衡量了在公式(6.3a)~(6.3c)中的参数 β；较高的随机变异会导致较低的 β_s 估计值。

"假设……将会怎样（what if）"的陈述偏好调查中的假定参数。

β_s 是一系列通过估算不同决策者和相应的运输批次（出发地和目的地的不同可能会导致运输批次的运输距离和运输时间发生变化）而确定的系数。我们通常称 β_0 和 β_4 为"方案特定常数"（Alternative – Specific Constants，ASCs）。在备选方案数为 N 的模型中，ASCs 只能有 $N-1$ 个，这是因为效用最大化模型的重点在于观测效用的差异。在上面的例子中[公式（6.3a）~（6.3c）]，我们删除了内河运输 ASC，这意味着这个备选方案的 ASC 恒为 0。出于同样的原因，我们只能将属性作为不同备选方案之间的解释变量。决策者的属性（如企业规模）或货物的属性（如集装箱化或非集装箱化）只能通过将这些变量与运输方式的特征相互作用来体现（如减少某些企业对成本的敏感性，或通过仅允许使用铁路来运输集装箱来表示集装箱通过铁路运输可能性更大）。

β_s 系数既可以是通用的，例如上述有关成本的系数 β_1；也可以是某种模式特定的，例如在公式（6.3a）~（6.3c）中的其他系数。如何确定最合适的系数是一个经验性的问题，需要对各种形式系数进行测试和比较。在上述模型中，我们使用了成本的通用系数（但其他变量的系数不是通用的），这带来了一个额外的优势——用于公路运输支付的货币单位与用于铁路或内河水路运输支付的货币单位具有相同的价值（都使用欧元或美元）。

决策者 k 对运输模式选择的决策可能会受到除了上述三个属性之外的其他变量的影响，例如：一种模式的灵活性，服务频率和对货物损坏的可能性也可能起作用。但是，构建运输模式选择模型的研究者可能没有这些影响变量的数据，或仅具有一些有误差的测量数据，因此需要引入误差量 e_{road}，e_{rail} 和 e_{IWW}①：它们代表那些影响了决策者的效用但没有被研究者观察到的变量（或仅在测量误差时观察到）。

为了处理误差部分，研究者假设其为随机变量（方差的均值为 0）。基于对误差值不同分布的假设，可以得到不同的离散选择模型。这些模型是概率模型，因为它们不产生特定的选择，而会产生每个可用备选方案的概率。

6.2.2 基于不同分布假设的不同离散选择模型

在客运和货物运输建模中对于误差 e 最常见的假设是它们相互独立且服从极值 I 型分布（或 Gumbel 分布），基于上述假设可得到 MNL 模型，决策者 k 选择方案 i 的概率为：

---

① 离散选择文献中对于误差项的引入有其他的解释。

$$P_{ik} = \frac{e^{G_{ik}}}{\sum_i e^{G_{ik}}} \qquad (6.4)$$

MNL 模型可以通过不涉及任何模拟的最大似然方法来估计。一些软件中会包含 MNL 估计(有时称为"条件 Logit 模型")功能。

企业选择每个备选方案的概率可以通过将模型估计结果应用到企业(运输批次)样本上来计算。如果该样本在研究对象中具有代表性,则可以简单地将所有根据模型预测所得的概率进行求和(这种方法称为"样本计数"),从而得到各个备选方案的市场份额(如计算公路运输在公路运输、铁路运输和内河水路运输这三种运输方式中的份额)。对于不具代表性的样本①,可以对每个观察的样品进行加权求和,并将每个观察值的分数作为权重。同一研究领域的不同区域或不同年份可能有不同的权重集合。这种环境下应用上述模型时,既可以通过改变一个变量来探究其影响(用弹性的形式表示),也可以改变一个输入情景(包含多个或全部变量)来进行预测。

基于陈述性偏好(Stated Preference, SP)数据估计的离散选择模型不应直接用于预测(包括弹性值的推导),这是由于 SP 数据与实际数据的误差分量的方差不同,而这将影响选择概率。造成上述差别是因为在 SP 实验的假设中,将许多可以在现实中变化的东西保持固定不变,反之亦然。因此,用于预测的数据最好是显示性偏好(Revealed Preference, RP)数据或 SP/RP 结合数据,其中 SP 的方差与 RP 是成比例的。基于 SP 数据的模型可以直接用于推导系数的比率(如时间值或可靠性值),因为在计算这些比率时,SP 数据造成的误差会缩小。

MNL 模型的一个众所周知的限制是运输方式之间交叉弹性相同。以公式(6.3a)~(6.3c)为例,若公路运输成本增加,铁路运输和内河水路运输当前的市场份额可以相互替代,所以公路成本关于铁路运输和内河需求的弹性将会相同。另一个限制是不同的选择方案之间不相关(IIA)(这是由于误差项的独立性造成的),即假设两个备选方案之间被选择概率不受任何其他替代方式影响。然而在实际中,铁路运输和内河水路运输之间除公路运输外仍有很多备选选项。对上述缺陷的一个相对简单的改进方法是使用嵌套 Logit 模型(Nest Logit)(Daly 和 Zachary, 1978),该模型将铁路运输和内河水路运输按层级嵌套结构进行分组,从而允许决策者考虑备选方案之间的相关性。

---

① MNL 模型可以在对外生变量中不具代表性的样本上进行一致性估计。如果样本对于选择变量是不具有代表性的(例如,铁路运输的比例过高),并且这个模型还有 $N-1$ 个 ASCs 和 M 个其他的系数,则所有的 M 个系数仍然可以使用标准方法一致性估计,并且只有 $N-1$, ASCs 会产生偏差。这些 ASCs 系数可以根据观测到的市场份额,通过估计来进行简单的修正(McFadden, 1981)。

数学上最简单的处理方式是用两种概率进行区分表示（Train，2003），两变量之间通过 logsum 变量来相互联系（如图 6.1 所示）。

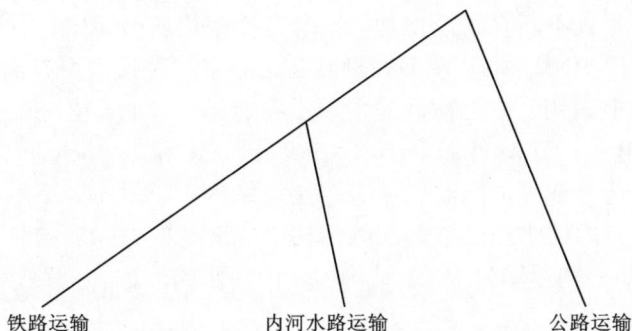

铁路运输　　　　　内河水路运输　　　　　公路运输

图 6.1　用于货物运输方式选择的嵌套 logit 模型结构

第一个概率公式（6.5a）中给出了决策者 k 选择层级嵌套结构 B_l 中某个备选运输模式的概率。该概率取决于层级嵌套结构 l 的广义成本 G 和系数 λ_l 与 I_{lk} 乘积之和。I_{lk} 表示网络中备选运输模式的期望成本，即所谓的"对数求和（logsum）"变量，取决于层级嵌套结构所有方案的同类型成本。

第二个概率（条件概率）公式表示在选择网络 B_l 的条件下选择备选运输模式 i 的概率。这取决于备选运输模式相对于层级嵌套结构中所有运输模式的广义成本。

$$P_{B_lk} = \frac{e^{G_{lk}+\lambda_l I_{lk}}}{\sum_l e^{G_{lk}+\lambda_l I_{lk}}} \tag{6.5a}$$

$$P_{\langle ik|B_l\rangle} = \frac{e^{\frac{H_{ik}}{\lambda_l}}}{\sum_{i \in B_l} e^{\frac{H_{ik}}{\lambda_l}}} \tag{6.5b}$$

$$I_{lk} = \ln \sum_{i \in B_l} e^{\frac{H_{ik}}{\lambda_l}} \tag{6.5c}$$

决策者 k 选择模式 i 的无条件概率可以表示：

$$P_{ik} = P_{\langle ik|B_l\rangle} P_{B_lk} \tag{6.5d}$$

系数 λ_l 是 logsum 系数，用于描述网络 B_l 中方案间误差值的相关度：λ_l 越高，相关性越低。λ_l 是一个需要额外估计的参数。为了保证 RUM 的全局一致性，λ_l 估计值必须在 0 和 1 之间（所有外部变量都必须服从）。如果发现一个值高于 1，通常表示存在其他（尤其是相反的）效果更好层级嵌套结构，并且这个结构是与 RUM 保持一致的。

　　MNL 模型和 NL 模型都属于 GEV(Generalised Extreme Value, GEV)系列模型(广义极值费用模型)(McFadden, 1978; Daly 和 Bierlaire, 2006),该系列还包含更多模型并且不断有新模型加入,所有模型均符合 RUM。尽管在 GEV 系列中其他模型比 MNL 和 NL 模型在刻画备选方案间替换关系方面更为恰当,但大多仅在客运中运用,在货物运输中几乎没有运用,如 CNL 模型(Cross - Nest Logit, CNL)(Ben - Akiva 和 Bierlaire, 1999; Wen 和 Koppelman, 2001)。CNL 模型中单个备选方案可以同时属于多个层级结构,如图 6.2 所示,其中铁路运输既是在一个有内河水路运输的层级结构中(和上文一样),同时又在另外一个非水路运输(如公路运输)的层级结构中。内河水路运输和公路运输互不关联。

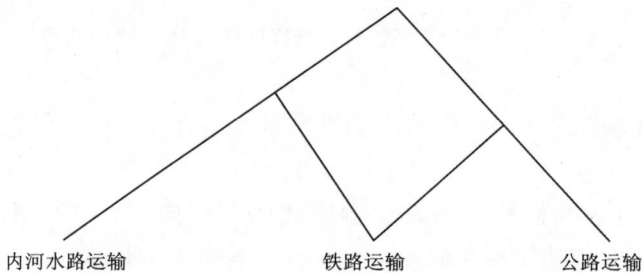

内河水路运输　　　　　铁路运输　　　　　公路运输

图 6.2　用于货物运输方式选择的 CNL 结构

CNL 相应的方程:

$$P_{B_l k} = \frac{e^{G_{lk} + \lambda_l I_{lk}}}{\sum_l e^{G_{lk} + \lambda_l I_{lk}}} \tag{6.6d}$$

$$P_{\langle ik \mid B_l \rangle} = \frac{\alpha_{il} e^{H_{ik}/\lambda_l}}{\sum_{i \in B_l} \alpha_{il} e^{H_{ik}/\lambda_l}} \tag{6.6b}$$

$$I_{lk} = \ln \sum_{i \in B_l} \alpha_{il} e^{H_{ik}/\lambda_l} \tag{6.6c}$$

$$P_{ik} = \sum_l P_{\langle ik \mid B_l \rangle} \cdot P_{B_l k} \tag{6.6d}$$

　　公式(6.6a)~(6.6d)中,l 代表备选方案 i 的特定结构(例如"低速模式结构"和"陆运模式结构")。新增参数 α_{il} 表示备选方案 i 在第 l 层的份额,总结构 l 中 α_{il} 总和为 1。当有两个嵌套结构(正如上面所讲的例子)时,标准步骤赋予二者各自 1/2 的权重。Hess 等(2009)尝试按照 1/2 权重进行建模,发现这些成员的系数估计是非常困难的。

　　另一种 GEV 模型是有序广义极值费用(Ordered Generalised Extreme Value, OGEV)模型,(Small, 1987)这种模型并不关注运输模式的选择,因为它预先假定了有序的备选方案(例如:一天中的时间段),但运输模式的选择是无序的。

　　基于误差服从多元正态分布的假设可以得到 Probit 模型,当只有两种备选方案时,上述模型基本上可以和 MNL 模型一样直接预测。当备选方案数为两个以上时, Probit 模型需要用到多维积分和模拟方法进行估计(Geweke、Keane 和 Runkle, 1994),但这仍然比较麻烦。然而从定义和估计备选方案之间具体相关参数来看, Probit 模型是非常灵活的。Winston(1981)在美国利用 Probit 模型对公路运输和铁路运输进行二元选择。Tavasszy (1996)还将 Probit 模型应用于从英国到荷兰的运输走廊的模式选择。

　　混合 Logit(Mixed Logit)模型起源于 20 世纪 90 年代后期,在 21 世纪前 10 年中取得突破性发展。它有两个误差分量,分别是 e_{ik} 和 v_{ik},其中一个服从 Gumbel 分布(是另一个的条件性变量,符合 MNL 模型),另一个服从其他分布,例如正态分布或对数正态分布。混合 Logit 模型可以容纳两种思想,它们都是 MNL 模型的一般化:

　　1. 随机系数或偏好变量:上述 β_1 等系数遵循某种平均值和方差都为估计值的统计分布,这对于货物运输模式选择模型来说或许是非常重要的,因为我们可能由此推断货物运输中异质性的系数,如运输模式选择模型的运输时间和成本系数。甚至可能同时包含异质性可观测的相互作用系数和异质性不可观测的随机系数,例如运输时间和成本相关的系数。混合 Logit 模型也可以同时估计多个随机系数(如同时研究运输成本和时间),这要求研究人员考虑到对相同的个体随机抽取不同画像不是独立的。同样的,研究人员在这种环境下抽取样本数据或进行陈述偏好实验时不能假设观察对象是相互独立的。

　　2. 误差分量:备选方案之间特定的相关结构。效用函数一般化形式:

$$U_{ik} = \sum_r \beta_r x_{rik} + \sum_s \sum_t \eta_s w_{st}^i v_t + e_{ik} \tag{6.7}$$

其中:$\sum_r \beta_r x_{rik}$ 表示可观测属性对效用的影响。$\sum_s \sum_t \eta_s w_{st}^i v_t$ 表示误差分量结构:v_t 是一个误差分量,服从某种统计分布 $f(0,1)$,该变量包含多个随机子分量($t=1, \cdots, T$);η_s 是一个待估系数;w_{st}^i 是一个通用加权矩阵,基于数据或由研究者确定,对备选方案 i,行 s 与系数 η 相对应,列 t 与 v 中的误差相对应。e_{ik} 表示误差,服从 Gumbel 分布(如果 v_t 和 e_{ik} 服从多元正态分布,该模型是多项式 Probit 模型)。

　　上述模型估计需要通过模拟(Train, 2003),即在 v 中抽取大量随机样本,并且针对每个抽取的样本进行似然函数估计,但是由于部分符合 Gumbel 分布,使该模型比 Probit 模型计算得更快速。

混合 Logit 模型在交通领域的科学期刊中很常见(尤其在关于客运的研究中)。待估数据通常是陈述性偏好数据,目标是获得非货币属性的货币价值,如运输时间(时间价值)、可靠性(时间波动价值),这些将在第 10 章讨论。这些实验和模型中的 SP 数据通常是"抽象"或"未标记"的备选方案,即选项不一定是不同的运输模式、运输路径或运载工具等,因此只需要对每个待估模型的非 Gumbel 分布部分进行混合 Logit 模型仿真模拟(如绘制多次对数正态分布)。然而,对于多个情景下的预测和多情景下交通运输项目及政策影响的分析,混合 Logit 仍不是最优的选择,这是因为每次应用模型都需要再次进行一次随机抽取,而这非常耗费时间。此外,在大型模型系统中(例如许多区域对),可能具有反馈回路,应用混合 Logit 模型花费时间将更长。因此,在客运和货物运输中,几乎没有任何实际的交通预测模型采用混合 Logit 模型[①]。

对于两个误差分量都具有连续统计分布的混合 Logit 模型的一个重要限制是研究者需要假设分布的类型(如正常或对数正态分布),而该假设将很大程度影响最终结果。此外,这种方法并不总是产生一个稳定的估计结果。针对上述缺陷的一个改进模型是和混合 Logit 模型相关的潜在类别模型,该模型将离散类型的可能值(潜在类别)作为系数,如成本系数。此外,可以通过某个分类和观测变量之间的联系估计子等式(包括专门收集的偏好变量,但这不是必要的)。在 Hess 等(2011)的研究中,他们对潜在分类模型与具有连续分布的混合 Logit 模型进行对比,结果表明潜在分类模型具有更优解。关于潜在分类模型类似的结论见 Greene 和 Hensher(2012)。

6.2.3 不符合随机效用最大化的模型(Non – RUM Models)

基于 RUM 模型解释的离散运输模式选择模型,是建立在微观理论上的,刻画的是"理性"的行为。然而,经济视角只是观测个人行为或者企业行为的一种方式,除此外还有其他方面的行为(如心理学或社会学的研究)。对于某些决策(尤其是在商业环境中重要的计划周密的长期决策),其他角度的分析可能更重要。长期以来,RUM 模型是离散选择数学模型中唯一可用的基础候选模型,但是在近几年,另外两个模式在运输建模上取得了一些成就:前景理论和最小后悔值。

前景理论(Kahneman 和 Tversky,1979;1992;van der Kaa,2008)最初由心理学家提出,他们发现在许多实验情况下,受访者并不遵循理性行为理论,因

---

① 一个例外是在客运中针对斯德哥尔摩使用的 SIVESTER 模型。

此心理学家尽量尝试接近人们在实际情况中的行为。前景理论认为：

　　•参考依赖性：属性的估值取决于该属性的当前值，也就是说它取决于参考备选方案（现在所观察到的情况）。

　　•损失厌恶性：属性中的收益和损失估值存在差异：相比于收益，每单位的损失会更大。

　　•规模依赖性：属性不同值估值不同（例如：短途运输和长途运输）。

　　•被调查者对概率的加权是非线性的（Hensher 和 Li，2012；Koster 和 Verhoef，2012）。一个关于货物运输中 SP 数据应用可见 Halse 等（2010）（应用背景是对抽象选项的选择，不是模式的选择）。

　　除效用最大化理论外，离散选择模型还可基于决策者的预期最小后悔值理论。当决策者未选择的备选方案在某些属性上比所选方案表现更优时，决策者会产生后悔值。将后悔函数中后悔值区分为"观察"或"系统"后悔值和随机后悔值，由此可以得到随机后悔最小化模型（Random Regret Minimisaiton，RRM）（Chorus，2010）。系统后悔值通过对比两个备选方案的属性值，然后对总体结果对进行求和来计算。

　　RRM 模型的随机部分分布假设与 RUM 模型类似，甚至可以使用同样的软件来模拟，但是两种类型模型得到的选择概率会不同。造成上述区别的关键在于，RRM 模型考虑了"折中效应"，即相对于其他备选方案，在所有属性上表现为"中间"的选项通常比在某些属性上表现差而在其他属性上表现强的选项更受青睐（Chorus 和 de Jong，2011）。

6.2.4　货物运输代理之间的互动博弈模型

　　货物运输最重要的特点之一是多个决策者同时参与同一项运输的决策（虽然可能对于某个运输环节而言单个决策者占主导地位）。模式选择决策中参与者主要有以下几种类型。大部分供应链中，托运人（即发送方）占主导作用，收货人的要求也发挥了一定作用。一些供应链（如食品供应链）中收货人（食品供应链中 的大型超市零售商）负责组织运输。此外还有部门托运人和接收者让承运人进行决策。如今一些物流服务供应商也会提供一系列不同的送货上门运输解决方案，并且很乐意帮助客户进行有偿的运输模式选择。

　　然而，尽管多方（托运人，承运人，收货人）参与模式决策（以及货物运输中其他决策）的现象普遍存在，关于决策者之间相互作用对货物运输决策影响分析却很少（到目前为止）。这可能是区分几个参与相同决策的相互作用的决策者的困难造成的。尽管如此,在过去十年里,关于货物运输决策者之间相互作用的建模已经取得了一些进展。

对不同主体之间的作用进行建模的方法之一是将博弈论与实验经济学相结合从而收集数据。在上述经济实验中，经常由学生扮演经济主体，并在不同的市场设置中相互影响从而进行研究。Holguin - Veras、Thorson 和 Ozbay（2004）研究了多承运人的车辆调度方案。Holguin - veras 等（2011）采用实验经济学的研究模式（学生扮演经济主体）研究了货物托运人和承运人在运输方式和运输规模选择中的相互影响，结论表明，在竞争激烈的运输市场内，不管托运人和承运人谁是主导的一方，他们都将合作共同进行运输模式和装运规模的选择。关于实验经济学的应用和设想发展趋势可参考 de Jong（2012）的研究。

建模的另一种研究方法是尝试将互相作用的理念与陈述性偏好调查设计和建模相结合。Hensher（2002）介绍了上述研究方法下的陈述性偏好（SP）实验，以及如何对离散选择模型扩展从而使其包含相互作用。Hensher 首先开发了交互式的代理方选择实验（Interactive Agency Choice Experiments，IACE）。该实验包含连续选择，即决策参与者了解其他决策者的选择并在其基础上进行选择。上述操作及反馈是在决策参与者两两之间（托运人 - 承运人）进行的，直到所有参与者两两之间协商一致。备选方案和选择集可以在代理内部和代理之间相互关联。

虽然 IACE 方法已经在客运研究中加以运用了，但其实该方法在货物运输中有更大的应用空间（见 6.2.4 小节）；此外，学术界也运用 IACE 模型以及在第 6.2 节中讨论的这类选择数据的经济计量模型来对承运人与托运人之间的互动进行了分析（Hensher 和 Puckett，2005）。IACE 方法有一个显著的缺陷是根据承运人的答复等来与托运人面谈的调查费用可能会相当高（和普通陈述性偏好调查相较而言），因此由此产生的样本量将会很小。这一缺陷促进了相关方法的改进，如最小信息群推理法（Minimum Information Group Inference，MIGI）（Puckett 和 Hensher，2006），即仅对所有参与者进行一次采访。该方法的创新点是，在运输模式选择建模时，每一个托运人会与一个承运人对应，并由此推断出他们的集体的决策。

6.3 实践案例

6.3.1 集计模式选择模型

6.2 节中所讨论的标准离散选择模型（MNL）及其扩展模型可以基于个体决策者的效用最大化理论。除此外，这种模型还有一种集计的形式（通常称为集计 Logit 模型)，即观测对象通常是某一区域内同一 O/D 对的货物运输总量①。更具体地讲，这些模式划分模型是用来估计不同 O/D 中每个运输模式的市场占有率。集计模式划分模型可以间接地基于个人效用最大化理论(O/D 对中所有货物运输决策者在非常严格的假设下实现自身效用最大化)。上述假设，即所有决策主体的特征变量和货物属性都通过效用函数中的误差分量表示。这是一个从长远角度考虑的假设，这也是为什么最好将集计 Logit 模型视为实用模型(已证明可以得到合理的结果)，而不是基于行为理论模型的原因。

选择运用集计 Logit 模型通常是因为缺少所需的非集计数据，并且我们所拥有的数据是以吨为单位的按 O/D 区域对和模式划分的运输量(或按 P/C 对和主要模式来划分的运输量)。集计 Logit 模型很容易进行估计(可以使用包括线性回归模型和离散选择模型的软件)，估计结果为一个直观分布在 0 到 1 之间的 S 形曲线，从而可以直观分析市场份额和市场占有率。基于上述优点，集计 Logit 模型仍然是实际货物模式选择模型中使用最广泛的一种②。

一个典型的公式是"差分公式"③：

$$\log \frac{S_i}{S_j} = \beta_0 + \beta_1 (P_i - P_j) + \sum_w \beta_w (x_{iw} - x_{jw}) \tag{6.8}$$

式中：S_i/S_j 是模式 i 的市场份额和模式 j 的市场份额的比值。P_i 和 P_j 是使用两个模式的运输成本。$x_{iw} - x_{jw}$ 是两种模式的其他特征差异，$w(w = 1, \cdots, W)$。

该模型不但可以使用专门的软件进行离散选择估计(和非集计模型使用的软件相同)，还可以通过对上述解释变量的对数比率进行标准回归分析来进行估计。

集计模式划分模型大多是二项式模型(两个可用的模式)或 MNL 模型(三个或更多的可用的模式)。由于上述模型只提供了运输模式的市场份额，而不是绝对运输量(以吨为单位)或者交通量(以车辆为单位)，因此这些模型的弹性是有条件的(基于需求量；可参考 Beuthe、Geerts 和 Koul à Ndjang Ha，2001)。

集计模式划分模型的例子有：

• Blauwens 和 van de Voorde(1988)模拟了在比利时对内陆水路与公路运

---

① 观测结果也可能是每个业务部门出货量的汇总,以此来形成每个业务部门的数据或者某些地区的时间序列数据。

② 在实践中,在基于集计数据进行估计的时候,往往很难获得合理的运输时间和成本系数。Prof. Moshe Ben - Akiva 曾经建议假设一个时间分布的价值,以考虑货物之间的异质性。

③ 另一种形式的替代选择是"比形式",在右边有形成 P_i/P_j 和 x_{iw}/x_{jw},其缺点是基础模式的选择(在因变量的分母中)会影响模型的估计结果和弹性。而差分形式没有这个缺点。

输的选择。

●欧洲 NEAC 模型中的模式划分模型（NEA，2000）阐述了对公路、铁路和内河水路之间的选择。

●法国国家运输模型 MODEV（MVA 和 Kessel Partner，2006）以公路、铁路、公路－铁路联合运输和内河水路为备选集建立了集计 Logit 模型。

●目前欧盟交通模型系统的 Transtools（Tetraplan，2009）包括货物运输模式选择模型，该模型是公路、铁路和内河水路相结合的集计 Logit 模型。

●针对七种商品和九种距离路线的 LEFT 模型（Fowkes、Johnson 和 Whiteing，2010），也是公路与内河水路相结合的集计 Logit 模型。

●新的号称"回归基础"的荷兰货物运输模式模型 BasGoed 也是一个集计的 Logit 模型，用于估计模型区域对中公路、铁路和内河水路所占的比例（de Jong 等，2011）。服务水平的输入来自这些模式的单位分配量。

以下集计模型是集计 Logit 模型的拓展，它们模拟了一种模式在总运输成本中的运算份额。这种类型的输入需求函数可来自生产一个公司的成本函数，该成本函数也包括按照运输模式划分的运输服务成本，可以利用企业标准微观经济理论 Shephard 辅助定理得到。然而，这也只能应用于一个公司，将其应用到一个行业或地区并非易事。

●Oum（1979）获得了关于加拿大模式划分的集计时间序列数据，并且在此基础上估计各种集计模型。

●Friedlaender 和 Spady（1980）对美国 5 个地区 96 个经济部门的模式选择进行了分析（其中的数据不是 O/D 对层面的，而是关于部门和原产地的）。

●Oum（1989）用不同规范成本（线性、对数线性，Box － Cox 和超越对数）的集计模型来解释关于加拿大地区之间的交通流的运输模式划分。

6.3.2 非集计选择模型

利用 MNL 模型估计非集计货物运输数据来进行模式选择的一个实例是 Nuzzolo 和 Russo（1995）的研究。该模型包含在意大利国家城际货物运输模式系统中，共有三个选项（公路、铁路和公铁联运），利用的数据是对生产者/客户的访谈数据（RP）；该模型还包括运输模式的运输成本和时间，以及一些装运的特性。

嵌套 Logit 模型（Nested logit）也可以把两个决策合并为一个联合决策模型（如货物装运规模和运输模式，或运输模式和供应商选择），并且利用数据集的组合进行联合估计（如陈述性偏好数据和显示性偏好数据相结合，Bradley 和

Daly，1997）。货物运输中运用 Nested Logit 模式选择模型的两个实例如下：

Jiang 等（1999）：该模型是基于 1988 年法国发货人调查的一个运输方式选择模型（具体来说，选项为一个自营运输网络和包含公路、铁路和公铁联运的外包运输网络）。该模型包含公司和运输的属性，但不包括运输模式的运输时间和成本（仍包含距离）。

de Jong、Vellay 和 Houée（2001）：该模型运用法国区北加莱海峡的发货人的显示性偏好（RP）信息和陈述性偏好（SP）模式选择实验的数据（或者从 SP 抽象调查或"标明模式"选项）进行运输模式选择模型的估计。主要运用 Nested Logit 模型同时进行显示性偏好（RP）信息/陈述性偏好（SP）的估计，模型中的解释变量包括模式的运输时间和成本，模式的可靠性，灵活性和频率，以及货物和托运人的属性。

德国联邦政府基础设施项目评估模型是在一定程度上基于陈述性偏好数据的模式选择模型（公路、铁路和内河水路）（ITP 和 BVU，2007）。

在货物运输中使用 CNL 模型的一个比较罕见的例子是 Arunotayanun（2009）的研究，他基于两个不同的数据对 CNL 模型进行估计：（1）基于对印度尼西亚托运人的 SP 调查，备选项有小卡车、大卡车和铁路；（2）基于对法国个人出货量的 RP 数据（参见第 5 章），备选项有自营公路、外包公路、铁路和公铁联运，并且将其数据运用于不同的交叉嵌套结构的测试中。

货物运输中混合 Logit 模型的模式选择应用实例如下：

● Massiani（2008）利用意大利托运人的 SP 调查数据，针对公路运输和公铁联运之间的选择估计了一个随机系数模型，该模型还包括运输时间、随机系数的成本，可靠性（测量时间的百分比），灵活性，破损率和模型常数。他分别用符合正态分布和三角形分布的随机系数进行了测试，同时还包括部门行业与货物之间的交互变量。

● Ben–Akiva、Bolduc 和 Park（2008）使用来自对美国 166 个托运人的 SP/RP 调查的数据，对卡车运输、公路、铁路和公铁联运之间的选择进行随机系数模型估计。该研究不仅包括运输成本，还包括资金成本、仓储成本、库存成本和损失成本，能够有效地降低物流总成本。研究还包括一些潜在的偏好变量来解释模型的柔性，该变量也是模式选择的解释变量之一。

● Arunotayanun（2009）基于上文提到的印尼 SP 数据集对混合 Logit 模型进行估计。随机系数用于表示运输时间、运输成本、可靠性和其他 SP 属性。

● Fries 等（2010）对瑞士托运人开展 SP 调查，并且在此数据基础上对 MNL 模型和混合 Logit 模型进行估计。备选项有公路、铁路和公铁联运；在 SP 实验中四个属性（运输时间，成本，交付准时的可靠性和温室气体的排放量）被视为随机系数,并对随机系数分布的三个假设(正态、对数正态和三角)进行平均系数和标准差估计。

● Feo – Valero 等(2011)对于西班牙内陆港出口集装箱、公路运输和铁路运输之间的选择进行了建模估计。数据库来自对发货人的陈述性偏好调查,考虑到数据中包含对同一对象的多个观测值,所使用的模型是一个带有单个个体特定成分的混合 logit 模型。潜在类型建模在货物运输中的实际应用如下:

● Gopinath(1995)基于 SP/RP 数据(和附加的关于态度的问题),在一个模型中用两类系数值来捕捉美国托运人的异质性偏好。

● Arunotayanun(2009)基于上述印尼 SP 数据对潜在类别模型进行估计。

目前大多数 RRM 的应用都是在客运中(或健康、环境经济研究中),但在货物运输选择模型中 RRM 也有最新应用(Boeri 和 Masiero,2012),而且 RRM 模型的表现优于 RUM 模型。

6.3.3 模式选择与相关选择的组合模型

货物运输中一些同时处理运输模式选择和其他物流选择的组合模型归纳总结如下:

1.离散模式(或运输链)选择和离散装运尺寸(选择将运输规模再次划分为若干类)组合模型:

● Chiang、Roberts 和 Ben – Akiva(1981)对装运规模,模式和供应商的位置的选择(供应区)进行了建模。

● de Jong(2007),de Jong 和 Ben – Akiva(2007)基于 2001 年瑞典商品流通的调查数据(CFS),对模式和装运规模选择模型进行联合估计。

● Habibi(2010)基于 2004/2005 年 CFS 数据对国内钢铁产品的离散装运规模和商品的运输链模型进行了估计。

● Windisch、de Jong 和 van Nes(2010)基于 2004/2005 年 CFS 数据对装运规模和运输链选择进行建模(离散型)估计。

这些模型的备选项为组合选项:即 $m(i=1,\cdots,I)$ 代表运输模式,$s(s=1,\cdots,S)$ 代表装运规模,选项集大小和 I、S 相同。运用到的计量经济学模型是 MNL 模型,嵌套 Logit 模型(装运规模等级之间的替代比模式之间的替代多)和混合 Logit 模型。

2.离散模式选择模型和连续型装运规模的组合模型:

● McFadden、Winston 和 Boersch – Supan(1985)开发了一个考虑装运规模和模式选择的模型,并将其应用于农产品。

● de Jong 和 Johnson(2009),Johnson 和 de Jong(2011)基于 2001 年 CFS 数

据来估计连续和离散(连续运输规模)模型,遵循的是 Holguin – Veras (2002)开发的公路车辆类型和运输规模的选择规范。在这些文献中,为了方便对连续模型和离散模型(两种模式和运输规模都视为离散变量)进行对比,两个模型都基于相同的数据。

• Combes(2010a;2010b)基于法国国家船运公司调查 ECHO 开发了装运规模模型和运输模式选择模型。

• Liu (2012)基于 2001 年 CFS 中四种不同的商品类别数据,建立了离散模式选择模型和连续装运规模模型。

对这些连续 – 离散模型进行估计通常需要两个步骤(一方面用离散模型,另一方面用连续模型),且通过选择性校正项来修正同步偏差。

运输模式与供应商的联合选择模型实例如下:

• Chiang 等(1981)建立的模型中的因变量为装运规模、运输模式和供应商的位置(所代表的供应区),因此属于运输模式与供应商的联合选择模型。

• Samimi、Mohammadian 和 Kawamura (2010)建立了另外一个商品收货商选择供应商的非集计模型。该模型的效用函数包括收货人的特性(所需的数量,预算和模式)和供应商的特点(生产/库存能力、价格和地理位置)。

非集计运输模式和路径选择联合模型(二者皆为离散变量)的实例如下:

• 针对位于瑞典和丹麦之间的厄勒海峡建立的货物运输模型(Fosgerau,1996),该模型结合 SP 和 RP 数据,将货车(三种类型)、单独运送的拖车、铁路和公铁联运与不同运输路线和一个固定的链接路线进行了组合研究。

• 针对丹麦和德国之间的费马恩走廊的一个类似的模型(Fehmarn Belt Traffic Consortium,1998),同样也基于 SP 数据和 RP 数据。

集计模式选择和路线选择模型(多模式分配)已在许多情况下被使用:

• 即使在一个相对较小的网络,也可以在一个特定的 O/D 组合中选出许多路径 – 模式组合,然后再用成本最小化的算法来寻找最低成本组合。多模式分配的最小化成本函数包含多个属性,如运输时间和送达成本。在大多数情况下,OD 对的所有流量都会被分配给单一的最优选择:即全有全无分配,但是也有部分模型使用了随机模式分配,比如荷兰 SMILE + 模型(Tavasszy、Smeenk 和 Ruijgrok,1998)。

• STAN 包是一个多模式网络分配的商业软件包(Crainic 等,1990),应用于挪威(上文提到的 NEMO),瑞典(上文提到的 SAMGODS 模型),加拿大和芬兰的早期货物运输模型。Walloon 区域的 WFTM 货物运输模型使用的是一个类似多式联运网络分配的模型,但它通过 NODUS 软件实现了(Geerts 和 Jourguin,2000;Beuthe 等,2001)。不同的商品类别的最优路径组合选择是分开进行的,这是因为不同商品的处理要求和时间价值不同，成本函数中的系数也不同（关于运输成本和时间成本的系数）。

欧洲模型 SCENES(SCENES Consortium, 2001)和英国货物运输模型(Great Britain Freight Model, GBFM)使用的是多式联运网络分配模型。环球网(Newton, 2008)也是由欧洲委员会制定的，并涵盖了欧洲洲际海运和空运，包含了多式联运的运输链。此外，它还包括一个用来在不同的单模式和多模式的运输链中进行选择的集计 Logit 模型。

参考文献

[1] ABDELWAHAB W M. Elasticities of mode choice probabilities and market elasticities of demand: evidence from a simultaneous mode choice/shipment-size freight transport model[J]. Transportation Research E, 1998(34): 257 – 266.

[2] ABDELWAHAB W M, SARGIOUS M A. Modelling the demand for freight transport[J]. Journal of Transport Economics and Policy, 1992, 26(1): 49 – 70.

[3] ARUNOTAYANUN K. Modelling freight supplier behaviour and response[D]. London: Centre for Transport Studies, Imperial College, 2009.

[4] BEN-AKIVA M, BIERLAIRE M. Discrete choice methods and their applications to short-term travel decisions[M]. In: HALL R, ed. Handbook of transportation science. Amsterdam: Kluwer, 1999.

[5] BEN-AKIVA M, BOLDUC D, PARK J Q. Discrete choice analysis of shipper's pre ferences [M]. In: BEN-AKIVA M, MEERSMAN H, VAN DE VOORDE E, eds. Recent develop ments in transport modelling: Lessons for the freight sector. Bingley, UK: Emerald, 2008.

[6] BEUTHE M B J, GEERTS J – F, KOUL A NDJANG HA C. Freight transport demand elasticities: a geographic multimodal transportation network analysis [J]. Transportation Reseach E, 2001, 37: 253 – 266.

[7] Blauwens G, VAN DE VOORDE E. The valuation of time savings in commodity transport[J]. International Journal of Transport Economics, 1988, XV(1): 77 – 87.

[8] Boeri M, MASIERO L. Regret minimization and utility maximization in a freight transport context: an application from two stated choice experiments[C]. In: Swiss Trans port Research Conference, Monte Verita`, 2012.

[9] BRADLEY M A, DALY A J. Estimation of Logit choice models using mixed stated preference and revealed preference information[M]. In: STOPHER P R, LEE-GOSSELIN M, eds. Understanding travel behaviour in an era of change. Amsterdam: Elsevier, 1997.

第 7 章　车辆行程估算模型

何塞·奥尔金·维拉斯[a]，卡洛斯.贡扎.莱兹.卡尔德罗[a]，伊万·桑切斯·迪亚兹[a]，米格尔·贾勒[a] 和莎玛·坎贝尔[a]（Jose' Holguín – Veras, Carlos Gonza'lez – Caldero'n, Iva'n Sa'nchez – Díaz, Miguel Jallera and Shama Campbell）

[a] 基础设施、运输与环境中心；沃尔沃研究与教育基金会可持续城市货运系统卓越中心；美国纽约州特洛伊伦斯勒理工学院，土木与环境工程系（Center for Infrastructure, Transportation, and the Environment, and the VREF's Center of Excellence for Sustainable Urban Freight Systems, Department of Civil and Environmental Engineering, Rensselaer Polytechnic Institute, Troy, NY, USA）

7.1　引言

货物运输需求具有多面性和多维性的自然属性，被广泛认为是一个非常复杂的现象。这种现象受多种因素影响：货物运输过程涉及的大量设施和人员（如托运人、承运人、收货人、配送中心等）；代理方（如单一或综合性公司）之间的不同经济关系；种类繁多的货物运输服务（如长途运输，城市配送、包裹服务等）；运输与配送模式及车辆类型的不同选择（例如航空、铁路、公路）；货物运输广泛的服务范围（如城市、区域和国家）；多样的货物运输的计量方法（如：发送量以吨为单位、车辆行程以车千米为单位等）。下面举例说明车辆行程估算及其影响因素。

如图 7.1 所示，制造商（即承运人）由配送中心（Home Base, HB）向 3 个客户（即收货人）供应产品。供应商采用 1 辆货车进行配送，配送行程由 3 条线路组成：卡车从配送中心出发，先到客户 R1 的位置 S1（HB→S1），离开 S1 到达客户 R2、R3 的位置 S2(S1→S2)，然后空车返回配送中心（S2→HB）。

其中，商品流的始末端连接生产者与消费者，表示生产与消费的物理位置

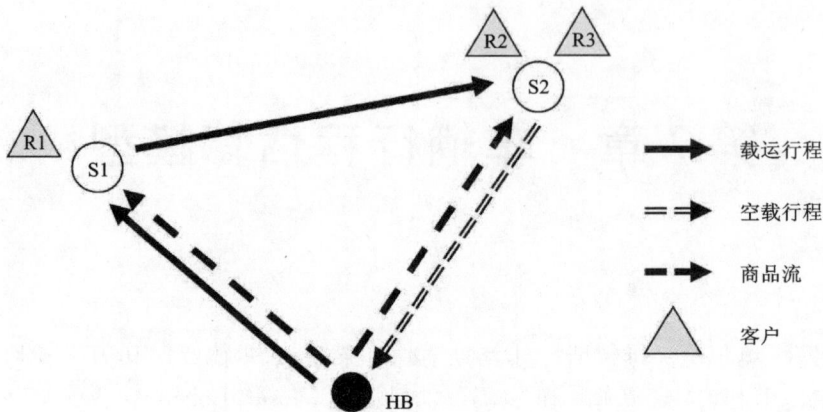

图 7.1　车辆行程、商品流和配送线路图

关系，而车辆行程则表示配送车辆的行驶路线，两者不完全相同。同理，空车也从不同方向返回仓库。生产 – 消费端点位置与车辆行程起止点的不匹配问题大大增加了运输调度的难度。因此，若调度不合理将会导致浪费和其他不便。例如：如果货车从起点直接到达 S2（即 HB→S2），而不是经过 S1 到达 S2，就会造成资源浪费。

　　基于商品流和车辆行程流这两种不同流量表示方法能够产生两种不同货物运输需求模型：基于商品的模型和基于车辆行程的模型。（1）基于商品的模型：能够根据商品的不同分类预测商品的流向（从生产者流向消费者）。该模型重点关注商品特征，它能综合考虑到不同种类货物的经济特征和运输条件。在估计出商品的流向后，货物运输车辆的安排（包括装载情况）就可以通过车辆行程估计模型进行计算。（2）基于车辆行程的模型：该模型并不考虑货物流通过程中的中间环节，而是直接对经济活动产生的货物运输量进行预测。这两种模型的基本流程如图 7.2 所示。

　　仅关注车辆行程的模型忽略了如下因素：（1）车辆类型/配送模式的选择。（因为模型默认的车辆类型/配送模式已定）；（2）货物的经济特征及其相应的运输条件；（3）车辆是否空载的问题（Ogden，1992；Holguín – Veras 等，2001；Holguín – Veras、Jaller 和 Destro，2010a）。

　　两种模型对货物需求的表达方式有差异。首先，车辆行程估计模型没有考虑到商品类型，而商品类型是影响货物运输行为的重要因素，具体例子见Holguín – Veras 和 Wang（2011）和 Holguín – Veras 等（2013）。其次，基于车辆行

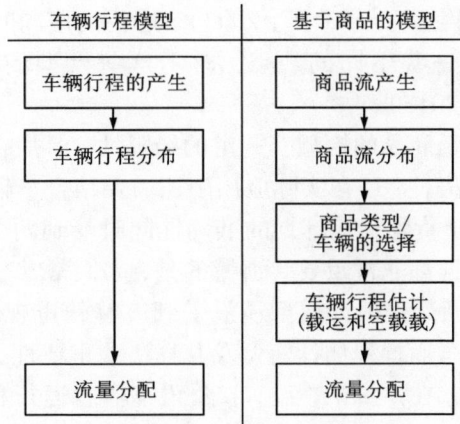

图 7.2　基于车辆行程和基于商品的模型结构

程的模型没有考虑车辆类型/配送模式的问题,主要缺陷在于不能选择配送模式或考虑多式联运。从能准确预测货物运输行为的角度看,基于商品的模型毫无疑问优于基于车辆行程的模型。两种模型的特点总结如表 7.1 所示。

表 7.1　基于商品的模型和基于车辆行程的模型特点比较

类别	基于商品的模型	基于车辆行程模型
考虑经济性、运输条件	高	无
模拟现实情况的能力	高	低
考虑模式选择的能力	高	无
考虑多式联运方面	高	低
是否需要补充模型	是	否
对数据的要求	高	中等或较低
标定(Calibration)数据成本	较高或一般	低

表 7.1 所示,实际上任何一个模型都不能完整地表达货物运输市场信息,因此可以建立两个互补的模型来评估车辆的空载行程。例如,Holguín - Veras (2000) 和 Holguín - Veras 和 Thorson(2000) 的研究尝试将一个同时考虑车辆行程和商品流动的复杂问题转换为仅考虑车辆服务(基于车辆行程)或者仅考虑需求(基于商品流动)的一维问题模型。随着近年来的发展,出现了一些新观

点，例如空间价格均衡模型（Holguín – Veras、Xu 和 Mitchell，2012b）和混合模型（Donnelly，2007；Wisetjindawat 等，2007），这些模型同时考虑计算商品流和车辆行程，并得出了一些不同的观点，对于这些模型的综合讨论详细参考 Holguín Veras et al. （2013）。

尽管大家公认基于商品的模型有一定的局限性，但是它仍然是目前能够采用的最好的可替代方法，不过在实际应用中还需要结合车辆行程估计模型。这里需要强调的是：由于货物运输计划的准确性同时受到两个模型的影响，因此这两个模型的输入数据都非常重要。遗憾的是，人们常常采用简单的不考虑复杂因素的模型，而车辆行程估计模型还没受到应有的重视。本章主要目的是：让大家认识到合适的车辆行程估计模型及其算法的重要性，以及明确未来进行此方面研究的必要性。在本章中，7.2 节介绍车辆载运行程估算方法。7.3 节介绍空载行程估算方法。7.4 节为本章的研究结论。

7.2 车辆载运行程估算

本章对基于商品流产生的车辆载运行程进行估算。通常，商品流估算模型一般采用集计变量，如：吨/年或吨/周，但这种方法与计量单位不适合用于需要更精细的时间间隔的交通网络模型。因此，为了便于进行交通分析，将商品流转化成合理的计量单位，如：吨/天或吨/小时。所谓载运，是指车辆装载货物行驶而不是空载，一般达不到满载程度，即运输车辆只能在有限可用的内部空间内进行装载。计算载运行程时需要进行运输模式和车辆类型的选择。车辆类型选择十分重要，以公路运输为例，货车的装载量从 0.5 t 到 30 t 不等，大型半挂车装载能力甚至更大，因此以通用车型来代替各种装载能力的车辆明显是不合理的，下面以简单的数学模型分析上述计量方法之间的联系。

考虑 OD（origin – destination）对 ij 直接的货流量为 F_{ij}，该 OD 对之间共有 r 种不同运输服务模式和车辆，a_{ijr} 表示弧 ij 上采用服务模式 r 的平均有效运载量，以 Q_{ijr} 表示选择服务模式 r 的概率，则车辆数 V_{ij} 如式（7.1）所示：

$$V_{ij} = \sum_r \frac{Q_{ijr}F_{ij}}{a_{ijr}} = \frac{F_{ij}}{\left[\sum_r (Q_{ijr}/a_{ijr}) \right]^{-1}} = \frac{F_{ij}}{\overline{a}_{ijr}} \qquad (7.1)$$

令 $\overline{a}_{ijr}$ 为平均运载量，可以将货物运输量 F_{ij} 转换为车辆数 V_{ij}，如式（7.2），$\overline{a}_{ijr}$ 可以表示为车辆有效运载量的加权调和平均数，而非算数平均数。

$$\overline{a}_{ijr} = \left(\sum_r \frac{Q_{ijr}}{a_{ijr}} \right)^{-1} \qquad (7.2)$$

从公式(7.2)中可以看出，$\bar{a}_{ijr}$ 受到运输模式和有效运载量影响，所以选择一个合适的 $\bar{a}_{ijr}$ 是非常重要的。原因如下：

• 由于商品的自然属性不同、运输的距离以及运输方式可替代性不同，使得不同的 OD 对之间有不同的运输模式/车辆类型可选。

• 车辆运载量与运输服务市场竞争程度、OD 对之间的货物类型密切相关。在垄断市场中，有效运载量可能接近满载。因为在这种情况下，承运人拥有市场能力，使货物运载尽量整合以达到满载，但是这样做可能会导致顾客收到货物的时间延迟。然而，在竞争市场中，承运人并没有太多的能力整合货物，因为货物集配而造成运输延迟，可能会使部分客户流失。在这种情况下，车辆的有效装载率可能低至 10%。

通过以上描述，根据不同车辆类型确定有效运载量是很有必要的。目前有关这个问题研究很少，可以参考研究货物运输模式/车辆选择的相关文献。例如，Holguín – Veras(2002)的研究中，根据 Guatemala 收集的分类数据显示，对所有车辆类型而言，包括小货车(配送车)、中等货车(大型 2/3 – 轴卡车)、大型货车(半挂车)，货物的装载量随着运输距离的增加而增大。一般而言，车辆运载能力越大，货物运输批量越大(Holguín – Veras，2002)。

上述结论和实际情况一致，在经济订货批量模型中，为了实现物流成本最小化，运输费用越高时运输批量越大。Cavalcante 和 Roorda (2010)也通过研究得出：货物价值 – 密度越大，单次运输批量越少；所选车辆的燃料成本越高，单次运输批量越少；运输距离越远，单次运输批量越大。Holguín – Veras (2002)的研究表明，随着距离的增加，选择半挂车的概率会增加；而随着距离的减小，选择中等规格的货车和小货车的概率会增大。Cavalcante 和 Roorda (2010)的研究也发现，小型货车多用于运输高价值货物，大型货车多用于远距离运输，上述这些因素都直接影响了车辆载运行程的产生。

为了深入了解货物运输车辆平均运载量和运输距离之间的变化关系，本文运用 Holguín – Veras(2002)提出的城际之间运输批量定量分析模型，该模型假设已经给出每种车辆类型的有效装载量。Holguín – Veras (2002)研究证明了假设的合理性，运输批量越接近某种类型车辆装载容量，选择该类型车辆的可能性就越大。因此，运输批量的大小和车辆的有效载重量是密切相关的。结合运输批量大小的模型和公式 7.2，应用 Guatemala 的数据得出结果如图 7.3 所示。对于所有货物运输流，随着距离的增加，车辆的平均有效运载量也在增加，中小货车所占比重减少。这种差异十分明显，如图 7.3 所示，当距离为 2.5 km 时，车辆的平均有效运载量为 0.81 t，共 1229 条路径(其中中小型货车占很大的比例)；当距离为 100 km 时，车辆的平均有效运载量为 5.5 t，共 181 条路径；

当距离为 500 km 时,车辆平均有效运载量为 15.67 t,共 64 条路径;当距离为 1000 km 时,车辆的平均有效运载量达到 24.5 t,共 40 条路径。

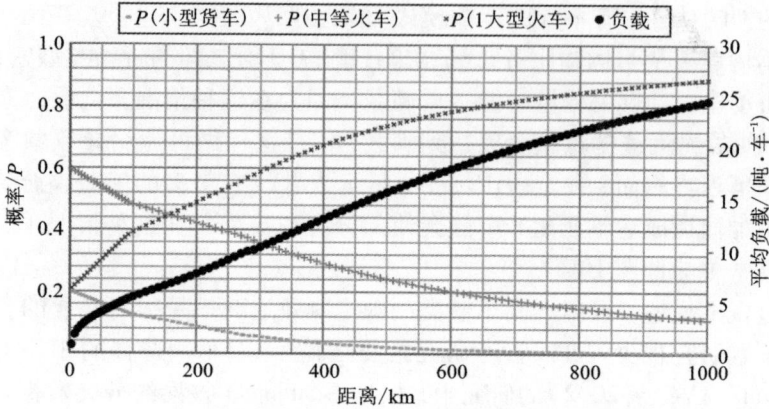

图7.3 平均负载(吨/车)和选择车辆的概率

以上结果表明,对于长距离运输而言,用大型货车比小型货车更经济,其相应的运输外部成本更少(Holguín – Veras、Torres 和 Ban,2011b)。需要进一步研究的内容是,如何通过激励货主增大发货批量、说服收货人接受非高峰时期交货(Holguı'n – Veras 等,2007;2008)、鼓励推行共同配送以减少货物运输交通流量等方法来促进小型货车交通流的可持续性。

最后值得指出的是:商品的产销与 OD 对车辆行程的不匹配,将会对车辆配送行为产生重要影响,如图 7.1 所示。这种不匹配情况说明,本章讨论的方法适用于配送点很少的城际间的配送。相反,如果对于正常的城市配送,在配送点很多的情况下,其车辆载运流量的估算可能会产生较大误差,因此,我们可以选择使用混合模型(Donnelly,2007;Wisetjindawat 等,2007),或者选择标准货物流模型进行估算(Wang 和 Holguín – Veras,2009a;2009b;Holguín – Veras 等,2012b;Holguín – Veras、Thorson 和 Mitchell,2012a)。然而,令人遗憾的是:混合模型中用启发式算法产生的解与实际情形相差甚远(Wang 和 Holguín – Veras,2008)。因此,未来需要进一步研究相关合适的混合模型,以提高其与实际运行的一致性。

7.3 空载行程估计

上一节提出了车辆载运行程估算方法，但这些方法不能估计空载行程。在城市配送中，空载行程占总运输行程的 20%（Wood，1970；Strauss – Wieder、Kang 和 Yokei，1989）；在城际运输中，空载率达到了 40%（Holguín – Veras 和 Thorson，2003a）而在某些城市的定向货物运输中，空载率高达 50%。建立合适的空载行程估计模型是很有必要的，Holguín – Veras 和 Thorson（2003a）的研究表明，如果没有选择合适的估算模型，在特定的货物运输时很容易产生误差，误差率高达 83%。

产生空载行程的直接原因是货物流向矩阵具有不对称性，间接原因是运输货物的类型区别，前者造成的影响显而易见。考虑运载任务完成后，车辆返回原点的情况，如果货物流向矩阵是对称的，那么空载率 p_e 肯定很低，甚至会低至零；否则，假如货物都在一个地方，在相反的方向没有货物，空载率 p_e 为 50%。在现实生活中，并不存在上述这么极端的案例。货物流向对称程度越低，车辆空载率 p_e 越高。

第二个影响车辆空载率的因素是货物类型，它对空载率的影响是间接的。首先，商品类型影响货物流向矩阵的对称程度。例如，对于蔬菜的运输，大部分是从生产地大量流向消费地，几乎没有相反方向的货流。另外，货物运输的特殊技术条件也会导致空载。例如，油罐车不能运输普通货物；类似的，垃圾车也不能用来运输食物。目前研究的主要障碍在于，缺乏可用数据证明货物类型影响车辆的空载率。尽管目前有很多 OD 调查都按照商品类型收集货物流向和运载情况的相关数据，但几乎没有人根据商品分类记录其空载信息，只是常规地收集空载行程总数。迄今为止，只有 Noortman 和 van Es 建立的 NVE 模型，考虑了货物类型对空载行程产生的影响。

目前有很多有效估计空载行程的方法。最简单的方法是扩大整个货物流向矩阵，但这种方法存在很大缺陷。由于载运行程是基于平均有效运载量计算得出的，也即根据空载行程和货物流之间的比例关系计算，这样就会产生错误的行程方向（Holguín – Veras 和 Thorson，2003a）。因为车辆的载运行程和货物流量成正比，而空载行程与货物流量成反比。Hautzinger（1984）提出的"相称比例模型"是有问题的，实证表明，空载行程与同一方向的商品流并不相关（Ozbay、Holguín – Veras 和 de Cerreñö，2005）。还有一种方法是将空载行程视为可分离的货物流（Tamin 和 Willumsen，1992；Fernández、deCea Ch 和 Soto，2003），但是这种方法破坏了载运和空载之间的关系，而事实上后者是前者的衍生物。因此，目前还没有办法能够保证空载和负载形成一致性。本节所描述的模型，将空载行程作为货物流量的函数进行估算，这类模型则可以很大程度上克服对称性模型的局限性。

7.3.1 基于货物类型的空载模型

本节将讨论已有的几种模型，基本原理是空载行程的流量可以被估计为货物在相反方向的流量的函数。

公式中符号说明：

m_{ij} 为从出发点 i 到目的地 j 的货物运输量，用吨表示；

a_{ij} 为点 i 和点 j 之间货物流的平均有效运载量，用吨/次表示；

$x_{ij} = m_{ij}/a_{ij}$，估计 i 和 j 之间的运载行程的次数；

y_{ij} 估计 i 和 j 之间的空载行程数；

$z_{ij} = x_{ij} + y_{ij}$，估计 i 和 j 之间的总行程次数（包括载运和空载两种情况）；

d_{ij} 为出发点 i 和目的地 j 之间的距离；

p 为产生空载的概率；

r, β 由经验确定的参数；

$P^h(j)$ 为车辆从 h 到 i 选择 j 作为下一个目的地的概率；

$P^h(E/j)$ 为车辆空载行驶到 j 的概率；

$P^h(j)P^h(E/j)$ 为车辆按照路线 $h-i-j$ 行驶，并且空载到达 j 的概率；

$P^h(j)$ 是区域 j 作为目的地的吸引力的函数，可以表示为 m_{ij}、$j \rightarrow i$ 的货物流、i 和 j 之间行程的距离，三个变量之间的函数。

7.3.1.1 Noortman and Van Es 模型

第一个空载行程模型是由 Noortman 和 van Es（1978）建立的，通过货物流向来估计车辆空载行程，Hautzinger（1984）把这个模型作为荷兰货物运输模型的一部分。在 NVE 模型中，空载行程表示为反向货物流的函数。

$$z_{ij} = x_{ij} + y_{ij} = \frac{m_{ij}}{a_{ij}} + p\frac{m_{ji}}{a_{ij}} = x_{ij} + px_{ji} \qquad (7.3)$$

如上所示，载运行程表示为货物流量（$i \rightarrow j$）除以有效运载量。而空载行程等于 p 乘以相反方向（$j \rightarrow i$）的货物流量除以有效运载量，其中，常数 p 由经验确定。经测试表明，NVE 模型的效果相当不错（Holguín - Veras 和 Thorson，2003a）。

7.3.2　广义 NVE 模型

与采用总货流计算的标准 NVE 模型不同，广义 NVE 模型的公式区分不同货物的类型，将空载行程表示为各货物类型在相反方向上货物流量的函数，如式(7.4)所示：

$$y_{ij} = \sum_l \beta^l x_{ji}^l \tag{7.4}$$

式中：l 是商品类别号；x_{ji}^l 是商品 l 从 j 到 i 装载运输的次数；参数 β^l 根据经验估计。公式(7.4)是 NVE 模型的一个更通用的版本，其参数可以很容易地采用最小二乘法(OLS)计算。因变量是总空载行程 y_{ij}，自变量是根据商品的类型计算的反向载运行程 x_{ji}^l。在进行参数估计时必须保证 β^l 的值要满足定义 $0 \leqslant \beta^l \leqslant 1$，然而，由于数据的不一致性，运算结果通常不满足这一约束条件，而当该参数为负时，不能用于估计。在这种情况下，采用聚类方法(使具有相似特征的商品聚到一个大类里)可以提高参数估计的质量。

当各商品类型的参数估计值大于 1($l_p = 1$)，则代表在产生载运行程的同时，也产生了相等数量的空载行程数，例如需要专用设备运输的商品。这种情况下，最好的办法是假设所产生的空载行程等于在相反方向上负载的行程。如式(7.5)所示：

$$y_{ij}^{l_p = 1} = x_{ji}^{l_p = 1} \tag{7.5}$$

一旦确定某种商品的空载概率 $p = 1$，那么它们所产生的空载行程必须从总行程 y_{ij} 中减去，并重新对剩下的商品类型采用最小二乘法估计。如果运算的结果都满足 $0 < \beta^l < 1$，并且具有统计学意义，那么这个模型被最终认定为可行，该模型的具体应用见 Jiménez(2009)。

7.3.2.1　Hautzinger 模型

Hautzinger(1984)的研究表明，NVE 模型中，车辆行程流量(z_{ij} 和 z_{ji})的差异是商品流量(m_{ij} 和 m_{ji})差异的一个函数。根据 Hautzinger(1984)，这是存在问题的，因为实验结果表明，即使是商品流存在极端差异时，总的行程还是趋向于相等的。为了解决这个问题，他建立了一个考虑车辆配送中心位置的模型。该模型中，两个方向的总行程数总是相等的，参数 p_i 和 p_j 分别表示车辆从 i、j 出发，返回时空载的概率。如式(7.6)所示：

$$z_{ij} = \frac{(p_i m_{ij} + p_j m_{ij})}{a[1 - (1 - p_i)(1 - p_j)]} \tag{7.6}$$

然而，研究结果并没有证实 Hautzinger 在货物运输行程流中的对称假说

（Ozbay 等，2005；Holguín - Veras 等，2011a）。毫无疑问，Hautzinger 的模型是存在很多缺陷的（Ozbay 等，2005）。

7.3.3 基于行程的空载模型

到目前为止，文中讨论的空载行程模型仅考虑从一个出发地到单个目的地的行程。但是，在现实生活中，货车，尤其是城区内的货车，一般要配送到多个客户点。以纽约大都市区为例，货物承运人承担的送货地点的数量范围从运输石头和混凝土时的 3.3 站/小时到运输饮料时的 20.2 站/h（Holguín Veras 等，2013）。因此我们有必要考虑行程行为对产生空载行程的影响。这里引入订单行程链模型（order of a trip chain model）的概念（Holguín - Veras 和 Thorson，2003a）。该模型有效地考虑了目的地的数量和基础行程。在这种情况下，NVE模型和 Hautzinger 模型都是无中间订单的行程链模型。如图 7.4 所示，分别是在无中间订单、有 1 个中间订单和有 2 个中间订单的情况下产生的负载和空载行程，详细阐明了空载行程模型的基本原理。

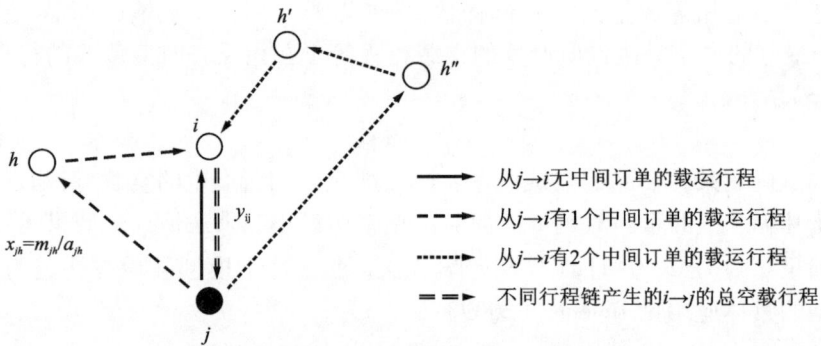

图 7.4 不同订单链产生的总空载行程

据 Holguín - Veras 和 Thorson（2003a）的研究，由于 i 和 j 之间的总行程次数不确定，因此可以假设它是具有期望值的随机变量，期望值如下：

$$E(z_{ij}) = \sum_{n=0}^{N} E(x_{ij}^n) + \sum_{n=0}^{N} E(y_{ij}^n) = \frac{m_{ij}}{a_{ij}} + E(y_{ij}^0) + E(y_{ij}^1) + \sum_{n>1} E(y_{ij}^n) \quad (7.7)$$

如图 7.4 所示，载运行程取决于货物类型和 i 与 j 之间的有效运载量；而由 n 级行程链产生的空载行程的预期数量取决于该行程链发生的可能性。据 Holguín - Veras 和 Thorson（2003a）的研究，公式（7.7）可以转化为公式（7.8）：

$$E(z_{ij}) = \frac{m_{ij}}{a_{ij}} + p\frac{m_{ji}}{a_{ji}} + \gamma \sum_{h \neq i} x_{hi}(P^h(j)P^h(E/j)) \tag{7.8}$$

式中：γ 为一个由经验估计的参数，可以使用不同的模型来确定选择一个目的地的概率。

通常，可以使用空间交互模型来估计目的地的选择概率。式(7.9)～式(7.12)列出了 Holguín – Veras 和 Thorson(2003a)测试得到的一组可选公式，选择概率为商品流或/和出行距离的函数。公式(7.11)使用幂函数来表达权重。

$$p(j) = \frac{m_{ij}}{\sum_l m_{il}} \tag{7.9}$$

$$p(j) = \frac{m_{ij}e^{-\beta d_{ij}}}{\sum_l m_{il}e^{-\beta d_{ij}}} \tag{7.10}$$

$$p(j) = \frac{m_{ij}(d_{ij})^{-\beta}}{\sum_l m_{il}(d_{ij})^{-\beta}} \tag{7.11}$$

$$p^h(j) = \frac{m_{ij}(d_{ij} + d_{hi})^{-\beta}}{\sum_l m_{il}(d_{ij} + d_{hi})^{-\beta}} \tag{7.12}$$

公式(7.9)是最直观的定义，表示选择目的地 j 的概率是从 i 到 j 的货物流与 i 到其他点货物流的函数。公式(7.10)用出行距离的指数函数计算货物流，公式(7.11)采用幂函数描述货物流。公式(7.12)采用一个仅考虑 i 和 j 之间距离和前一段距离的幂函数计算。公式(7.12)考虑了已经完成的行程，是最完整的也是唯一具有记忆功能的模型，其得到的结果最准确(Holguín – Veras 和 Thorson，2003a)。

将式(7.9)～式(7.12)代入到公式(7.8)中，结果如下：

$$E(z_{ij}) = \frac{m_{ij}}{a_{ij}} + p\frac{m_{ij}}{a_{ji}} + \gamma \sum_{h \neq j} x_{hi}\frac{m_{ij}}{\sum_l m_{il}}P(E/j) \tag{7.13}$$

$$E(z_{ij}) = \frac{m_{ij}}{a_{ij}} + p\frac{m_{ij}}{a_{ji}} + \gamma \sum_{h \neq j} x_{hi}\frac{m_{ij}e^{-\beta(d_{ij})}}{\sum_l m_{il}e^{-\beta(d_{il})}}P(E/j) \tag{7.14}$$

$$E(z_{ij}) = \frac{m_{ij}}{a_{ij}} + p\frac{m_{ij}}{a_{ji}} + \gamma \sum_{h \neq j} x_{hi}\frac{m_{ij}(d_{ij})^{-\beta}}{\sum_l m_{il}(d_{il})^{-\beta}}P(E/j) \tag{7.15}$$

$$E(z_{ij}) = \frac{m_{ij}}{a_{ij}} + p\frac{m_{ij}}{a_{ji}} + \gamma \sum_{h \neq j} x_{hi}\frac{m_{ij}(d_{ij} + d_{hi})^{-\beta}}{\sum_l m_{il}(d_{il} + d_{hi})^{-\beta}}P(E/j) \tag{7.16}$$

　　到目前为止，在本节中讨论的模型隐含地假设参数 p 是常数。但根据经验和货物运输实践的观察表明，p 应该为一个变量，因为它可能取决于行程长度、商品在相反方向上的流量或其他因素。例如，相比于长距离运输，承运商更可能在短途运输中产生空载，故 p 值会随距离的增加而减小。Ozbay 等（2005），Holguín - Veras、Thorson 和 Zorrilla（2010b）验证了一些 p 为变量的模型，例如，式（7.17）和式（7.18）为考虑 p 随距离变化的公式：

$$z_{ij} = x_{ij} + p_0 (1 + p_1 d_{ij}) x_{ji} \tag{7.17}$$

$$z_{ij} = x_{ij} + p_0 x_{ji} + p_0 p_1 d_{ij} x_{ji} = x_{ij} + p_0 x_{ji} + p_1 w_{Lji} \tag{7.18}$$

式中：p_0 和 p_1 是待估计的参数，w_{Lji}（代表 d_{ij} 和 x_{ji} 的乘积）表示载运行驶的里程，其他变量和之前定义的相同。使用统计方法可以很容易地估计出该线性模型。此外，可以使用约束优化方法观察出 w_{Lji} 的值，即车辆载运行驶的里程。

7.3.4　参数估计过程

　　本节主要介绍，能够最恰当地描述空载行程的参数的计算过程。我们简要讨论两种情况：无约束估计和有约束估计。前者指的是参数不必满足任何约束的情况。后者是在搜索过程中限制有一个或多个参数等于预设值的情况。

　　在无约束参数搜索中，没有添加外部信息，可以随意选择使估计误差最小化的任何值作为参数。在这方面，OLS 算法（ordinary least squares 普通最小二乘法）已成功地用于校准线性空载行程模型（Holguín - Veras 等，2011a）。例如，使用最小二乘法计算得出的 NVE 模型中的参数如下（Holguín - Veras 和 Thorson，2003b）：

$$p^* = \frac{\sum_{ij} y_{ij} x_{ji}^e}{\sum_{ij} (x_{ji}^e)^2} \tag{7.19}$$

式中：x_{ji}^e 是载运行程的估计矩阵，y_{ij} 为实际的空载行程矩阵。

　　然而，由于这些方法专注于寻找最低的估计误差，参数估计值可能与外部信息来源不一致。例如，估计的范围可能比较宽泛，这是存在问题的。

　　有约束的参数搜索试图使模型参数满足空载行程的观察百分比 p_e，这个参数在全世界研究范围内都是相当稳定的，研究表明，在市内交通中，p_e 取值为 20% ~ 30%（Strauss - Wieder 等，1989；Ogden，1992）；在城际交通中，这个参数取值达到 30% ~ 50%（Holguín - Veras 和 Thorson，2003a）。p_e 的稳定性很重要，因为空载行程模型的参数，隐含地决定了产生空载行程的数目。一个好的空载行程模型，应该能得到和现实生活中真实的空载行程百分比一样的数值。

　　空载行程模型和 p_e 之间的关系，可以用基于 NVE 模型的推导过程来说明：

$$z_{ij} = x_{ij} + y_{ij} = \frac{m_{ij}}{a} + p \frac{m_{ji}}{a} = x_{ij} + p x_{ji} \tag{7.20}$$

模型中的总行程次数：

$$\sum_{i,j} z_{ij} = \sum_{i,j} x_{ij} + p \sum_{i,j} x_{ji} \tag{7.21}$$

如果 Z^* 表示行程的总数，X^* 表示总载运行程，Y^* 为该区域的总空载行程，式(7.21)可以写成：

$$Z^* = X^* + Y^* = X^* + p X^* \tag{7.22}$$

那么空载行程的百分比 p_e，可以表示如式(7.23)所示：

$$p_e = \frac{Y^*}{Z^*} = \frac{Y^*}{X^* + Y^*} = \frac{p X^*}{X^* + p X^*} = \frac{p}{1+p} \tag{7.23}$$

那么 NVE 模型里的参数 p 可以这么计算：

$$p = \frac{p_e}{1 - p_e} \tag{7.24}$$

公式(7.23)和公式(7.24)表明了 p 和 p_e 之间的关系。如果 $p=0$，表明没有空载行程产生，则 $p_e=0$。另一种极限情况是，$p=1$（p 可以取到的最大值，因为 p 是一个概率值），那么 $p_e=0.5$，表示货物仅仅沿一个方向流动。结果表明，如果知道空载行程的百分比 p_e，在一定的精确度下，可以不必进行参数估计的一般流程，直接估计出参数 p 的值。Holguín – Veras 和 Thorson(2003b) 的研究表明，这个计算结果相当好。这种对 p_e 的估计方法比收集空载行程的OD矩阵进行估计的方法更加简单，它可以简化数据采集的过程。

也可以使用其他形式的约束。例如，如果考虑将空载行程作为行程长度的函数，考虑到车辆载运行驶的里程，那么区域 i 和 j 之间的总行程如式(7.25)所示：

$$z_{ij} = x_{ij} + p_0 x_{ji} + p_1 w_{Lji} \tag{7.25}$$

如果 Z^* 表示行程的总数，X^* 为总载运行程，Y^* 为该区域的总空载行程。W_E^* 和 W_L^* 分别表示车辆空载的总里程和总的载运行驶里程，公式 7.25 可以写成：

$$Z^* = X^* + Y^* \tag{7.26}$$

$$Z^* = X^* + p_0 X^* + p_1 W_L^* \tag{7.27}$$

那么空载行程所占的百分比 p_e 可以写成：

$$P_e = \frac{Y^*}{Z^*} = \frac{Y^*}{X^* + Y^*} = \frac{p_0 X^* + p_1 W_L^*}{X^* + p_0 X^* + p_1 W_L^*} \tag{7.28}$$

由于 $p = p_e / 1 - p_e$，很显然：

$$X^* = \frac{p_0 X^*}{p} + \frac{p_1 W_L^*}{p} \tag{7.29}$$

Ozbay 等 (2005)的研究表明，约束参数 p_0 和 p_1 是参数 p 的函数，并给出式(7.30) ~ 式(7.32)：

$$p = \frac{p_e}{1 + p_e} \tag{7.30}$$

$$p_0 = \frac{pX^* S^* - W_L^* W_E^*}{X^* S^* - (W_L^*)^2} \tag{7.31}$$

$$p_1 = \frac{(W_E^* - pW_L^*)X^*}{X^* S^* - (W_L^*)^2} \tag{7.32}$$

结果表明，随着参数 p 的增加，表示空载行程和反向商品流之间关系的参数 p_0 也会增加，而表示车辆总行程和空载行程之间关系的参数 p_1 会减小。

可以对行程模型进行类似的推导。如果概率 $p(E/j)$ 为常数，并且和 $p(E/\cdot)$ 相等(Holguín - Veras 和 Thorson, 2003a)，那么：

$$P_e = \frac{Y^*}{Z^*} = \frac{Y^*}{X^* + Y^*} = \frac{pX^* + \gamma X^* P(E/\cdot)}{X^* + pX^* + \gamma X^* P(E/\cdot)} = \frac{p + \gamma P(E/\cdot)}{1 + p + \gamma P(E/\cdot)}$$

$$\tag{7.33}$$

公式(7.33)可以确保参数 p 和 γ 再现了 p_e 的观测值。从而能够在研究领域，对空载行程和总行程进行更准确的估算。

7.3.5 实证研究

下面一些研究(Holguín - Veras 和 Thorson, 2003a；Holguín - Veras 等，2011a；Jiménez, 2009；Holguín - Veras 等, 2010b；González - Calderón 等，2011)使用不同的数据集测试验证本章中讨论的模型，最典型的有多米尼加共和国、危地马拉、哥伦比亚数据集。

实证证据明确证实了对空载行程建模的重要性：如果不进行空载行程建模，对于城际之间的运输，总货物流量的均方根误差将增加 57%，对于城市郊区运输，误差将增加 83%(Holguín - Veras 和 Thorson, 2003b)。这些研究还得到 p_e 的取值约为 30%。例如，对 2000 年至 2005 年间，在哥伦比亚进行的七次国家货物运量调查的分析表明，p_e 的值为 26.4% ~ 30.0%(Holguín - Veras 等，2011a)。然而，Holguín - Veras 等(2011a)和 González - Calderón 等(2011)使用哥伦比亚数据集，通过模型估计得出，这些年的 p_e 值随着时间变化有轻微的变化。

Jiménez(2009)使用哥伦比亚的数据，研究了三种不同的估算空载行程的计量经济模型：（1）集计模型（aggregate model）；（2）按车辆类型分类的非集计模型（disaggregate model）；（3）按车辆类型和商品分类的非集计模型。对比发现，按车辆类型和商品分类的非集计模型比其他模型能更好地预测出行程的数据情况。

本章讨论的各种模型的有效性已经通过 OD 数据进行相关评估。Holguín-Veras 和 Thorson（2003b）应用危地马拉的数据集测试 NVE 模型和行程模型，其结果与预期结果基本一致，无约束模型的性能优于有约束模型，尽管它们之间的差距小于 5%。在所有情况下，行程模型的性能都优于 NVE 模型。在配送行程很频繁的城市配送情景下，最佳的行程模型的性能超过 NVE 模型约 9%。相反，在配送不太频繁的城际间运输情景下，最佳的行程模型的性能仅超过 NVE 模型 1.3%（无约束）和 5%（有约束）。其结果符合常理，因为行程模型是 NVE 模型更为通用与简易版本。

González-Calderón 等（2011）使用哥伦比亚数据集，研究了时空聚合对空载行程模型的影响。他们使用 3 种不同的集计水平（28，36 和 69 交通分析区），分析了 5 个空载行程模型：NVE 模型以及 Holguín-Veras 和 Thorson（2003b）提出的 4 个模型。研究发现，扩大交通分析区可能会掩盖行程行为，此时 NVE 模型产生的结果比行程模型更好。然而，如果缩小交通分析区，行程模型结果更好，因为小的交通分析区域可以获得行程行为模式。在时间聚合方面，Holguín-Veras 等（2011a）的研究表明，对于所有空载行程模型，随时间增加，参数 p 对时间依赖性逐渐减小。

Holguín-Veras 等（2011a）基于跨部门的统计面板数据分析了时间效益对货物需求模型参数的影响。作者使用哥伦比亚国家货物 OD 统计调查数据，按照不同年份来检验参数在行程产生、行程分布和空载行程等方面的稳定性，并使用最小二乘法估计 NVE 模型参数。结果显示，跨部门模型计算得出的 p 值范围落在 0.369 和 0.444 之间。时空数据模型中包括一项用来捕捉每年的固定时间效应的参数和一个与时间相关的参数。研究发现：参数 p 随年份增加略有下降，但变化率很小（每年约 0.83%），这个变化速率要慢于对应的行程产生和行程分布模型的变化率。

7.4　结论

本章首先介绍了车辆行程估算方法，通过车辆行程估算技术，量化分析在特定的研究区域内运输商品流产生的负载和空载行程。本章研究得出：在计算负载运输时，必须考虑配送模式和车辆类型的选择，以及它们对货物尺寸、装载量和配送性能的影响。Holguín – Veras（2002）基于运输批量的模型计算数据结果显示：通过计算所有的 OD 对的平均有效载运量来估计载运行程，可能导致错误的结果。因为平均有效载运量可表示为运载距离的函数，会随着运载距离的变化发生改变。这些改变对于短距离运输会产生很大的影响，在估算城市区域车辆行程时要特别注意。

其次，考虑了车辆行程行为对货物运输车辆配送安排的影响。标准的收集/配送过程可能会导致这样一种情况：即车辆配送行程的起止点与表示生产者和消费者间的产销关系位置点的不匹配。一般来说，只有在特定的情况下，货物运输方向才会和商品流动方向相同。可能的解决方法有：建立混合行程模型和标准的行程模型（Donnelly，2007；Wisetjindawat 等，2007；Wang 和 Holguín – Veras，2009a；Holguín – Veras 等，2012b）。但是这两种方法都需要进一步完善。对于混合模型，仍然需要进一步研究其行为假设，以确保模型能正确描述现实行为。对于正常的行程模型，虽然显示出巨大的潜能，但是仍然需要进一步的发展和测试，以确保其在现实生活中应用时能够提供合理的结果。

本章还介绍了用商品流量作为输入数据计算空载行程的方法。Holguín – Veras 和 Thorson（2003a）通过实例研究证明，如果不能对空载行程进行正确建模，在估算定向货物运输量时会产生明显误差。与最佳空载行程模型计算结果相比，未对空载行程建模得出的结果是均方根误差增加了 57% 到 83%。幸运的是，研究已经发现很多能够有效估算空载行程的方法，这些算法已经远远优于之前使用的任何简单算法（如通过扩展负载的 OD 矩阵以补偿空载行程，将空载行程看作"商品流"）。鉴于这种简单算法的计算误差较大，本文建议不再使用。

在诸多有效计算空载行程的模型中，最简单的模型是由 Noortman 和 van Es（1978）建立的 NVE 模型，它是之后衍生的各种模型的基础。该模型假设在任何给定方向上的空载行程是在相反方向上负载行程的函数。这种简单的线性形式很容易代入到基于商品流的模型中。Holguín – Veras 和 Thorson（2003b）建立的公式，不需要通过估计过程就可以直接计算得到 NVE 模型的参数。Holguun – Veras 和 Thorson（2003a）的推论得出空载行程的百分比 p_e 和 NVE 模型的参数 p 之间的关系，如果不能得到 OD 矩阵，但是通过合理设定 p_e 的值，也能够估计 NVE 模型中的参数 p。此外，可以采用广义的 NVE 模型进行计算，该模型将空载行程估算为各种商品类型的线性组合。但以上模型都没有考虑行程行为，在取/送货行为频繁发生时，这将成为一个主要的问题。

有关空载行程建模的最新研究基本都考虑了车辆行程选择行为。这些模型假设给定 OD 对的总空载行程是不同长度行程产生的空载行程的总和，由此建立了许多应用概率和空间交互原理的数学模型（Holguín – Veras 和 Thorson，2003a；Ozbay 等，2005；Holguín – Veras 等，2010b）。实证研究清楚地表明：在正常的货物运输过程中，该行程模型的性能优于 NVE 模型；同时，在行程很少的情况下，两个模型的性能几乎相同。例如，González – Caldearón 等（2011）采用哥伦比亚连续六年的数据测试了这些空载行程模型，研究发现：考虑车辆行程链的空载行程模型在所有年份数据误差都低于 NVE 模型。

　　本章对有关车辆负载与空载行程的估算方法进行了全面分析，希望这些分析与建议对相关实践运营者和研究者开发和实施新的货物运输需求模型有所帮助。

参考文献

［1］ CAVALCANTE R, ROORDA M. A disaggregate urban shipment size/vehicle-type choice model（TRB 10 – 3878）［C］. In：Annual Meeting of the Transportation Research Board, Washington, DC, 2010.

［2］ DONNELLY R. A hybrid microsimulation model of freight flows［M］. In：TANIGUCHI E, THOMPSON R G, eds. Proceedings of the fourth international conference on city logistics. Crete, Greece：Institute for City Logistics, 2007：235 – 246.

［3］ FERNÁNDEZ L J E, DE CEA CH J, SOTO A. A multi-modal supply-demand equilibrium model for predicting intercity freight flows［J］. Transportation Research Part B：Methodological, 2003, 37(7)：615 – 640.

［4］ GONZÁLEZ-CALDERÓN C A, SÁNCHEZ-DÍAZ I, HOLGúlN-VERAS J, et al. An empirical investigation on the impacts of spatial and temporal aggregation of empty trips models［C］. In：4th National Urban Freight Conference, Long Beach CA, METRANS, 2011.

［5］ HARRIS F. Operations and costs［M］. Chicago, IL：A. W Shaw, 1915.

［6］ HAUTZINGER H. The prediction of interregional goods vehicle flows some new modeling concepts［C］. In：Proceedings of the 9th International Symposium on Transportation and Traffic Theory, Delft, the Netherlands, 1984.

［7］ HOLGúlN-VERAS J. A framework for an integrative freight market simulation. In：IEEE 3rd Annual Intelligent Transportation Systems Conference, Dearborn, MI, IEEE, 2000.

［8］ HOLGúlN-VERAS, J. Revealed preference analysis of commercial vehicle choice process［J］. Journal of Transportation Engineering, 2002, 128(4)：336.

［9］ HOLGúlN-VERAS J, JALLER M, DESTRO L. Feasibility study for freight data collection ［R］. Final Report, 2010a, http：//www. utrc2. org/research/assets/190/NYMTC – Freight – Data – Final – rpt1. pdf.

［10］ HOLGúlN-VERAS J, LIST G, MEYBURG A, et al. An assessment of methodological alternatives for a regional freight model in the NYMTC region[R]. Final Report, 2001, http://www. nymtc. org/data_services/freight_model/files/Final_Report_053001. PDF.

[11] HOLGúlN-VERAS J, SÁNCHEZ I, GONZÁLEZ-CALDERÓN C, et al. Time-dependent effects on parameters of freight demand models[J]. Transportation Research Record, 2011, 2224(1): 42 – 50.

[12] HOLGúlN-VERAS J, SILAS M A, POLIMENI J, et al. An investigation on the effectiveness of joint receiver carrier policies to increase truck traffic in the off-peak hours: Part I: The behaviors of receivers[J]. Networks and Spatial Economics, 2007, 7(3): 277 –295.

[13] HOLGúlN-VERAS J, SILAS M A, POLIMENI J, et al. An investigation on the effectiveness of joint receiver carrier policies to increase truck traffic in the off-peak hours: Part II: The behaviors of carriers[J]. Networks and Spatial Economics, 2008, 8(4): 327 – 354.

[14] HOLGúlN-VERAS J, THORSON E. An investigation of the relationships between the trip length distributions in commodity-based and trip-based freight demand modeling. Transportation Research Record, 2000, 1707: 37 – 48.

[15] HOLGúlN-VERAS J, THORSON E. Modeling commercial vehicle empty trips with a first order trip chain model[J]. Transportation Research Part B, 2003a, 37(2): 129 – 148.

[16] HOLGúlN-VERAS J, THORSON E. Practical implications of modeling commercial vehicle empty trips[J]. Transportation Research Record, 2003b, 1833: 87 – 94.

[17] HOLGúlN-VERAS J, THORSON E, MITCHELL J. Spatial price equilibrium model of independent shipper carrier operations with explicit consideration of trip chains (in review). 2012a.

[18] HOLGúlN-VERAS J, THORSON E, ZORRILLA J C. Commercial vehicle empty trip models with variable zero order empty trip probabilities [J]. Networks and Spatial Economics, 2010b, 10: 241 –259.

[19] HOLGúlN VERAS J, THORSON E, WANG Q, et al. Urban freight tour models: state of the art and practice[M]. In: BEN-AKIVA M, VAN DE VOORDE E, MEERSMAN H, eds. Freight transport modelling. Bingley, UK: Emerald Group, 2013: 335 – 351.

[20] HOLGúlN-VERAS J, TORRES C, BAN J. On the comparative performance of urban delivery vehicle classes[J]. Transportmetrica, 2011b, 9: 1 – 24.

[21] HOLGúlN-VERAS J, WANG Q. Behavioral investigation on the factors that determine adoption of an electronic toll collection system: Freight carriers[J]. Transportation Research Part C, 2011, 19(4): 593 – 605.

[22] HOLGúlN-VERAS J, WANG S D, CAMPBELL S, et al. Unassisted off-hour deliveries and their role in urban freight demand manage-ment (in review). 2013.

[23] HOLGúlN-VERAS J, XU N, MITCHELL J. A dynamic spatial price equilibrium model of integrated production-transportation operations considering freight tours (in review). 2012b.

[24] JIME'NEZ A E. Calibración de un modelo para estimar los viajes de carga vacíos Caso

colombiano[D]. Universidad Nacional de Colombia, 2009.

[25] NOORTMAN H J, VAN ES J. Traffic model. Manuscript for the Dutch Freight Transport Model, The Netherlands, 1978.

[26] OGDEN K W. Urban goods movement: a guide to policy and planning[M]. Brookfield, VT: Ashgate Publishing Company, 1992.

[27] OZBAY K, HOLGúlN-VERAS J, DE CERREÑO A. Evaluation study of New Jersey turnpike authority's time of day pricing initiative. 2005, http://www. cait. rutgers. edu/final - reports/FHWA - NJ - 2005 - 012. pdf.

[28] STRAUSS-WIEDER A, KANG K, YOKEI M. The truck commodity survey in the New York New Jersey metropolitan area[C]. In: Good Transportation in Urban Areas, Proceedings of the 5th Conference, Santa Barbara, CA, 1989.

[29] TAMIN O Z, WILLUMSEN L G. Freight demand model estimation from traffic counts[C]. In: PTRC Annual Meeting, England, University of Bath, 1992.

[30] WANG Q, HOLGúlN-VERAS J. Investigation of attributes determining trip chaining behavior in hybrid microsimulation urban freight models[J]. Transportation Research Record, 2008, 2066: 1 - 8.

[31] WANG Q, HOLGúlN-VERAS J. Tour-based entropy maximization formulations of urban commercial vehicle movements [C]. In: International Symposium on Transportation and Traffic Theory, Hong Kong, China (CDROM), 2009a.

[32] WANG Q, HOLGúlN-VERAS J. Tour-based entropy maximization formulations of urban commercial vehicle movements[C]. In: 2009 Annual Meeting of the Transportation Research Board (CDROM), Washington, DC, 2009b.

[33] WISETJINDAWAT W, SANO K, MATSUMOTO S, et al. Micro-simulation model for modeling freight agents interactions in urban freight movement [C]. In: 86th Annual Meetingof the Transportation Research Board, Washington, DC, 2007.

[34] WOOD R T. Measuring freight in the tri-state region[M]. In: …, eds. The urban movement of goods. Paris: OECD, 1970: 61 - 82.

[35] US Department of Transportation, US Department of Commerce. 2007 Economic census, transportation, 2007 commodity flow survey. 2010.

[36] VERNIMMEN B, WITLOX F. The inventory-theoretic approach to modal choice in freight transport: literature review and case study[J]. Brussels Economic Review, 2003, 46(2): 5 - 28.

[37] WINDISCH E, DE JONG G C, VAN NES R, et al. A disaggregate freight transport model of transport chain and shipment size choice[C]. In: Proceedings of the European Transport Conference, Glasgow, Scotland, UK, 2010.

[38] WINSTON C. A disaggregate model of the demand for intercity freight transportation[J]. Econometrica, 1981, 49(4): 981 - 1006.

第8章 城市货物运输模型

安东尼奥.科米（Antonio Comi）[a]，里克·唐纳利（Rick Donnelly）[b]，弗朗切斯科·鲁索（Francesco Russo）[c]

[a] 意大利 罗马第二大学，企业工程系（Department of Enterprise Engineering, University of Rome "Tor Vergata", Rome, Italy）

[b] 美国新墨西哥州阿尔伯克基，柏诚集团（Parsons Brinckerhoff, Inc., Albuquerque, NM, USA）

[c] 意大利雷焦卡拉布里亚地中海大学，工程学部 Facoltà di Ingegneria, Università Mediterranea di Reggio Calabria, Reggio Calabria（RC）, Italy

8.1 引言

城市货物运输是城市生活的基本组成部分。人们每天购买并使用在全世界生产的货物（比如食物、衣物、家具、书籍、汽车和电脑）。此外，由于城市是生产、配送和消费活动发生的实体，并且使用有限的土地，货物运输在城市地区之间保持着核心地位。因此，从经济，社会和环境的角度上来说，城市货物运输在满足市民需要中扮演了一个重要的角色，但同时也对城市可持续性发展造成了重要的影响。

城市货物运输的分析通常只着重于补货流程，即货物运输车辆从仓库/配送中心运往贸易或者服务企业（例如商店、食品和饮料批发店以及服务活动），并且通常忽略订购流程。但是，根据在欧洲国家收集的一些数据（Gonzalez - Feliu 等，2012），订购流程（终端消费者的活动）占全部货物运输的 45% 至 55%，这些流程通常不包含在货物运输中间，但是被当作乘客运输活动。此外，关系到消费者的最终购买决定，这无疑会对货物配送流造成影响：补货过程的特点是与零售活动的类型严格相关并要考虑配送尺寸、配送频率和货物运输车辆类型等。另外，最终消费者购物选择依赖于与住处相关的商业供应和最终消费者行为，它与下列特征都有关，比如年龄、收入、家庭维度和生活方式。基于以上描述，本章讨论城市配送面对的具体挑战和应用。

　　城市货物运输和物流主要与供应链的最后路程相关，因此，公司的策略必须与城市货物运输和物流相关的共同利润相权衡。在全世界，一些城市的管理者正关注着城市货物运输的问题。并且为了降低它的不良影响，使用了各种城市货物运输方法（Russo 和 Comi，2011；Lindholm，2013）；如果可行措施会对城市中心和在中心发生的商务活动有着显著不良影响（降低城市中心对于用户和货物运输经营者的可达性），那么我们需要进行修正。由于不同城市地区存在不同的特点，城市物流措施需要进行特殊的设计和评估以达到最佳的效果。在这个过程中，需求模型扮演了一个重要的角色，因为它们能用来评估方案的影响。因此，方案评估的模型必须研究对成功实施的方案有着重要影响的变量。例如，虽然实行的所有措施都是希望它们能降低运输的外部成本，但是对于一些货物运输参与者（运输公司和批发商）可能会增加内部运输成本。Turnquist（2006）认为，模型应该与决策者的需求相关，包括由数据支持，重要的行为和互动，并且可以验证和理解。它意味着不同方法可能适合于不同的情况。如果只了解在城市区域之间的卡车流量的等级和它们对网络服务等级的影响，那么之前描述的一些模型是可用的。然而，在更多的情况下，对于分析和行为精确性需求更高，需要更灵活和整体性的建模框架。因此，在最近几年，研究者在尝试建立支持城市物流的模型。本章展示了对这类模型的概述。

　　从学者们的文献综述开始（Donnelly，2009；Russo 和 Comi，2010；Anand 等，2012；Russo，2013），本章的总目标是建立城市货物运输活动的模型，并用这个模型来描述零售商的行为和在城市里产生货物运输活动的最终消费者的一些方面。为了方便读者阅读，我们从货物运输供应链的最后路程中区分两个宏观环节，以零售店为最终的分离点：上游的细分市场（企业之间）和下游的细分市场（消费者与零售商之间）。

　　至于最终消费者，尽管有很多选择，但是他们的行为可以在宏观上概括为两个类型（如图 8.1 所示）。

　　• 拉式行为：最终消费者抵达购买场所（d 区域），进行交易并且购买商品；使用者把货物运到消费场所（o 区域）；在从 o 到 d 和从 d 到 o 的过程中，使用者都可能在途中停留；

　　• 推式行为：最终消费者可能会也可能不会去购买场所（d 区域）进行交易和购买商品，消费者的商品由货物运输承运人而不是用户运往消费场所（o 区

购物和补货决策方向以及货物运动

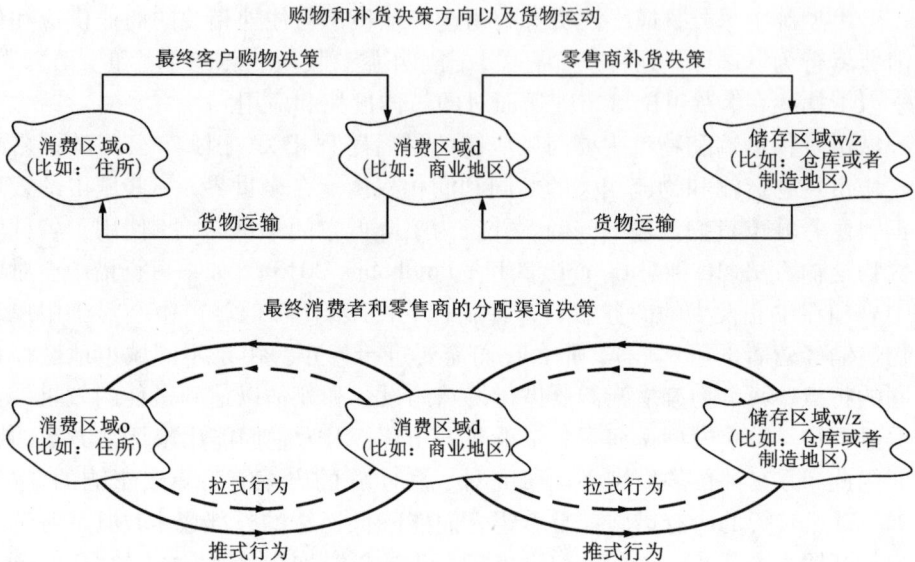

图8.1 最终客户和零售商的宏观行为

域)。

对于最终消费者来说,零售商的宏观行为也可以被分为两类(如图8.1所示)。

• 拉式行为:零售商去补货站点(内部区域 w 或者是内部区域 z)购买商品;零售商把货物运往零售店 d,零售商可能会在路径上的其他点停下;

• 推式行为:零售商也可能不会去补货站点(内部区域 w 或者内部区域 z)购买商品;货物由其他货物运输承运人运往销售渠道。

除此之外,尽管宾馆、饭店、提供饮食服务的企业的活动和最终商业消费者(包括手工业者)都是最终消费者,因为它们是商品的终点,所以我们把它们和零售商进行同化。实际上,由于移动的量比较大而且使用了配送渠道,他们的决策过程和零售商是非常相近的。

最终消费者的拉式行为在电子购物出现之前一直很流行,而推式行为出现的第一个例子需要参考货物的门到门销售或者移动销售。从零售商的立场上来说,拉式行为和推式行为广泛交织并且都可能出现在同一个决策者的同一个补货阶段中。因此,在同一个商场和对于同一个决策者,可能存在不同类别的商品以不同的推拉模式进行补货的情况。另外,如图8.1所示,在拉式行为中,最终消费者和零售商都带着购买的物品移动,他们的决策过程主要与购买的物品有关(根据要买的商品选择销售地区 d 或者仓库 w/z 地区),而在推式行为中,主要的关注点是路径,因此决策过程更倾向于路径选择(根据零售商补货的配送成本选择仓库 w/z)。

需要注意,在城市区域中,推式行为占据主导地位(如一些在城市中进行的调查所总结的,Ambrosini 和 Routhier,2004),并且他们主要与车辆问题相关。在很长一段时间之前,对于终端消费者存在的推式运动主要与零售商的送货上门有关(零售商对许多日常商品进行送货上门),在近些年,随着互联网的发展,与最终消费者的推式运动有关的情况在不断增加。零售商(销售商)配送大型货物,比如家具和大型电子货物、电视或者洗碗机(Visser、Nemoto 和 Browne,2013)。然后,托运的决策者(发送人)使用和零售商的补货过程一样的方式来组织他们自己的行动。在 8.2 节中,由于他们的一致性,会对零售商和最终消费者的推式模型进行回顾。随后,8.3 节主要讨论零售商和最终消费者的拉式模型。最后,8.4 节概括整个章节内容并且提供了未来的研究方向。

8.2　城市货物运输的推式模型

城市货物运输需求的推动方代表进口商和公司的集体行为,这些行为导致由商人和消费者引起的拉式消费动力。本节介绍了影响城市货物运输推动方的许多传统和新兴因素以及建模方法。其中包括早期的城市卡车模型,该模型根据就业或土地使用情况推动流量通过运输系统。本节还展示了能更好地代表路径的这个实例的延伸。但是,大量的经济(供应链和企业统计)发展改变了城市货物运输模型的形式。本节在商业是如何推动货物通过网络和市场流动并满足商业和家庭需要的框架中,探讨了最适合理解和预测这些重要推动因素的建模方法。

8.2.1　经典城市卡车模型

最简单可能也是历史最长的这类模型是经典城市卡车模型。卡车货运是作为就业的一个功能诞生的,并且通过使用传统的四阶段法来分配和规划到终点的路径(如果增加时间维度的话就是 5 步),这个方法最初是用来预测城市地区的居民旅行的。这个过程如图 8.2 所示。在城市地区的公司和家庭的货物生产,消费和交换在生成和分配步骤中用抽象的术语进行表述。对于不同类型的卡车(轻型,中型,重型卡车)生成相应的路径。这能消除对于模型选择步骤的需求,因为在城市的环境下其他运输模式并不现实。在网络分配的过程中,通过把城市街道系统进行抽象化表示，进而实行卡车沿着最小成本路径的路径规划。

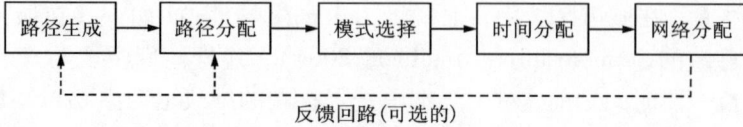

```
┌──────┐   ┌──────┐   ┌──────┐   ┌──────┐   ┌──────┐
│路径生成│ → │路径分配│ → │模式选择│ → │时间分配│ → │网络分配│
└──────┘   └──────┘   └──────┘   └──────┘   └──────┘
   └ - - - - - - - - - - - - - - - - - - - - - - ┘
              反馈回路(可选的)
```

图8.2 基于路径的建模范例

用这种方式对卡车进行建模需要追溯到 40 年以前，Wigan（1971）和 Maejima（1979）描述了这个模型在伦敦的衍生应用。Schlappi、Marshall 和 Itamura（1993）基于 San Francisco 海湾地区的调查数据对这个模型进行了扩展，并且为了了解私人拥有的卡车和出租的卡车的行为异同，清楚地计算了进入车库的卡车（garaged trucks）。他们也为这个区域的卡车到海运港口的交通构建了一个特殊的生成模型。Ruiter（1992）基于商业车辆调查数据，建立了一个针对 Phoenix 的相类似的模型。快速反应货物运输手册（QRFM）是在 Phoenix 模型的基础上、由美国的联邦基金资助制定的，目的是记录在基于路径的城市卡车建模中最有用的一些实践。通过使用 QRFM 方法，城市卡车模型已经被大量地实施。Kuzmyak（2008）很好地描述了在美国一些地区使用的一些实例。

这样的模型也会以合成矩阵估计的形式被反过来进行应用，尝试把估计的、使用过的和部分观测到的路径矩阵进行调整，以适应观测到的卡车数。Munuzuri（2004）针对在 Seville 的卡车运输建立了一个包括了五个不同零售市场和一个针对家庭配送的 SME 模型。需求被集成在一个单种子矩阵中并且根据由 Spiess（1987）提出的一个梯度下降方法进行调整。近期的模型允许使用多个数据源，每个数据源附有可靠性分析，并有处理多种类型的车辆的能力以及使用线性规划的方法来降低对交通量的微小改变导致的不良影响。由 List 和 Konieczny（2001）建立的针对纽约市的模型仍是在使用的最具创新性的综合卡车模型，而 Holguín – Veras 和 Patil（2008）推动了一个能清楚地计算卡车的空驶距离的多商品流的模型变体的研究。

尽管顺序建模过程能合适地表示个人出行，但其在城市货物运输中的应用已受到广泛诟病。大量的调查研究充分揭示了人们出行的动机和特点，并且可以用相对较少的细分市场，同质化家庭和出行特点以及相近的旅行预算来有效地代表个人出行。大多数人出行的特点能概括成从家到目的地再回家的环形旅程。在沿路由于其他目的，可能会出现停留的情况。这是因为出行者想在最小化出行成本的情况下持续增加效用。近期对于个人出行建模的研究进展主要集中于个人行程的明确显示，或是更好地表示对出行行为理解的活动链。

但货物运输并不服从个人出行流的原则。货物流是"运动着的经济"，它是制造者和消费者之间的贸易并且能巩固现代经济。推动经济发展的因素比那些驱动个人旅行的因素更多种多样且更复杂，包括多种实体（比如制造商，运输商，配送商，管理者和消费者），并且是通过优化来降低成本和与他们的运载相关的不确定性。卡车不太可能在每条路径只服务单一客户的情况下进行环形旅途，因为对于许多公司来说，与出行链相比的更低生产力的情况是禁止的。而且，广泛的采用准时化生产和供应链物流增加了对配送中心和转运终端的使用。上述推动因素不能清楚地代表按次序的路径及建模步骤。不足为奇的是，这样的模型不能很好地复制观测到的情况并且在实施的过程中存在效果不良的记录（Taylor 和 Button，1999；Wigan 和 Southworth，2006）。

有一些可替代四阶段法的方法已经得到了扩展来解决这些限制。其中一些方法遵循了以个人出行需求建模为基础的趋势，而其他的方法主要研究能更好表示决策者和城市货物运输中的驱动因素的系统。本章节主要致力于描述这些方法。商家立场方面的创新方法在接下来的部分中进行讨论，而那些站在顾客立场的方法在 8.3 节中进行讨论。从综合角度来说，本节中描述的新兴的建模方法能用来处理这两个角度的问题。

8.2.2　以路径为基础对经典模型拓展

基于路径的模型已经被证明适合用来描绘在城市区域的卡车交通整体等级，这些模型使用得相对较少。就算 O/D 情况是正确的，尝试分别对每个 O/D 交换进行路径安排会导致交通流情况不符合观测到的情况（Donnelly，2006）。把出行链变成多站路径的效率已经得到了运输和供应链建模者的认可。Slavin（1979）基于在波士顿收集的资料，提出了第一个知名的卡车路径模型。在基于路径的建模步骤中，路径、可达性分析、车辆供应和观测到的工业路径形成程度被看作就业的函数。由于出行分布的重力学模型被证明不适合，所以采用了目的地选择模型。Southworth（1982）在对从芝加哥的出行数据中获得的货车站的建模过程中，描述了一个相似的发现。

近期的研究和建模工作使这个课题获得了相当多的关注。Hunt、Stefan 和 Brownlee（2006），Hunt 和 Stefan（2007）于 2000 年，在卡尔加里进行包含 3454 个商业企业的商品流量的调查来建立一个基于商业路径车辆模型。他们发现商品运动仅仅占到所有商业车辆出行的 1/3。他们的调查仍是目前最大的城市区域商品流量的调查。

Holguín – Veras 和 Patil（2005）于 1998—1999 年在丹佛实施的一个类似的调查，获得了接近 4600 家公司的 502 辆车在调查日的数据。他们文章的特色在于提供了对于卡车路径特点的深入见解。他们分析的唯一缺陷是缺乏关于路径随商品流分类变化而变化的信息，因为他们没有收集到这个属性。

Figliozzi（2007）提出了一个针对配送中心的路径生成的理想化的连续逼近模型，试图最小化需要出行的总里程。根据制约因素（卡车容量、配送频率、旅行时间和时间窗）来对四种类型的出行进行建模。一个有意思的发现是空驶行程的百分比不影响生成行程的整体效率，这个发现违背了空驶路途是不理想和效率低的资源分配方式的传统观点。Figliozzi、Kingdon 和 Wilkitzki（2007）提出了一个同样有趣，但是相当不同的观点。他们在 8 个月的时间内，追踪了一个悉尼的卡车司机的路径。虽然在那段时间中，司机到达了 190 家不同的企业，但接近四分之三的配送只服务 20% 的企业。并且，8 个月的时间里没有完全一样的路径出现。

Holguín – Veras 和 Thorson（2003）构造了一个基于路径的模型，这个模型主要针对在危地马拉城市连接之间路径的空驶的商业车辆。他们的贡献非常重要，因为这是少有的能清晰描述空载车辆运动的论文，城市卡车路径的空载率为 20% 至 30%（Holguín – Veras 和 Thorson，2003；Raothanachonkun 等，2007）。综合考虑，这些发现说明在旅途中，个人收集和配送在城市货物运输建模中是一个不能忽视的现象。一些包含这些驱动因素的模型在接下来的部分中进行考虑。

8.2.3　城市输入和输出数据与模型

一个挑战是理解经济流动如何产生商品流动，而商品流动又表现为车辆流动。经济 IO 账户描述企业之间的贸易关系，包括中间产品、进口和出口（另见第 2 章）。流量用美元每年作为单位并且经常被按国家或者国家内的地区进行汇编。这些数据很难在州或者城市的层次上找到，尽管通过在城市地区进行演化或者假设在城市地区之间的地域关系始终存在的方式，它们被使用在这个层次上（（Hewings，1985；Jun，2005）。集成化土地使用 – 运输模型经常使用被称为社会核算矩阵的 IO 数据的扩展，其中也包括城市土地市场（De la Barra，1989）。

在近期的模型中，IO 数据和从中获取的技术系数已经被用来描述公司和商品流之间的联系。这些模型能被看作城市货物运输的推动模型，因为在这个模型中，流量被看成在制造和消费领域之间流动。它们绝大多数遵循由 Isard（1951）和 Polenske（1974；1975）首先提出的一个结构，其中商品被映射到制造和消费他们的经济区域。在每个区域之间，活动等级的改变会导致在商品流动中的连锁反应。这种方法在国家和地区范围的商品流模型中已经使用了很久（Memmott，1983；Donnelly、Costinett 和 Upton，1999；Sorratini，2000），其中，区域中就业的改变被用来当作经济活动中改变的代替物。

在城市货物运输建模中使用 IO 数据是很少见的，某种程度上是因为传统的建模对象是卡车而不是由他们携带的特定商品。重要的数据限制和方法问题在近些年也限制了对他们的使用（Wegener，2004）。Morrison 和 Smith（1974）使用多种方法对英国经济领域到彼得伯勒市的 20 个区域提出了一个国际的 IO 模型。他们最终聚焦在了一种迭代比例拟合技术上，使用了根据目标城市来估计每个区域的就业方法来分离 IO 流。从中衍生出来的技术系数明显优于其他方法得到的技术系数。如果认为在本地和国家技术系数基本相同，那么这种技术能提供一个在城市级别上能有效合成 IO 数据的方法。Harris 和 Liu（1998）发现对一个含有进口和出口数据的城市 IO 模型进行限制会导致精确性明显地提升，这对货物运输建模有着明显的意义。

Jun（2004；2005）随后对首尔提出了一个都市输入输出模型（MIO），这个模型包含许多社会核算矩阵的元素。从区间 IO 模型开始，对生产场所、消费场所和居住地进行分层，并得到技术系数。这些系数用于目的地选择模型和其他出行选择模型并且用模型检验来量化不同场景的影响。

Anas 和 Liu（2007）在芝加哥的更大的动态一般均衡模型的架构中使用了 IO 模型。与前面所陈述的工作不同，IO 构架嵌于一个用来定义行业间需求的更大的土地使用模型系统中。他们推导出了物理和货币技术参数，分别对商品和劳动市场互换进行了比对。与 IO 模型不同，整体需求的级别和他们的模型是内源性的而不是在外部定义的。

这些模型都不是专门用来研究城市货物运输的，但是，它们可以被应用于这一方面，因为它们能提供一个更好地描述公司相互作用的向量而不是他们之间简单的距离。通过连接生产的来源和对每个商品相应的吸引力，如同在经济调查中显示的，这样的模型揭示了供应链中行业间的关系。模型的运算结果比那些基于只复制观测到的配送路径长度要好很多。Albino、Izoo 和 Kuhtz（2002）描述了一个理想供应链的 IO 模型并且通过一个在意大利的案例进行概念的阐述。Donnelly（2009）随后建立了一个随机的目的地选择模型，其中包含路径长度和基于 IO 的企业间连锁。该模型获得的 O/D 模型，比之前的方程更接近。无论是否被用来描述交易的等级（每年经济区域之间的美元流量）或者是行业间连锁的可能性（使用技术参数来确定可能的贸易伙伴），这样的模型在城市货物运输建模中都将逐渐扮演更重要的角色。

8.2.4 行业分隔模型和业务度量

相比那些使用传统城市卡车模型，需要更详细的公司和就业数据来更有效地使用 IO 数据。后者几乎完全基于少数的就业类别。获得公司更详细的数据，需要包括产业代码、雇员的数量、规模和其他特征值来使用更复杂的货物运输建模技术。需要这些数据来发展的这些资源和他们使用的模型一样大，尽管地理信息系统的发展和很多空间上的数据增加了可用于建模的关于公司和家庭的数据数量。大多数商家力求能在在线搜索和地图中被发现。这些数据持续地被使用来建立一个更详细的数据库，这些数据库的获得有许多营销和广告方面的目的，并且在规划和公共措施分析上使用。

Chiang 和 Roberts(1976)提出了一种集成公司人数的方法。他们描述了从美国县商业模式和 IO 关系中衍生出来的公司特点的综合数据是怎么被用来生成集成公司的规模、行业和商品消费特征值。他们使用了迭代比例拟合法，并根据公司规模的范围来估计每个区域的公司数量。一种在县以下的层面上把公司分配到特定区域的方法并没有得到讨论，往往涉及包裹级别的土地覆盖数据容易被预见到，尽管这样基于规则的方法可能链接包裹层次和覆盖的数据。

De Jong 和 Ben – Akiva(2007)描述了一种更简洁的方法来处理包含集成流量分配的公司集成。区域间商品流基于规模特点被按比例分配到三种公司(零售商，批发商和制造商)。但是，他们的方法比简单的对总生产和消费进行分配更好。他们也为每个消费公司配对了一个或者更多的制造者并且为他们分配商品流。用多种概率或者是取样方法来实施分配步骤。迭代比例拟合被用来限制分配的流量来平衡每个企业的生产和消费流。

Firmographic 模型有增加很多更有效的关于公司的细节的能力。这样的模型能预测在研究领域内的每个公司的创建，消失和演化的过程。Moeckel(2006)发展了一个创新的微观仿真方法，并在其中使用了单独企业转型的 Markov 模型。这种方法能被用来对业务和它们的位置的改变进行仿真。然而，Moeckel 和其他人(De Bok 和 Blierner, 2006)指出这种技术在成熟之前还需要更多的工作，而且微观仿真方法比集计模型是否更优越仍然是个问题。然而，它们的内容或者是和它们相似的模型，如土地使用和运输模型指出它们会变得更广泛并且对于货物运输建模者来说使用的可用性更好。

8.2.5 城市货物运输的供应链视角

在过去的三十年发生了商品制造和配送方法的基本改变。运输决策逐渐更多的在更大的供应链环境下进行(Hesse, 2008；Danielis、Rotaris 和 Marcucci,

2010），这种环境会对商品怎样沿着连续的配送渠道运动产生重要的影响。这使商业运作的方式彻底变革了，并且引导了 B2B 和 B2C 业务。供应链的一个重要特点是在从原料和输入变成最终的消费商品的过程中，商品和其他生产的输入持续发生改变，如图 8.3 所示。商品的许多方面经常改变，从物流形式到价值、包装和运输需求。供应链中的点普遍相隔很远，其中一些在结构中是属于全局性的。

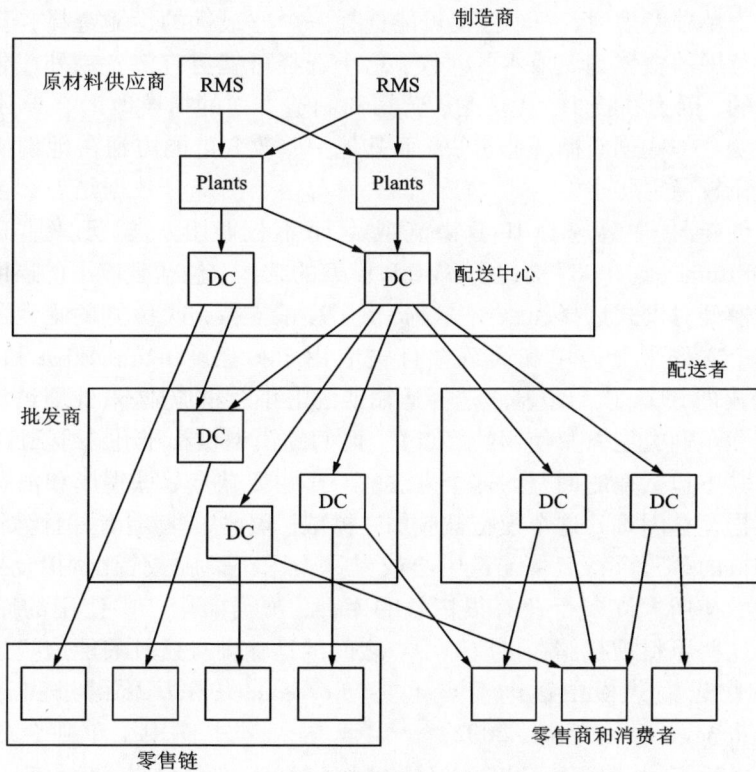

图 8.3　概念供应链角色和反应

（来源：根据 Shapiro，2007 改编而来）

　　供应链的建模是一个致力于生产和包含配送步骤的单独领域，它对于每条链都是唯一的（Shapiro，2007）。它们需要生产步骤中更详细的数据和仅对公司通常可用的成本，并且被认为是很难推广的。实际上，在基本的业务步骤上的持续进步能迅速地改变他的推动力和成本（Min 和 Zhou，2002；Agarwal、Shankar 和 Tiwari，2006）。在大多数供应链模型中，运输功能的细节是次要的或者是在高度抽象的程度上进行表示的。

尽管对于每个公司没有清晰地建模，但是供应链的一些方面能在城市货物运输模型中有效表示。第一个是公司之间的关系。如之前讨论的一样，许多现代货物运输模型通过使用 IO 数据和模型，把制造者和合适他们产品的消费者进行配对。

第二个重要的方面围绕着怎么表示成本。供应链管理者也会考虑非运输的成本，包括生产、仓储、机会成本和其他的成本以及传统货物运输模型范围之外的因素。单独考虑时，一个公司可能选择一个非最优的运输选择，但是当考虑到更大范围的整体物流成本的时候，这个选择可能更有效。另外，这样的选择是动态的，因为在技术，生产力，营销和制造方面的持续改变会导致供应链的持续改变。一些创新循环非常快，而其他一些改变可能慢到在运输预测中长时间保持比较稳定状态。

一些创新性模型选择基于物流成本而不仅仅是运输元素。Tavasszy、Smeenk 和 Ruijgrok（1998）描述了 SMILE 模型的结构，包括生产、仓储和运输成本。这个模型对模式选择和路径选择提供了决策支持，这些决策最小化物流总成本。这个方程十分简单和简练并且被应用于荷兰。Ben - Akiva 和 de Jong（2008）提出的 ADA 模型也基于选择运输链的最小总物流成本（站点数、每个支柱的模式和车辆类型以及使用的终点）。他们的模型被标准化来复制观测到的流量并且其中包括空的回程。这个方法的一个主要缺点是获得模型发展和应用需要的数据存在困难。这个模型被应用在挪威、瑞典、丹麦和法兰德斯。

供应链的第三个特点是配送中心或者称为固定设施或者是"滚动的库存"的更广泛的使用。许多行业有很精益的库存，被当前生产中使用的原料所限制。许多这些原料被存储在供应链中点之间的运输中。这种表示这些驱动力的能力在货物运输建模中逐渐变得重要（Boerkamps、van Binsbergen 和 Bovy，2000；Nagurney、Ke 和 Cruz，2002）。

Tardif（2007）从 1999—2000 年对安大略省城市之间的调查中发现，接近一半城市间卡车出行包括在一个配送中心停站并且另外 1/4 停站两次（在配送中心之间流动）。对这些数据进行进一步的研究，Donnelly（2009）发现在大型城市地区的配送中心终点比起点更常见，这说明配送中心作为新兴的角色在城市地区服务几个客户。它们在某种意义上已经成为仓库的下一形式，从它们出发和抵达的出行频率更高，并且私人拥有的情况更常见（Baker 和 Sleeman，2011）。配送中心将在 B2B 和 B2C 交易中逐渐成为更重要的角色。Andreoli、Goodchild 和 Vitasek（2010）描述了大型配送中心的兴起，能服务多种市场和更广泛的客户。它们将替代面临技术落后和集中于单一市场的更老和更小的中心。网上零售商当天配送模式的出现将进一步改变分销格局，并且扩大 B2C 的渠道(Wohlsen，2013)。这些情况的出现会通过组合军事物流、捷运服务和扮演配送中心角色的零售店来增加城市货物运输复杂性。

8.2.6 仿真建模结构

一个理想的对城市货物运输进行建模的结构必然包括上述复杂的驱动因素，来提供当需求、政策或者基础设施发生变化时，对运输系统造成影响的鲁棒性估计。是仅仅理解模型还是要检验二阶和三阶的经济和环境影响的复杂情形，对模型的分析需求会发生相当大的变化。

从对卡车出行进行建模的角度来看，Hunt 和 Stefan(2007)的工作仍处于前沿。他们的模型围绕所有商业出行，货物运输是其中的一个子集。这个模型的结构展示如图 8.4 所示。嵌套 Logit 模型(第 5 章中)被应用在个体出行层次，这被当作土地使用而不是经济活动的函数。出行没有提前被定义或者最优化。相反，在每次停站的时候要决定是否继续驶往另一个终点或者返回起点。进行另一次停站的概率根据卡车当前位置，起点和可供选择的下一站的位置角度进行计算。跟方向相差很远的站被排除而更倾向于选择那些把卡车移回起点的点。

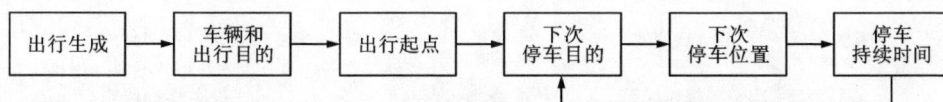

图 8.4 卡尔加里商业车辆模型结构(Hunt 和 Stefan，2007)

有许多模式被提出来生成路径并把它们作为大型经济和物流活动仿真的一个部分。如前文所述，在荷兰的 SMILE 模型(Tavasszy 等，1998)和在斯堪的纳维亚 ADA 建模方式(Ben – Akiva 和 de Jong，2008)都在物流总成本的约束下进行联合物流和运输决策。Russo 和 Carteni(2006)针对一个基于路径的城市货物运输配送模型进行建模，把它当做一系列嵌套 Logit 模型，根据配送策略进行从第一个站到随后站点的选择。像这样的研究，它比 Hunt 和 Stefan(2007)提出的抽象商品流方法更全面，该模型在意大利被成功应用。

这种技术的目前状态处于组合物流和运输决策的微观仿真。蒙特卡洛仿真方法比确定性模型更适合城市货物运输中观测到的高度的不均匀性和易变性。它们对于建模数据的精度高度敏感，处理包括用简单的基于法则的启发式方法对观测到的配送进行取样到复杂的行动反应，包括分离的决策模型。其中一个最早的模型是 GoodTrips 模型(Boerkamps 等,2000),其中,货物流和卡车出行行为的生成依赖于消费者需求函数。IO 关系被用来连接供应链中不同类型的公司。Donnelly 等(1999)提出了一个应用于俄勒冈州的混合货物运输模型,它结合了市场的聚合表示和微观仿真和卡车出行的优化。使用俄勒冈州的一体化土地使用-运输模型来指定经济活动的级别和 IO 关系。他们的模型用运输模式来把经济流与商品流(货物流)相结合,然后把它们分配到合成的公司(包括进口和出口)。离散的货物运输被生成和分配到多次停站的卡车上,并为他们规划有效的日常出行。模型结构如图 8.5 所示。在模型的一个变体中使用了波兰地区的城市生产总值的估计,取代了由洲际模型提供的生产和消费估计(Donnelly,2009)。

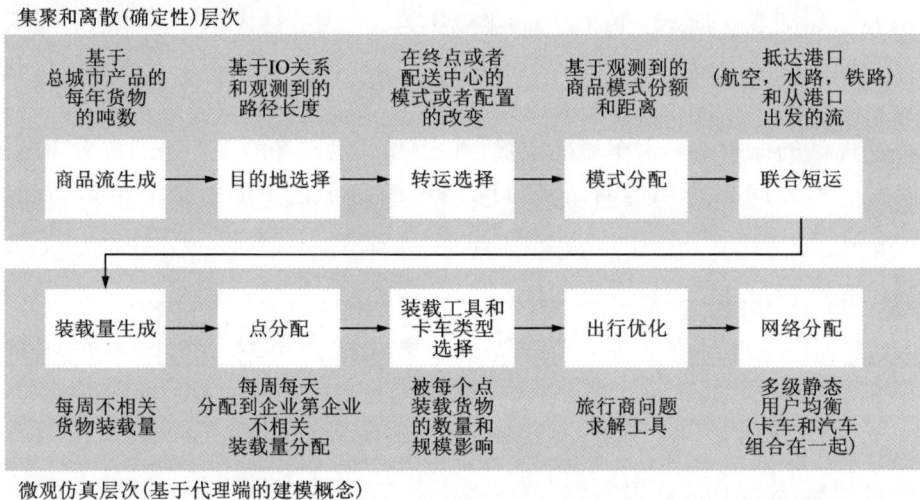

集聚和离散(确定性)层次

基于总城市产品的每年货物的吨数	基于IO关系和观测到的路径长度	在终点或者配送中心的模式或者配置的改变	基于观测到的商品模式份额和距离	抵达港口(航空,水路,铁路)和从港口出发的流
商品流生成 →	目的地选择 →	转运选择 →	模式分配 →	联合短运

装载量生成 →	点分配 →	装载工具和卡车类型选择 →	出行优化 →	网络分配
每周不相关货物装载量	每周每天分配到企业第企业不相关装载量分配	被每个点装载货物的数量和规模影响	旅行商问题求解工具	多级静态用户均衡(卡车和汽车组合在一起)

微观仿真层次(基于代理端的建模概念)

图 8.5   马赛克混合仿真模型的结构(Donnelly,2009)

Wisetjindawat 和 Sano (2003)描述了冬季城市地区微观仿真货物运输模型的发展。一个商品流生成模型被简单地描述,随后有一个对它们的商品配送模型细节的描述。前者基于线性回归,而后者是一个复杂的联合模型,它随机对配送渠道、选址和承运人决策概率赋权。这个模型使用从大约 46000 个公司中获得的 1982 组数据进行估计。发现空间混合 Logit 模型比其他的离散决策方程表现更好,并被其他人所印证。他们发现公司和顾客之间的互相作用比两者之间的距离对目的地决策有着更重要的影响。

Samimi、Mohammadian 和 Kawamura (2010)是在这个领域的新的贡献者。

他们同样地采用了基于活动的建模规范。他们的模型由 5 个模块组成，如图 8.6 所示。他们概括了公共可用的数据是如何来填充这个模型。像一些已经讨论过的结构，物流决策贯穿了运输决策，它是网络的基础。

图 8.6 行为货物运动微观仿真模型（Samimi、Mohammadian 和 Kawamura，2010）

本节完成了我们关于 UFT 的推式模型的讨论。如同之前介绍的，只表示制造者的活动和沿着供应链的流量提供了一个影响城市货物运输量的推动力的不完全构想。消费者对于货物和服务的需求扮演了一个同样重要的角色。他们的消费模式和偏好决定了公司竞争供应的市场和商品。他们共同地创造了我们称为"拉式影响"的概念，它在城市货物运输模型中表示并在随后章节进行深入探索。

8.3 城市的拉式模型

基于之前的定义，我们回顾一下在零售商和最终消费者的案例中一些允许拉式行为的假设。尽管有其他选择，但是拉式行为可以被概括如下：（1）零售商去采购地点，购买（获得）货物，把货物运往位于 d 地区的零售店；（2）终端客户抵达购买地，进行交易，购买商品，把商品运到消耗场所。

因此，两种运动方式的主要区别是决策过程着重点的差异。在拉式行为中，决策者带着他们购买的物品运动，对路径和购买进行综合决策。而在推式行为中，重点在于忽略和购买有关的关系并着重于运输决策。

需要注意，在城市区域，拉式模型适用于最终货物的补货过程。基于这个目的，我们发现文献中已经使用多步建模方法来建立不同的模型（Nuzzolo、Coppola 和 Comi，2013）。接下来，对一些针对零售商和终端客户的拉式运动进行建模的主要的经典和新兴的建模方法进行回顾。

8.3.1 零售商立场

由零售商实施的拉式运动的仿真传统上使用基于商品的建模的方法来建

模。根据由 Russo 和 Comi（2010）提出的模型，它们可以被概括在两个层次上（如图 8.7 所示）。

- 涉及货物 O/D 流估计的数量层次：在这个层次上，这个模型涉及以下的计算：在研究地区中每个交通地区之间与货物相关的吸引流量；特定的与物流出行相关的货物流（O/D 矩阵）（比如从零售商角度）。
- 车辆层次：它允许把数量流转换成车辆流，在这个层次上，这个模型实施以下的决策：确定每个站点，地区配送的货物数量的补货出行链和补货需要的车辆；补货销售渠道使用的时间和选择的路径。

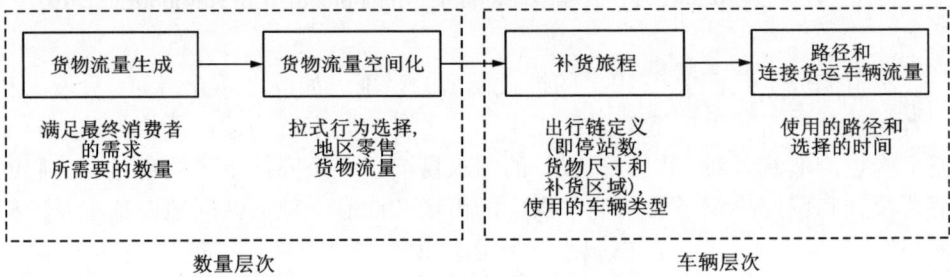

图 8.7 零售商拉式运动：建模结构

8.3.1.1 数量层次

这个层次考虑对货物流进行数量上的估计（比如吨每天）。每个区域吸引的流量根据引力模型获得。这个模型允许我们获得抵达研究区域中每个地区的平均货物流来满足货物运输需求（比如商场和食物饮料批发商店）。如随后章节中所描述的，吸引的货物量也能根据模型的购物出行流的结果获得（Oppenheim，1994；Gonzalez – Feliu、Toilier 和 Routhier，2010；Russo 和 Comi，2010）。通常情况下，吸引的数量根据每个地点的引力之间的直接关系进行建模，引力由零售商或者销售员和土地使用变量进行衡量（Ogden，1992；Kawamura 和 Miodonski，2012；Sanchez – Diaz、Holguín – Veras 和 Wang，2013）。对最常见的引力模型都进行了描述，比如分类指数模型。货物类型被假设成同质的，每个零售商或者销售雇员吸引的平均货物数量被进行直接的估计。分类指数模型主要的限制是除了用来表述类型之外，并没有用社会经济变量的函数来表述需求层次。数据可用性也能把类型的数量限制得很小。然后提出了分类回归模型。他们用一个函数来表述由每个雇员吸引的平均数量，这个函数通常是线性的，他的变量和吸引区域相关。

一旦对每个区域吸引的数量进行估计，根据拉式行为（获得模型）把它们空间化就十分重要了，其中零售商把要卖的货物带到他的商店中。因此，获得模型对从可行的点中选择起点（或者更宏观的区域）进行仿真来把货物带到商店，包括贸易公司（比如酒吧和餐馆）。一般而言，获得宏观区域的选择根据随机效用模型（RUMs），比如多项分对数模型（Wisetjindawat、Sano 和 Matsumoto，2005；Ibeas 等，2012）或者引力模型（Ogden，1992）进行仿真。区域吸引力变量（比如区域中仓库的数量和区域中货物总产量）和普遍的出行成本被用来解释区域的吸引力。随后，货物沿着拉式运动的移动被建模。为了选择配送渠道或者零售商购买的更好的超级通道（Russo 和 Comi，2010），我们假设零售商决策以每个货物类型的吸引力为基础（它影响了决策，因为大量的货物或者货物运输要求的特殊的包裹可能会影响其运输），拥有的车辆的有效性（在一个确定的时间段中，车辆必须由一些特点来决定要求的运输数量）和货物的采集地点（它描述了从销售地区出发的距离的决策特性）。描述性和概率行为模型都被广泛用来模拟这个阶段的。一些实证结果可以在 Danielis 等（2010）中找到，而概率行为模型由 Wisetjindawat 等（2005），Boerkamps 等（2000），Russo 和 Comi（2010）和 Ibeas 等（2012）提出，他们进一步拓展了/完善了 Logit 模型并用它来对由商家自行补货或第三方补货的决策进行仿真。

8.3.1.2　车辆层次

车辆层次允许数量流变为车流。这样的转换并不直接，特别是在城市地区，其中货物运输车辆承担了复杂的路径形式包括出行链。实际上，每个零售商共同选择每个出行选择站点的数量和选址，并且定义其出行，试着降低相关成本（比如使用路径算法）。不同类型的模型被提出来定义基于允许把单独出行组合成出行链的实证关系（Sonntag，1985；Routhier 和 Toilier，2007；Ambrosini 等，2008）和基于数学关系的补货出行。后者可以根据使用集计模型还是离散方法来进一步细分。离散方法包括含有对决策者的补货出行的估计的步骤的使用，这些决策者的仓库有着不同的地址，他们补货的商店也不同，使用不同的车辆，并且需要遵守不同的时间约束（Figliozzi，2006；Gliebe、Cohen 和 Hunt，2007；Wisetjindawat 等，2007；Crainic、Ricciardi 和 Storchi，2009；Ruan、Lin 和 Kawamura，2012；Polimeni 和 Vitetta，2013a）。另一方面，集计模型考虑了所有零售商离开同一销售区域（或者各种类型的零售商）的平均行为（Nuzzolo、Crisalli 和 Comi，2012）。

在集计方法中，通过两个行为模型：第一个模型是每条出行链停站的规模和补货区域模型，使用两个步骤的由补货旅程仿真构成的程序可以得到车流。

一旦所有的补货出行被估计，货物运输车辆 O/D 流能根据路径的出行集计获得。

每条出行链停站模型估计了每条路径中站点的数量。特别是，对每个补货出行中会抵达多少仓库进行仿真是可能的。在随机效用理论的范围内，出行链排序模型在特定条件下能化成一个 Logit 模型（Ruan 等，2012；Smith 等，2013）。系统的效用函数用一个与起点区域（比如，有效可达性）和货物（比如，类型和补货数量）相关的特征值的线性函数进行描述。

第二个模型是一个计算规模和每个站点的地区的联合模型。运输批量很大程度上依赖于运输的货物类型和接受者的规模（比如商店、超市和商场），一些学者主要考虑城市间的运输（de Jong 和 Ben-Akiva，2007；Rich、Holmbland 和 Hansen，2009；Holguín-Veras 等，2011）。仓储选址决策模型允许定义途中访问区域的顺序（比如仓库选址），Logit 模型一般用于决策仿真。系统效用包括两组特征：第一组考虑所有与可选终点相关的变量，比如零售商或者仓库可达性；第二组包括表示一条路径的历史记忆性变量，比如到目前位置累计的行驶路程（Wang 和 Holguín-Veras，2008；Kim、Park 和 Kim，2013；Mei，2013；Nuzzolo 和 Comi，2013）。

车辆类型决策也必须研究。Wang 和 Hu（2012）使用 RUMs 对在环形出行和出行链中的五种车辆进行决策的仿真。Cavalcante 和 Roorda（2010）基于多伦多收集的数据，提出了一个离散装运规模/车辆类型决策模型。Nuzzolo 和 Comi（2013）分析了每条出行链站点数和罗马内地实施调查中的车辆类型的联合决策。

最后，应该研究时间和路径模型。在世界的一些城市和文献（Quak 和 de Koster，2008；Sathaye、Harley 和 Madanat，2010）中确定，时间被政府规划限制：公共管理者为货物配送确定了一个或者两个时间窗（比如，一个在早晨 8：00 到 10：00，另一个在下午）。出于这个目的，一般出行配送时间段模型是可用数据描述的。另外，一些作者提出考虑存在对于离开起点/抵达终点时间的限制时存在的负效用。比如，期望的抵达时间没有被定义为一个时刻，而是被定义为一个时间窗口，在该时间窗口中车辆可以到达则不会受到任何惩罚。如果一个车辆抵达遭遇时间窗上界，则必须等待并且因此需要付出成本。如果车辆晚了，则必须根据延迟时间成比例付出惩罚成本。一些研究为城市货物运输进行了这些类型的惩罚成本的研究。Ando 和 Taniguchi（2005）把惩罚函数和抵达时间的概率相乘，总惩罚成本能用一个概率模型估计。考虑路径模型，我们发现一些文献针对环形（一对一）出行进行研究。这样的模型用于平衡或者动态模型中的拥堵网络，又用于静态或伪动态网络负载模型内的非拥堵网络。

Russo 和 Vitetta(2003)针对网络流的隐式分配提出了一个 Dial 算法结构。另外，一些模型中包含优化算法。Polimeni 和 Vitetta(2013b)提出了一些带有静态旅行成本，拟动态旅行成本，动态旅行成本的车辆路径模型，这个模型描述了成本随时间变化如何影响路径优化结果。Iannò、Polimeni 和 Vitetta(2013)提出了城市物流规划的一个道路，运输设计集成方法。城市物流配送的车辆路径问题使用优化道路网络和巴士专用道路进行设计。整个问题被建模成一个连续 - 离散问题，并且考虑拓扑和连接容量。Miao、Qiang 和 Ruan(2013)提出了一个车辆路径问题并提出由于装卸操作产生的额外处理成本延伸经典问题。这些装卸操做出现在取货，配送和处理成本的货物重新分配中。

8.3.2　最终商业立场

这类型的决策者包括为消费者提供住宿和为快速消费准备好的餐点、小吃和饮料以及制造。在这个领域实施的调查是很有限的，但是这些类型的活动一般会吸引企业配送。餐饮业是这类活动的主要部分，特别是在世界性城市中心，并且在一些城市区域，货物流是针对最终商业消费者的，平均下来占据了每天总数量的31%(Schoemaker 等，2006；Ibeas 等，2012)。一个在纽约市实施的特点的调查(Sanchez - Diaz 等，2013)显示最终商业能确定每天大量的运动。每个企需求日平均配送数量预计等于2.74，尽管他们的平均销售量水平是最低的，但是他们的雇用水平是最高的。而且这个部分需求非常重要，因为一个坐落于高价值地区的企业会更倾向于对新鲜事物进行更高频率的配送，而不是使用更大的空间存储供应物。另外，在这个区域的企业一般很小，因此他们必须面对收到商品的空间限制问题。

即使是宾馆、饭店和提供饮食服务的企业活动，最终商业消费者仍是终端消费者，因为它们都是货物使用的最终场所，我们可以把决策者推广到零售商。实际上，因为每天都有大量的移动的货物，它们要被运到使用的配送渠道和获得场所，其决策过程和零售商的相似。

如 Danielis 等(2010)和 Stathopoulos、Valeri 和 Marcucci(2012)给出的针对一些意大利城市的细节，宾馆，餐馆和餐饮业市场都能被概括成同质化的零售商市场。然而，商业活动根据提供的服务获得的不同的物流和组织约束。特别是，使用拉式运动的活动(所谓的现金购物自行运送)的比例大概比传统商店高3~4倍。另外，使用的运动的类型与货物的类型严格相关。与饮料和补充的商品以及很容易储存的商品相关的商家的利益能提前进行规划(Delle Site、Filippi 和 Nuzzolo，2013)。存在拉式行为的概率，时机和货物运输车辆特点在物流活动中很重要的时候会下降的现象，而拉式行为当价格和多样性相关时很常见。

那么，根据拉式行为和推式行为定义的行动方式，即使我们被推向考虑餐饮业和属于部分推式类型的最终商业消费，基于上面的原因，他们的补货决策步骤比起消费者更接近于零售商。因此，Russo 和 Comi(2013)提出把他们当成零售商考虑，并且根据多项式和嵌套 Logit 模型对配送渠道和获得场所的决策进行仿真。他们指出把餐饮业携带商品以满足顾客而最终商业消费者携带商品满足他们的需求。如，化学产品，鲜花，硬件，家用品和卫生用品，它们的获取直接由接收者进行，而其他的和服务级别特征严格相关(比如，旅行时间，补货频率)。

8.3.3 最终消费者立场

购物可能被视为一个主要的出行目的，因为它形成了人们生活方式的一部分。购物是第二频繁的城市出行类型。然而，目前大部分运输文献注重于研究工做出行的特点，仅有少量研究针对非工做出行类型，比如购物出行(Mokhtarian, 2004；Mokhtarian、Ory 和 Cao, 2007；Cao、Chen 和 Choo, 2013)。

交通研究的重点主要在于出行生成，配送和著名的四阶段法(Cascetta, 2009)。尽管研究人员已经增加了对于实证观测行为中多停站旅程高发生率的的研究(Ingene 和 Ghosh, 1990；Thill, 1992；Dellaert 等, 1998；Popkowski Leszczyc、Sinha 和 Sahgal, 2004)，常用的建模结构在下文进行描述。实际上，路径模型的限制更少但是有着在数据收集和状态估计上会引入更多复杂性的实际缺点。另外，出行链在一些国家只能表示有限的购物出行(Arentze 和 Timmermans, 2001)。注意四阶段法在用于对通勤行为的仿真时需要进行演化，并且尽管通勤行为能用这个结构进行很好的模拟，但是当它应用于购物时需要进行一些必要的修正。例如一方面，对于通勤，模式选择依赖于目的地和频率决策。高级别的决策(目的地)实际上会考虑低级别可选择的部分，比如模式和抵达每个终点的路径。另一方面，对于购物，选择购买地的决策不与模式可达性相关，而只与购买的特点有关。比如，抵达一个大概位于郊区的购物中心的决策主要和商品的价格和品牌的可达性相关，而与运输模式的可达性无关，因为汽车是主要的选择。

网络购物的增长导致了购物行为的改变。很少有研究调查了网上买家的地理分布及其对零售业发展和运输的影响。Cao 等(2013)发现购物可达性对网上购物的影响不统一，而依赖在大城市地区的位置。特别是，生活在城市或者是高购物可达性地区的网络用户比在其他地区的用户更倾向于在网上购买，因为前者比后者更经常使用网络。但是，与有相对高购物可达性的非城市地区相比，非城市地区的低购物可达性促进了网上购物的使用。

8.3.3.1 基于出行的建模

传统的出行需求模型对出行进行仿真组成一个旅程，假设每段旅程的决策对于那些属于同一旅程的可能出行相互独立。当旅程是一个拥有单一目的地和两个对称旅行的环形旅行时，这些假设是合理的。虽然近年来，人类活动的结构越来越复杂，尤其是在城市地区，70% 的购物出行包括在家庭 – 购物 – 家庭链中（Gonzalez – Feliu、Routhier 和 Raux，2010）。然后，全局需求函数能被分解成子模型，每一个和一个或者更多决策维度相关。最常用的步骤如图 8.8 所示：出行生成，商场类型和位置，模式和路径决策。

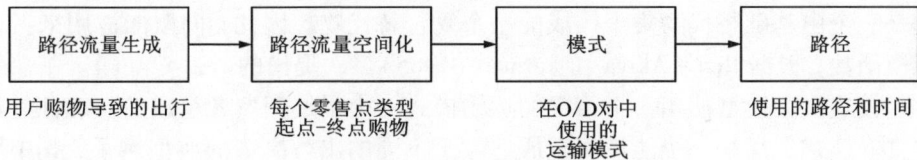

路径流量生成	→	路径流量空间化	→	模式	→	路径
用户购物导致的出行		每个零售点类型 起点-终点购物		在O/D对中 使用的 运输模式		使用的路径和时间

图 8.8 最终消费者拉式行为——建模范式

出行生成或者出行频率模型估计了一般终端消费者用来购物的"相关"出行的平均数。出行生成主要被社会经济特点和土地利用类型所影响（或者地区的物理特性；Cubukcu，2001；Yao、Guan 和 Yan，2008），为了描述这个模型，我们首先定义了个人出行平均数，然后我们把这个值应用于整个属于这个类型的用户集合中。平均指数能用两个主要类型的模型进行估计：行为（RUMs；Russo 和 Comi，2012）和描述性模型（Gonzalez – Feliu 等，2010；Procher 和 Vance，2013；Seo、Ohmori 和 Harata，2013）。出行模型主要是 RUMs 并且允许估计进行一次或者多次出行的概率。对称效用函数包括表示需求或者是可能与购物相连的活动的概率。这些变量可能和家庭或者个人相关。前一类型的例子是收入和家庭成员数量，而个人变量的例子可能是职业地位、性别和年龄。其他特征值可以与起点地区相关，比如购物目的地的可达性。

商场类型和选址模型对类型（本地市场，超大型自助商场）和购买目的地的决策进行了仿真；通常，概率都有一个多项式 Logit 结构；有一些处理模型出行配送方法，但是很少调查了关于超市类型的决策（超市，本地市场；Gonzalez – Benito，2004）。另一方面，下游区模型也能被用来估计主要顾客的选址（Long – Lee 和 Pace，2005；Kubis 和 Hartman，2007）。在其他当中，Arentze 和 Timmermans（2001）对购物中心的决策进行建模，其中货物根据离散决策模型被购买。Ibrahim(2002)和 Jang(2005)使用联合离散模型来描述购物出行的生成和分配；Gonzalez – Feliu 等(2012)假设购买选址的决策与模式决策同时发生，通过第一次使用回归模型提出获得 O/D 购买路径来模拟购买吸引的出行；其次，使用重力模型模拟出行的来源；它们仅指汽车模式。Veenstra、Thomas 和 Tutert(2010)提出了一个针对购物目的的出行分配集聚方法；该方法以重力法为基础。Comi 和 Nuzzolo(2013)提出了一些 Logit 模型，可以根据四种货物运输类型在三种不同的零售网点类型之间进行选择模拟。在此阶段，模型可以考虑大量的基本替代目标，但这些目标并不总是与现实一致。最终消费者能根据一些特定值，在之前定义和著名的决策集合中选择在哪里购买(比如品牌和价格)。决策集合建模也应该被进一步研究。另外，选择买东西的目的地不是一个交通地区而是其中的一个(或者多个)基础目的地(比如一个商场)。交通地区 d 因此是一个由基础替代物集聚构成的一个复合替代物。因此，模型能被用来考虑规模函数，根据 Ben – Akiva 和 Lerman (1985)多次提出的。

模式决策模型使用一个给定的运输模式对由最终消费者组成的可能性进行仿真。模式选择是一个能被调整成适应于不同的出行决策的典型例子，其中服务级别特征值有着相当大的影响。多项式 Logit 模式决策模型经常被使用，而且均衡效用函数用一个与 O/D 对(比如旅行时间、成本和地区 o 的批发商数量)和最终消费者的社会 – 经济特征值(比如性别、收入和是否拥有汽车)相关的可能的运输模式的特征值的函数进行表述。在这个文献中，有一些针对购物目的的不同运输模式购物者特征值的研究(Recker 和 Stevens, 1976；Williams, 1978；Cervero, 1996)；一些研究者提出对终点和模式决策进行联合建模(Bhat, 1998)。

此外，还需要研究路径的选择。路径选择行为和模型代表它依赖于由不同运输模式提供的服务类型。一些模型针对私人或者公共运输提出。有关概述，我们推荐读者阅读 Cascetta (2009)和 Nuzzolo、Crisalli 和 Rosati(2012)。

8.3.3.2 基于活动的建模

尽管基于出行的模型假设通常有效，在不同地区连接几个活动(包括购物)的出行的数量正在增加。出于这个原因，文献提出了一些需求模型来对组成每个旅程的出行的顺序，或者是出行链进行仿真。特别是，其中一些提出对实施活动和相关旅程进行仿真(即基于活动建模)。

在基于活动建模中，旅程是从对活动参与(行为的顺序或类型，非私人出行和分析的相关单元)的需求中衍生出来的。除此之外，家庭和其他社会结构影响出行和活动行为，而空间、时间、运输和人际关系会对活动和出行行为进

行限制。也考虑了对活动进行时间和空间的安排。因此，出行需求是从对分配
到时间和空间上的追求行为的需求中获得的（Jones、Koppelman 和 Orfeuil，
1990；Axhausen 和 Gärling，1992）。

根据 Gan 和 Recker（2008），基于活动的模型能被归类成随机效用理论发展
出的模型（Ben-Akiva 和 Bowman，1995）和作为活动安排问题而发展出来的模
型（Doherty 和 Axhausen，1999；Arentze 和 Timmermans，2000）。对于之前的模
型，一种购买出行需求模型的实践的状态已经由 Limanond、Niemeier 和
Mokhtarian（2005）提出特别是，一个购物需求模型也用部分共享法得到了拓展。
它由对家庭出行频率、参与方、购物出行类型、模式和目的地选择组成，并使
用了基于出行的嵌套 Logit 模型。这个模型因此具有能指出家庭成员之间的相
互作用和土地使用类型对决策影响的结构。事实上，每个决策由更高级的决策
限制并被在低层次根据期望效用进行的选择影响。

还有一些模型代表了通过基于规则的结构进行计划决策制定的步骤。特别
是，他们中的一些为了特定化活动特征值假设了固定规划命令，而 Auld 和
Mohammadian（2012）提出了一个基于活动的微观仿真模型，该模型对活动的出
行规划和安排进行了仿真。在这个情境下，根据 Bhat 和 Koppelman（2003），对
基于活动的建模的发展应该由以下组成：开发对活动以及出行类型的表述，开
发一个用于对活动以及出行预测使用的经济计量模型仿真系统并使用这个仿真
系统来估计政策行为对活动以及出行类型的影响。

需要注意，基于活动的方法导致建模技术和数据收集的复杂性极大地增
加，事实上，它需要使用调查数据进行分析和估计。该调查需要收集个人在一
天或多天内从事的所有活动的数据。

8.3.4　整体建模结构

如今，人们感兴趣的是哪些工具能帮助决策者理解城市货物运输系统的结
构，或者提供相关服务级别。有一些模型提出在一个更普遍的结构集成模型，
考虑商品的消费产生的流动，作为一个由消费者实施的一般的城市活动的因
素。上述分类的建模系统都属于这类普遍结构。这类普遍结构的主要特征是考
虑商品消费者、供应商、承运人、零售商之间的相互作用。Russo 和 Comi
（2010）指出零售商出于对自身情况的考虑进行补货决策并且针对其仿真提出
了一些行为模型，主要考虑物流链、交通可达性对物流决策的影响，例如：仓
库选址、配送频率、车辆类型和路径导致的货物交通影响。Boerkamps 等
（2000）提出了一个在"GoodTrip"中实施并且被应用于格罗宁根城市的普遍结构
模型，这些模型通过实证关系研究，通过仿真验证了上述决策模型及其关键影

响因素。"GoodTrip"允许对货物流量，城市货物交通及其影响进行估计，比如车辆里程、网络配流、排放和最后城市末端货物配送的能源消耗。

在德国，Sonntag(1985)提出了支持系统"WIVER"，它允许对补货活动的车辆出行 O/D 进行仿真。"WIVER"从对 O/D 矩阵的估计开始并且提供关于总里程、路径和出行的数量和每天根据时间的交通分配的信息，这些信息能被分成两个子类：车辆类型和货物类型。另外，路径的起点和终点之间的关系则可以基于实证进行建模。在法国，由三个相互作用的模块构成的统计描述模型，该支持系统叫做"FRETURB"。①城镇所有经济活动之间流量的收集和配送模型；②公共作业，建设工作，城市和垃圾网络的维护(裁缝，水，电话)所需的货物和原料运输构成的城镇管理模块；③购买出行模型，对乘车的购物出行进行建模，这代表主要的终端消费者的最后一千米出行。收集和配送模型是一个基于回归的模型，该模型已经在法国大概 20 个城市实施(包括巴黎、里昂和里尔)。

基于以上的方法，Gentile 和 Vigo(2006)提出了 CityGoods，该个支持系统在一些意大利的城市进行了检测。目标是建立一个需求生成模型来估计每年每个区域生成的运营路径的数量。以承运人、托运人和企业的调研为基础，他们提出了一个把函数货物移动总量生成当作 NACE(欧洲经济活动分类)代码和每个企业雇员数的一个函数的特殊方法。生成模型对一个地区的企业活动使用了层次分类法。对分配和网络分配模型的研究还在探索中。

最后，Comi 和 Rosati(2013)针对城市物流的不同状态进行仿真，提出了城市物流分析和仿真支持系统(CLASS)。对现在方案的分析集中在关于土地使用的物流和货物运输、补货需求与供应、物流方面及道路网络的性能和影响。仿真能分析城市物流措施之间的关系，决策者使用一个多阶段需求模型的决策维度和一个对每个决策层级的确定决策方法，能根据城市网络中的货物运输车辆流计算如：货物运输车辆相关的拥堵、污染和交通意外的节点表现。

移动活动的需求——旅行模型已经引起人们在微观仿真上的兴趣，以底层模型为基础，根据随机规划得到个人决策的步骤(有时候是动态规划)。基于运营活动的微观仿真系统包括(Bhat 等，2004)：MIDAS，AMOS，PCATS，SIMAP，ALBATROSS，TASHA，FAMOS 和 CEMDAP。

8.4 新兴的建模方法

基于主体的建模方法可能是实施结构化城市货物运输模型的理想平台，它能完美地表示推动因素和拉动因素。作为经典数学和统计方法的替代，这样的模型能用个人主体的自主性和独立性作为其特征。其行为不受社会的约束，导致的紧急情况也不能事先预测。事实上，Bonabeau（2002）声称 ABM 更像一种思维而不是一个技术，而 Epstein（2011）把它称做出行生成的社会科学。Bankes（2002）指出 ABM 允许放松一些传统方法中不真实的假设，比如线性、同质性、正定性和平稳性。这样的改变似乎很好地体现了城市货物运输及其影响因素和过程的特点。ABM 是一种特别能代表各种城市货物运输角色——发货人、运输公司、中间人、消费者和第三方物流公司之间相互影响的方法。尽管所有的这些角色经常有着矛盾的目标，但是提供了如不同信息、供应链可见性以及可供决策的选择。

一个对于主体的准确定义，或者是广泛适用于进行建模的方法仍然难以找到（d'Inverno 和 Luck，2003），绝大多数在 C ++ 或者 Java 这种面向对象编程语言的 ABM 建模平台上实现。自主主体被定义成离散步骤并且基于分布式的计算环境，每个主体有目标、感应器、一个与附近主体交流的方法，此外允许其基于内部状态和环境的视角进行调整。

在实践中，每个公司或者在城市地区的消费者可能被看成一个主体。这样一个单纯的 ABM 的实施对城市货物运输建模并不容易，因为需求主体的数量是很难计算的。这会导致大部分研究人员用基于对象的方法提出主体的概念或者是使用混合的方法。后者包括对象和主体混合的情况或者只针对其中一个主体建模的情况，而其余的则作为数据实体进行处理。MATSim 结构（Balmer 等，2008）是后者的一个例子，尽管目前还没有它被应用到货物运输的相关报道，但简练的概念性工作已经由 Anand 等，（2012）完成，我们推荐以 Roorda 等，（2010）作为更深入了解的文献。

同样，多层次模型也能扩展现有模型。Xu、Hancock 和 Southworth（2003）提出了一个地区货物运输量的简洁的多级微观仿真模型。这个模型很新颖，因为它包括了如图 8.9 所示的三个级别。需求在顶层从右向左流，出现中层的一个理想物流网络。它们相应地被转化成运输层的商品流，包括价格和商品标识符的数据被分享在信息网络层。许多仿真模型被用来对模型每个层次的活动进行建模。

类似的方法被提出并被应用在芝加哥，其中国家层次上的宏观活动会在建模系统顶层的国内和国际贸易环境下进行城市选址。一个包含供应链和在更精细级别上运输决策模型被用于生成芝加哥区域的流量。一个微观模型会被用来估计网络和货物流量的二次影响。Cambridge Systematics（2011）已经成功获得了介观模型的原型，多级方法也很好地用于空间和时间决策的层次上，并充分

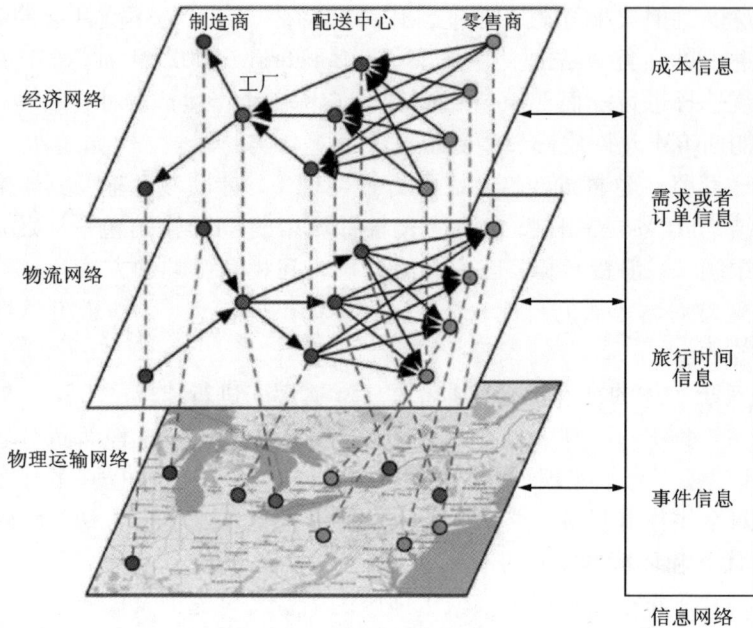

制造商　　配送中心　　零售商

经济网络
工厂

物流网络

物理运输网络

成本信息

需求或者
订单信息

旅行时间
信息

事件信息

信息网络

图 8.9　一个货物建模的多级方法
（资料来源：Xu 等，2003）

考虑贸易模型、城市经济公司车辆，而不是只把它们应用在一个单一的维度。

综上所述，在本章节中描述的目前新兴建模方法能用来满足大范围的分析需要。大量类似的项目也在实施，在供应链建模中的类似工作也在进行。尽管没有一个理想和建模框架，但有多个合适的模型供决策者选择。

在城市货物运输建模中，需进一步指出，越来越多的数据表明城市货物运输的特点是主要依赖于城市的规模和影响级别。比如，随着城市规模和影响的增加，这些城市的交通影响的敏感度也会增加。在许多案例中，转换成推式行为的方法更受青睐（比如两层系统或者转换成第三方的动机）。除此之外，商业供应随着与价格和多样性相关的会导致拉式行为的新市场分隔（比如，低成本产品，零距离产品，生物制品）的出现而改变。除此之外，这种类型的优势也和终端消费者的特点（比如，收入，年龄，教育）以及货物类型紧密相关。比如，最新的商店通常有供应网络中所有商店集中的物流协同并且以物流配送中心为基础。产品量小还是中等，而集中在每年的某个时期的季节性订单会导致托运规模较大，而库存补充较小。然后，零售商主要通过推式行为补货，而终端消费者使用拉式行为。

另一方面更倾向于对决策者的行为进行建模。也应该对除了由 RUMs 提出的统一方法的其他典型方法进行研究(在第 5 章也能看到)。非 RUMs 方法,更倾向于考虑由模糊类型结构获得的可能性而不是概率。比如,对国家货物运输的道路路线选择进行随机和模糊模型的比较由 Quattrone 和 Vitetta(2011)完成。

未来的研究会让对空间经济和运输系统的相互作用的理解和建模变得越来越重要。尽管第一个在城市和国家层面对空间经济运输相互作用过程仿真的统一的建模结构已经被提出了,但更应着眼于未来的发展,为进一步发展先进的决策支持系统开辟新的可能性,而工作的重点是城市配送中心和大型购物中心的本地化模式。

8.5　结论

本章对在城市区域的货物运输进行了仿真模型的概述,也研究了它们对城市货物运动的层面上的相关角色和其行动,还回顾了推式行为和拉式行为这两种城市货物运输类型。

对建模的回顾展示了近年来在建模上的重要发展,这方面研究的扩大仍然需要处理下面三个问题:数据收集、对决策过程的理解和对拉式和推式模型的集成。尽管大量的研究集中于对 UFT 系统仿真,然而提出的方法还没有被广泛的认可,主要因为数据的缺失。关于决策过程,还需要对考虑约束和外界影响(比如,市场结构,政府政策,城市结构,交通管理)的城市货物运输和物流中间的不同决策者之间相互作用的更深入研究。建模结构存在推式运动和拉式行为,但是对它们的集成只进行了有限的研究。为了推动模型集成的发展,决策者(主体或者参与者)之间的相互作用(即制造者、运输和物流实施者、批发商、零售商)也应该进行更深入的研究,包括:(1)不同规模和影响力等级、不同推动力或者不同商业目的,(2)在系统中扮演不同角色(比如托运人、承运人、收货人)的公司之间相互的作用,(3)最终消费者的公司。因此,研究应该集中在一个广泛的模型结构中,考虑货物运输中心和购物中心选址的机制。上述的目标应该包括对短期和长期影响的相互作用的动力演化的研究,短期影响考虑终端客户的购买行为。长期影响必须根据土地使用和交通的相互作用,集中于城市配送中心和大型购物中心的选址模型,比如,LUT1 类型建模。

致谢:作者希望感谢 Lóránt Tavasszy 和 Gerard de Jong 的付出和他们对本章研究提出的有用的评论和建议。

参考文献

[1] AGARWAL A, SHANKAR R, TIVARI M K. Modelling the metrics of lean, agile, and leagile supply chain: an ANP-based approach[J]. Production, Manufacturing and Logistics, 2006, 173(1): 211 - 225.

[2] ALBINO V, IZOO C, KUHTZ S. Input output models for the analysis of a local/ global supply chain[J]. International Journal of Production Economics, 2002, 78(2): 119 - 131.

[3] AMBROSINI C, ROUTHIER J L. Objectives, methods and results of surveys carried out in the field of urban freight transport: an international comparison[J]. Transport Reviews, 2004, 24 (1): 57 - 77.

[4] AMBROSINI C, GONZALEZ-FELIU J, TOILIER F. A design methodology for scenario-analysis in urban freight modeling[J]. European Transport/Trasporti Europei, 2013, 54(7).

[5] AMBROSINI C, MEIMBRESSE B, ROUTHIER J, et al. Urban freight policy-oriented modelling in Europe[M]. In: TANIGUCHI E, THOMPSON R G, eds. Innovations in city logistics. Hauppauge, NY: Nova Science Publishers, 2008: 197 - 212.

[6] ANAND N, QUAK H, VAN DUIN R, et al. City logistics modelling efforts: trends and gaps a review[J]. Procedia Social and Behavioural Sciences, 2012, 39: 101 - 115.

[7] ANAND N, YANG M, VAN DUIN J H R, et al. GenCLOn: an ontology for city logistics. Expert Systems with Applications, 2012, 39(15): 11944 - 11960.

[8] ANAS A, LIU Y. A regional economy, land use, and transportation model (RELU-TRAN): Formulation, algorithm design, and testing[J]. Journal of Regional Science, 2007, 47(3): 415 - 455.

[9] ANDO N, TANIGUCHI E. An experimentation study on the performance of probabi-listic vehicle routing and scheduling with ITS[M]. In: Taniguchi E, THOMPSON R G, eds. Recent advances in city logistics. The Netherlands: Elsevier, 2006: 59 - 74.

[10] ANDREOLI D, GOODCHILD A, VITASEK K. The rise of mega distribution centers and the impact on logistical uncertainty[J]. Transportation Letters, 2010, 2: 75 - 88.

[11] ARENTZE T A, TIMMERMANS H J P. ALBATROSS: A Learning-Based Transportation Oriented Simulation System. The Netherlands: the European Institute of Relating and Services Studies, 2000.

[12] ARENTZE T A, TIMMERMANS H J P. Deriving performance indicators from models of multipurpose shopping behaviour[J]. Journal of Retailing and Consumer Services, 2001, 8: 325 - 334.

[13] AULD J, MOHAMMADIAN A. Activity planning process in the agent-based dynamic activity planning and travel scheduling model[J]. Transportation Research Part A, 2012, 46: 1386 - 1403.

［14］ AXHAUSEN K, GÄRLING T. Activity-based approaches to travel analysis: conceptual frameworks, models and research problems［J］. Transport Reviews, 1992, 12: 324 – 341.

［15］ BAKER P, SLEEMAN J. The impact of economic and supply chain trends on British warehousing ［C］. In: Logistics Research Network 2011 Conference, Cranfield University, 2011.

［16］ BALMER M, MEISTER K, RIESER M, et al. Agent-based simulation of travel demand: structure and computational performance of MATSim – T. 2008, http://matsim. org/uploads/ BalmerEtAl2008ITM. pdf.

［17］ BANKES S C. Agent-based modeling: a revolution［J］. Proceedings of the National Academy of Science, 2002, 99(3): 7199 – 7200.

［18］ BEAMON B M. Supply chain design and analysis: models and methods［J］. International Journal of Production Economics, 1998, 55(3): 281 – 294.

［19］ BEN-AKIVA M, BOWMAN J L. Activity based disaggregate travel demand model system with daily activity schedules［C］. International Conference on Activity based Approaches: Activity Scheduling and the Analysis of Activity Patterns, the Netherlands: Eindhoven University of Technology, 1995.

［20］ BEN-AKIVA M, DW JONG G. The aggregate disaggregate aggregate (ADA) freight model system［M］. In: BEN-AKIVA M, MEERSMAN H, VAN DE VOORDE E, eds. Recent developments in transport modelling. London: Emerald Publishing, 2008.

［21］ BEN-AKIVA M, LERMAN S R. Discrete choice analysis: theory and application to travel demand［M］. Cambridge, MA, USA: MIT Press, 1985.

［22］ BHAT C, GUO J Y, SRINIVASAN S, et al. A comprensive econometric micro-simulator for daily activity travel patterns (CEMDAP) ［C］. Proceedings of the 83rd Transportation Research Board Annual Meeting, Washington, DC, USA: Transportation Research Board of the National Academies, 2004.

［23］ BHAT C, KOPPELMAN F. Activity-based modeling of travel demand［M］. In: Hall R, ed. Handbook of transportation science. Dordrecht: Kluwer Academic Publishers, 2003: 39 – 66.

［24］ BHAT C R. Analysis of travel mode and departure time choice for urban shopping trips［J］. Transportation Research Part B, 1998, 32(6): 361 – 371.

［25］ BOERKAMPS J H K, VAN BINSBERGEN A J, BOVY P H L. Modelling behavioural aspects of urban freight movement in supply chains［J］. Transportation Research Record, 2000, 1725: 17 – 25.

［26］ BONABEAU E. Agent-based modelling: methods and techniques for simulating human systems［J］. Proceedings of the National Academy of Sciences, 2002, 99(3): 7280 – 7287.

［27］ Cambridge Systematics Inc. Quick response freight manual II, Publication No. FHWA – HOP – 08 – 010, Federal Highway Administration, Washington, DC, 2007.

[28] Cambridge Systematics Inc. A working demonstration of a mesoscale freight model for the Chicago region. Chicago: Chicago Metropolitan Agency for Planning, 2011.

[29] CAO X, CHEN Q, CHOO S. Geographical distribution of e-shopping: an application of structural equations models in the twin cities[C]. Proceedings of the 92nd Transportation Research Board Annual Meeting, Washington, DC, USA: Transportation Research Board of the National Academies, 2013.

[30] CASCETTA E. Transportation systems analysis: models and applications[M]. Newyork: Springer, 2009.

[31] CAVALCANTE R, ROORDA M J. A disaggregate urban shipment size/vehicle-type choice model[C]. Proceedings of the 89th Transportation Research Board Annual Meeting. Washington, DC, USA: Transportation Research Board of the National Academies, 2010.

[32] CERVERO R. Mixed land-use and commuting: Evidence from the American housing survey [J]. Transportation Research A, 1996, 361 – 377.

[33] CHIANG Y S, ROBERTS P O. Representing industry and population structure for estimating freight flows[R]. Report 76 – 8, Centre for Transportation Studies, Massachusetts Institute of Technology, 1976.

[34] City Ports. CityPorts Project interim report [R]. Emilia-Romagna Region, Bologna, Italy, 2005.

[35] COMI A, NUZZOLO A. Simulating urban freight flows with combined shopping and restocking demand models[C]. Proceedings of the 8th Conference on City Logistics, Kyoto, Japan: Institute for City Logistics, 2013.

[36] COMI A, ROSATI L. CLASS: a city logistics analysis and simulation support system[C]. Procedia Social and Behavioral Sciences, 2013.

[37] CRAINIC T G, RICCIARDI N, STORCHI G. Models for evaluating and planning city logistics systems[J]. Transportation Science, 2009, 43(4): 432 – 454.

[38] CUBUKCU K M. Factors affecting shopping trip generation rates in metropolitan areas[J]. Studies in Regional and Urban Planning, 2001, 9: 51 – 68.

[39] D' INVERNO M, LUCK M. Understanding agent systems [M]. Berlin: Springer-Verlag, 2003.

[40] DANIELIS R, ROTARIS L, MARCUCCI E. Urban freight policies and distribution channels: a discussion based on evidence from Italian cities [J]. European Transport/Trasporti Europei, 2010, 46, 114 – 146.

[41] DAVIDSON W, DONNELLY R, VOVSHA P, et al. Synthesis of first practices and operational research approaches in activity-based travel demand modelling[J]. Transportation Research Part A, 2007, 41(5): 464 – 488.

[42] DE BOK M, BLIERNER M C J. Infrastructure and firm dynamics: calibration of microsimulation model for firms in the Netherlands[J]. Transportation Research Record,

2006, 1977: 132 – 144.

[43] DE JONG G, BEN-AKIVA M. A micro-simulation model of shipment size and transport chain choice[J]. Transportation Research Part B, 2007, 41(9): 950 –965.

[44] DE LA BARRA T. Integrated land use and transport modelling: decision chains and hierarchies[M]. Cambridge: Cambridge University Press, 1989.

[45] DELLAERT B G C, ARENTZE T A, BIERLAIRE M, et al. Investigating consumers' tendency to combine multiple shopping purposes and destinations[J]. Journal of Marketing Research, 1998, 35: 177 –188.

[46] DELLE SITE P, FILIPPI F, NUZZOLO A. Linee Guida dei Piani di Logistica Urbana Sostenibile[M]. Rimini, Italy: Maggioli Editore, 2013.

[47] DOHERTY S T, AXHAUSEN K W. The development of a unified framework for the household activity travel scheduling process [M]. In: BRILON M, HUBER F, SCHRECKENGERG M, et al. eds. Traffic and mobility: simulation economics environment. Berlin: Springer, 1999: 35 –56.

[48] DONNELLY R. Evaluation of practice today[M]. In: Hancock K, ed. Freight demand modelling: tools for public-sector decision making, conference proceedings (40). Washington, DC: Transportation Research Board, 2006: 27 –30.

[49] DONNELLY R. A hybrid microsimulation model of urban freight transport demand[D]. Melbourne: University of Melbourne, 2009.

[50] DONNELLY R, COSTINETT P J, UPTON W. The Oregon statewide and substate travel forecasting models. Statewide Travel Demand Forecasting, Transportation Research Circular E – C011, Washington, DC: Transportation Research Board, 1999.

[51] EPSTEIN J. Generative social science: studies in agent-based computational modelling[M]. Princeton: Princeton University Press, 2011.

[52] FIGLIOZZI M. Modeling the impact of technological changes on urban commercial trips by commercial activity routing type [J]. Transportation Research Record: Journal of the Transportation Research Board, 2006: 118 –126.

[53] FIGLIOZZI M A. Analysis of the efficiency of urban commercial vehicle tours: data collection, methodology, and policy implications[J]. Transportation Research Part B, 2007, 41(9): 1014 –1032.

[54] FIGLIOZZI M A, KINGDON L, WILKITZKI A. Analysis of freight tours in a congested urban area using disaggregated data: characteristics and data collection challenges. 2007, http://www.metrans.org/nuf/2007/documents/Figliozzifreighttours.pdf.

[55] GAN P L, RECKER W. A mathematical programming formulation of the household activity rescheduling problem[J]. Transportation Research Part B, 2008, 42: 571 –606.

[56] GENTILE G, VIGO D. A demand model for freight movements based on a tree clas-sification of the economic activities applied to city logistic citygood[C]. In Presentation in the 2nd

roundtable, BESTUFS workshop TFH, Wildau, 2006.

[57] GLIEBE J, COHEN O, HUNT J D. Dynamic choice model of urban commercial activity patterns of vehicles and people [J]. Transportation Research Record: Journal of the Transportation Research Board, 2007, 2003: 17 – 26.

[58] GONZALEZ-BENITO O. Random effects choice models: seeking latent predisposition segments in the context of retail store format selection[J]. Omega, 2004, 32: 167 – 177.

[59] GONZALEZ-FELIU J, AMBROSINI C, PLUVINET P, et al. A simu lation framework for evaluating the impacts of urban goods transport in terms of road occupancy[J]. Journal of Computational Science, 2012, 3(4): 206 – 215.

[60] GONZALEZ-FELIU J, ROUTHIER J L, RAUX C. An attractiveness-based model for shop ping trips in urban areas [C]. In: Proceedings of 12th World Conference on Transport Research, Lisbon, Portugal, 2010.

[61] GONZALEZ-FELIU J, TOILIER F, ROUTHIER J L. End-consumer goods movement generation in French medium urban areas [J]. Procedia Social and Behavioral Sciences, 2010, 2(3): 6189 – 6204.

[62] HARRIS R I D, LIU A. Input output modelling of the urban and regional economy: The importance of external trade[J]. Regional Studies, 1998, 32(9): 851 – 862.

[63] HESSE M. The city as a terminal: the urban context of logistics and freight trans port[M]. Aldershot: Ashgate Publishing Ltd, 2008.

[64] HEWINGS J G D. Regional input output analysis [M]. Beverly Hills, CA: Sage Publications, 1985.

[65] HOLGúlN-VERAS J, PATIL G. Observed trip chain behaviour of commercial vehicles[J]. Transportation Research Record, 2005, 1906: 74 – 80.

[66] HOLGúlN-VERAS J, PATIL G. A multicommodity integrated freight origin destination synthesis model[J]. Networks and Spatial Economics, 2008, 8(23): 309 – 326.

[67] HOLGúlN-VERAS J, THORSON E. Modelling commercial vehicle empty trips with a first-order trip chain model. Transportation Research Part B, 2003, 37(1): 129 – 148.

[68] HOLGúlN-VERAS J, XU N, DE JONG G, et al. An experimental economics investigation of shipper carrier interactions in the choice of mode and shipment size in freight transport[J]. Networks and Spatial Economics, 2011: 1 – 24.

[69] HUANG G Q, LAU J S K, MAK K L. The impacts of sharing production infor mation on supply chain dynamics: a review of the literature. International Journal of Production Research, 2003, 41(7): 1483 – 1517.

[70] HUNT J D, STEFAN K J. Tour-based microsimulation of urban commercial move ments. Transportation Research Part B, 2007, 41(9): 981 – 1013.

[71] HUNT J D, STEFAN K J, BROWNLEE A T. Establishment-based survey of urban commercial vehicle movements in Alberta, Canada: survey design, implementation, and

results[J]. Transportation Research Record, 2006, 1957: 75 – 83.

[72] IANNO` D, POLIMENI A, VITETTA A. An integrated approach for road, transit design in a city logistic plan: a case study[J]. WIT Transactions on the Built Environment, 2013, 130: 811 – 822.

[73] IBEAS A, MOURA J L, NUZZOLO A, et al. Urban freight transport demand: transferability of survey results analysis and models[J]. Procedia Social and Behavioral Science, 2012, 54: 1068 – 1079.

[74] IBRAHIM M F. Disaggregating the travel components in shopping centre choice. An agenda for valuation practices[J]. Journal of Property Investment and Finance, 2002, 20(3): 277 – 294.

[75] INGENE C A, GHOSH A. Consumer and producer behaviour in a multipurpose shopping environment[J]. Geographical Analysis, 1990, 22(1): 70 – 93.

[76] ISARD W. Interregional and regional input output analysis: a model of a space-economy[J]. The Review of Economics and Statistics, 1951, 33(4): 318 – 328.

[77] JANG T Y. Count data models for trip generation[J]. Journal of Transportation Engineering, 2005, 6: 444 – 450.

[78] JONES P M, KOPPELMAN F S, ORFEUIL J P. Activity analysis: state of the art and future directions[M]. In: ···, eds. Developments in dynamic and activity-based approaches to travel analysis. Aldershot, England: Gower, 1990.

[79] JUN M. A metropolitan input output model: multisectoral and multispatial relations of production, income formation, and consumption[J]. Annals of Regional Science, 2004, 38 (1): 131 – 147.

[80] JUN M. Forecasting urban land use demand using a metropolitan input output model[J]. Environment and Planning A, 2005, 37(7): 1311 – 1328.

[81] KAWAMURA K, MIODONSKI D. Examination of the relationship between built environment characteristics and retail freight delivery[C]. In: Proceedings of the 91st Annual Meeting of Transportation Research Board (TRB), Washington, DC, USA, 2012.

[82] KIM H, PARK D, KIM C, et al. Tour-based truck destination choice behaviour incorporating agglomeration and competition effects in Seoul[C]. Proceedings of the 8th conference on city logistics, Kyoto, Japan: Institute for City Logistics, 2013.

[83] KUBIS A, HARTMAN M. Analysis of location of large-area shopping centres. A probabilistic gravity model for the Halle-Leipzig area[J]. Jahrbuch für Regionalwissenschaft, 2007, 27: 43 – 57.

[84] KUZMYAK J R. Forecasting metropolitan commercial and freight travel. NCHRP Synthesis 384, National Cooperative Highway Research Program, Washington, DC: Transportation Research Board, 2008.

[85] LIMANOND T, NIEMEIER D A, MOKHTARIAN P L. Specification of a tour-based

neighborhood shopping model[J]. Transportation, 2005, 32: 105 – 134.

[86] LINDHOLM M. Urban freight transport from a local authority perspective a literature review [J]. European Transport/Trasporti Europei, 2013, 54(3).

[87] LIST G F, KONIECZNY L, DURNFORD C L, et al. Best practice truck flow estimation model for the New York City region[J]. Transportation Research Record, 2001, 1790: 97 – 103.

[88] LONG-LEE M, PACE K. Spatial distribution of retail sales[J]. The Journal of Real Estate Finance and Economics, 2005, 31(1): 53 – 69.

[89] MAEJIMA T. An application of continuous spatial models to freight movements in greater London[J]. Transportation, 1979, 8(1): 51 – 63.

[90] MEI B. A destination choice model for commercial vehicle movements in the metro-politan area[M]. In: Proceedings of the 92nd Transportation Research Board Annual Meeting, Washington, DC, USA, 2013.

[91] MEMMOTT F W. Application of statewide freight demand forecasting techniques [R]. NCHRP Report 260, National Cooperative Highway Research Program, Washington, DC: Transportation Research Board, 1983.

[92] MIAO L, QIANG M, RUAN Q. A vehicle routing problem with pickups, deliveries and handling costs[C]. Proceedings of the 92nd Transportation Research Board Annual Meeting, Washington, DC, USA: Transportation Research Board of the National Academies, 2013.

[93] MIN H, ZHOU G. Supply chain modelling: past, present and future[J]. Computers & Industrial Engineering, 2002, 43(12): 231 – 249.

[94] MOECKEL R. Business location decisions and urban sprawl: a microsimulation of business relocation and firmography[D]. University of Dortmund, 2006.

[95] MOKHTARIAN P L. A conceptual analysis of the transportation impacts of B2C ecommerce [J]. Transportation, 2004, 31(3): 257 – 284.

[96] MOKHTARIAN P L, ORY D T, CAO X. Shopping-related attitudes: a factor and cluster analysis of northern California shoppers[C]. In: Proceedings of 11th WCTR, Berkeley, CA, USA, 2007.

[97] MORRISON W I, SMITH P. Nonsurvey input output techniques at the small area level: an evaluation[J]. Journal of Regional Science, 1974, 14(1): 1 – 14.

[98] MUNUZURI J, LARRANETA J, ONIEVA L, et al. Estimation of an origin destination matrix for urban freight transport: application to the City of Seville[M]. In: TANIGUCHI E, THOMPSON R, eds. Logistics systems for sustainable cities. Kyoto: Institute for City Logistics, 2004.

[99] NAGURNEY A, KE K, CRUZ J. Dynamics of supply chains: a multilevel (logistical informational financial) network perspective[J]. Environment and Planning B, 2002, 29 (6): 795 – 818.

[100] NUZZOLO A, CRISALLI U, COMI A. A system of models for the simulation of urban freight restocking tours[J]. In: Procedia Social and Behavioral Sciences, 2012, 39: 664 – 676.

[101] NUZZOLO A, COMI A. Tactical and operational city logistics: freight vehicle flow modeling [M]. In: BEN AKIVA M, VAN DE VOORDE E, MEERSMAN H, eds. Freight Transport Modelling 21. Emerald Group Publishing Limited, 2013, 433 – 451.

[102] NUZZOLO A, COPPOLA P, COMI A. Freight transport modeling: review and future challenges[J]. International Journal of Transport Economics, 2013, XL(2): 151 – 181.

[103] NUZZOLO, A, CRISALLI U, ROSATI L. A schedule-based assignment model with explicit capacity constraints for congested transit networks[J]. Transportation Research Part C, 2012, 20(1): 16 – 33.

[104] OGDEN K W. Urban goods movement[M]. Hants, England: Ashgate, 1992.

[105] OPPENHEIM N. Urban travel demand modelling[M]. New York: John Wiley & Sons, 1994. POLENSKE K. Interregional analysis of U. S. commodity freight shipments[R]. Report SP – 389, Society of Automotive Engineers, New York, 1974.

[106] POLENSKE K. Multiregional interactions between energy and transportation[M]. In: POLENSKE K, SKOLKA J, eds. Advances in input output analysis. Cambridge: Ballinger Publishing Company, 1975: 433 – 460.

[107] POLIMENI A, VITETTA A. Optimising waiting at nodes in time-dependent networks: cost functions and applications[J]. Journal of Optimization Theory and Applications, 2013a, 156(3): 805 – 818.

[108] POLIMENI A, VITETTA A. A comparison of vehicle routing approaches with link costs variability: an application for a city logistic plan[J]. WIT Transactions on the Built Environment, 2013b, 130: 823 – 834.

[109] POPKOWSKI LESZCZYC P T L, SINHA A, SAHGAL A. The effect of multi-purpose shopping on pricing and location strategy for grocery stores[J]. Journal of Retailing, 2004, 80: 85 – 99.

[110] PROCHER V, VANCE C. Who does the shopping? German time-use evidence, 1996 – 2009[C]. Proceedings of the 92nd Transportation Research Board Annual Meeting. Washington, DC, USA: Transportation Research Board of the National Academies, 2013.

[111] QUAK H J, DE KODTER M B M. Delivering goods in urban areas: how to deal with Urban policy restrictions and the environment[J]. Transportation Science, 2008, 43: 211 – 227.

[112] QUATTRONE A, VITETTA A. Random and fuzzy utility models for road route choice[J]. Transportation Research Part E: Logistics and Transportation Review, 2011, 47 (6): 1126 – 1139.

[113] RAOTHANACHONKUN P, SANO K, WISETJINDAWAT W, et al. Estimating truck trip origin destination with commodity-based and empty trip models[J]. Transportation Research

Record, 2007, 2008: 43 - 50.

[114] RECKER W, STEVENS R. Attitudinal models of modal choice: the multinomial case for selected nonwork trips[J]. Transportation, 1976, 5: 355 - 375.

[115] RICH J, HOLMBLAND P M, HANSEN C O. A weighted Logit freight mode-choice model [J]. Transportation Research Part E, 2009, 45: 1006 - 1019.

[116] RICHARDS M, BEN-AKIVA M. A simultaneous destination and mode choice model for shopping trips[J]. Transportation, 1974, 3: 343 - 356.

[117] ROORDA M, CAVALCANTE R, MCCABE S, et al. A conceptual framework for agent-based modelling of logistics services[J]. Transportation Research Part E, 2010, 46(1): 18 - 31.

[118] ROUTHIER J L, TOILIER F. FRETURBV3, a policy oriented software of modelling urban goods movement[C]. In: Proceedings of the 11th World Conference on Transport Research, Berkeley, CA, 2007.

[119] RUAN M, LIN J, KAWAMURA K. Modelling urban commercial vehicle daily tour chaining [J]. Transportation Research Part E, 2012, 48: 1169 - 1184.

[120] RUITER E R. Phoenix commercial vehicle survey and travel models[J]. Transportation Research Record, 1992, 1364: 144 - 151.

[121] RUSSO F, CARTENI A. Application of a tour-based model to simulate freight distri bution in a large urbanized area [M]. In: TANIGUCHI M, THOMPSON R G, eds. Recent advances in city logistics. The Netherlands: Elsevier Ltd, 2006: 31 - 45.

[122] RUSSO F. Modelling behavioural aspects of urban freight movement[M]. In: VAN DE VOORDE E, BEN-AKIVA M, MEERSMAN H, eds. Freight transport modelling. Bingley, UK: Emerald Group Publishing Limited, 2013: 353 - 375.

[123] RUSSO F, COMI A. A modelling system to simulate goods movements at an urban scale [J]. Transportation, 2010, 37(6): 987 - 1009.

[124] RUSSO F, COMI A. Measures for sustainable freight transportation at urban scale: expected goals and tested results in Europe[J]. Journal of Urban Planning and Development, 2011, 137(2): 142 - 152.

[125] RUSSO F, COMI A. The simulation of shopping trips at urban scale: attraction macro-model [J]. Procedia Social and Behavioral Sciences, 2012, 39: 387 - 399.

[126] RUSSO F, COMI A. A model for simulating urban goods transport and logistics: the integrated choice of ho. re. ca. activity decision-making and final business consumers[C]. In: Procedia Social and Behavioral Sciences, 80: 717 - 728, Proceedings of the 20th international symposium on transportation and traffic theory (ISTTT'20), 2013.

[127] RUSSO F, MUSOLINO G. A unifying modelling framework to simulate the spatial economic transport interaction process at urban and national scales [J]. Journal of Transport Geography, 2012, 24: 189 - 197.

［128］ RUSSO F, VITETTA A. An assignment model with modified Logit, which obviates enumeration and overlapping problems［J］. Transportation, 2003, 30: 177 – 201.

［129］ SAMIMI A, MOHAMMADIAN A, KAWAMURA K. A behavioural freight movement microsimulation model: method and data［J］. Transportation Letters, 2010, 2: 53 – 62.

［130］ SANCHEZ-DIAZ I, HOLGúlN-VERAS J, WANG C. Assessing the role of land-use, network characteristics and spatial effects on freight trip attraction［C］. Proceedings of 92nd TRB Annual Meeting, Washington, DC, USA: Transportation Research Board of the National Academies, 2013.

［131］ SATHAYE N, HARLEY R, MADANAT S. Unintended environmental impacts of nighttime freight logistics activities［J］. Transportation Research Part A, 2010, 44: 642 – 659.

［132］ SCHLAPPI M L, MARSHALL R G, ITAMURA I T. Truck travel in the San Francisco Bay area［J］. Transportation Research Record, 1993, 1383: 85 – 94.

［133］ SCHOEMAKER J, ALLEN J, HUSCHEBEK M, et al. Quantification of urban freight transport effects. I. BESTUFS Consortium, 2006.

［134］ SEO S, OHMORI N, HARATA N. Effects of household structure on elderly grocery shopping behaviour in Korea［C］. Proceedings of the 92nd Transportation Research Board Annual Meeting, Washington, DC, USA: Transportation Research Board of the National Academies, 2013.

［135］ SHAPIRO J F. Modelling the supply chain［M］. 2nd ed. Toronto: Duxbury Press, 2007.

［136］ SLAVIN H. The transport of goods and urban spatial structure［D］. Cambridge: University of Cambridge, 1979.

［137］ SMITH C, CHEN J, SANA B, et al. A disaggregate tour-based truck model with simulation shipment allocation to trucks［C］. In: Proceedings of the 92nd Transportation Research Board annual meeting, Washington, DC, USA, 2013.

［138］ SONNTAG H. A computer model of urban commercial traffic［J］. Transport, Policy and Decision Making, 1985, 3(2): 171 – 180.

［139］ SORRATINI J A. Estimating statewide truck trips using commodity flows and input output coefficients［J］. Journal of Transportation and Statistics, 2000, 3(1): 53 – 67.

［140］ SOUTHWORTH F. An urban goods movement model: framework and some results［J］. Papers in Regional Science, 1982, 50(1): 165 – 184.

［141］ SPIESS H. A maximum-likelihood model for estimating origin destination matrices［J］. Transportation Research Part B, 1987, 21(5): 395 – 412.

［142］ STATHOPOULOS A, VALERI E, MARCUCCI E. Stakeholder reactions to urban freight policy innovation［J］. Journal of Transport Geography, 2012, 22: 34 – 45.

［143］ TARDIF R. Using operational truck location data to improve understanding of freight flows. North American Freight Transportation Data Workshop, Transportation Research Circular E – C119, Washington, DC: Transportation Research Board, 2007.

[144] TAVASSZY L, SMEENK B, RUIJGROK C. A DSS for modelling logistic chains in freight transport policy analysis[J]. International Transactions in Operational Research, 1998, 5 (6): 447 -459.

[145] TAYLOR S, BUTTON K. Modelling urban freight: what works, what doesn't work[M]? In: TANIGUCHI E, THOMPSON R, eds. City logistics I. Kyoto: Institute of Systems Science Research, 1999: 203 -217.

[146] THILL J C. Spatial duopolistic competition with multipurpose and multistop shopping[J]. Annals of Regional Science, 1992, 26: 287 -304.

[147] TURNQUIST M. Characteristics of effective freight models[M]. In: HANCOCK K, eds. Freight demand modelling: tools for public-sector decision making, conference proceedings. Washington, DC: Transportation Research Board, 2006, 40: 11 -16.

[148] VEENSTRA S A, THOMAS T, TUTERT S I A. Trip distribution for limited destinations: a case study for grocery shopping trips in the Netherlands[J]. Transportation, 2010, 37: 663 -676.

[149] VISSER J, NEMOTO J, BROWNE M. Home delivery and the impacts on urban freight transport: a review[C]. Proceedings of the 8th Conference on City Logistics, Kyoto, Japan: Institute for City Logistics, 2013.

[150] VRTIC M, FROHLICH P, SCHUSSLER N, et al. Two-dimensionally constrained disaggregate trip generation, distribution and mode choice model: theory and application for a Swiss national model[J]. Transportation Research Part A, 2007, 41: 857 -873.

[151] WANG Q, HOLGúlN-VERAS J. An investigation on the attributes determining trip chaining behaviour in hybrid micro-simulation urban freight models[C]. In: Proceedings of the 87th Transportation Research Board Annual Meeting, Washington, DC, USA, 2008.

[152] WANG Q, HU J. Behavioural analysis of commercial vehicle mode choice decisions in urban areas. In: Proceedings of the 91st Annual Meeting of Transportation Research Board (TRB), Washington, DC, USA, 2012.

[153] WEGENER M. Overview of land-use transport models[M]. In: Hensher D A, Button K, eds. Transport geography and spatial systems. Kidlington: Elsevier Science, 2004.

[154] WIGAN M. Benefit assessment for network traffic models and application to road pricing (417)[R]. Report LR, Crowthorne, Berkshire, UK: Road Research Laboratory, 1971.

[155] WIGAN M R, SOUTHWORTH F. What's wrong with freight models, and what should we do about it[C]? Transportation Research Board Annual Meeting Paper 06 -1757, 2006.

[156] WILLIAMS M. Factors affecting modal choice decision in urban travel[J]. Transportation Research, 1978, 12: 91 -96.

[157] WISETJINDAWAT W, SANO K. A behavioural modelling in micro-simulation for urban freight transportation[J]. Journal of the Eastern Asia Society for Transportation Studies, 2003, 5: 2193 -2208.

[158] WISETJINDAWAT W, SANO K, MATSUMOTO S. Supply chain simulation for modelling the interactions in freight movement [J]. Journal of the Eastern Asia Society for Transportation Studies, 2005, 6: 2991 – 3004.

[159] WISETJINDAWAT W, SANO K, MATSUMOTO S, et al. Micro-simulation model for modelling freight agents interactions in urban freight movement[C]. In: Proceedings of the 86th Transportation Research Board Annual Meeting, Washington, DC, USA, 2007.

[160] WOHLSEN M. How robots and military-grade algorithms make same-day delivery possible. Wired Magazine, 2013, http://www. wired. com/business/2013/03/online-retailers-faster-than-overnight/all/.

[161] XU J, HANCOCK K, SOUTHWORTH F. Simulation of regional freight movement with trade and transportation multinetworks [J]. Transportation Research Record, 2003, 1854: 152 – 161.

[162] YAO L, GUAN H, YAN H. Trip generation model based on destination attractiveness[J]. Tsinghua Science and Technology, 2008, 13(5): 632 – 635.

第9章　货物运输服务评估与弹性分析

杰拉德. 德. 琼（Gerard de Jong）

英国利兹大学运输研究所；Significance 公司 荷兰海牙；瑞典皇家理工学院运输研究中心，瑞典斯德哥尔摩（Institute for Transport Studies, University of Leeds, UK; Significance BV, The Hague, The Netherlands; and Centre for Transport Studies, VTI/KTH, Stockholm, Sweden）

9.1　引言

目前存在大量关于货物运输服务评估以及旅客运输服务评估的研究，如运输时间价值（Values of Transport Time, VTT）和运输时间可靠性价值（Values of Transport Time Variability, VTTV），主要原因是许多国家运输基础设施（如新建公路和铁路、道路扩建、轨道、桥梁、隧道、船闸等扩容）的建设计划和运输政策措施（如道路收费政策）的制定需要通过"成本－效益"分析（Cost－Benefit Analysis, CBA）实现，而运输服务评估恰巧是做好"成本－效益"分析必须的前期准备工作，为此需要将损益情况进行成本量化。例如关于基础设施项目和运输政策对货物运输时间效益的研究，以及关于运输时间波动性降低、运输柔性增加、货物运输中有害排放减少等影响的研究。

由于在模型内部寻找转换因子非常困难且多为无效结果，甚至会和模型中其他元素产生矛盾，因此构建货物运输模型需要从外部获得部分转换因子，这也是进行货物运输服务评估研究的另一个原因。当研究者综合考虑运输时间、运输成本以及运输时间价值等外部价值以得到其共性时也会出现上述情况。然而理论上应当综合考虑上述变量。

从不同原因角度出发得到的评估值不一定相同。从第二种原因角度出发，影响货物运输代理商选择的所有因素都应包括在内。而从第一种角度出发，即在国内、国家间或区域政府的成本效益分析中，部分因素（如税收）由于其仅出现于系统中的代理商间的转运环节而被排除。

9.2 节将介绍评估的方法以及所需的数据类型。在之前的章节中讨论过的部分模型（例如第 6 章中的模式选择模型）也能用于货物运输评估，本章对这类方法仅作简要介绍，具体介绍请参考相关章节。9.2 节还包括研究结果综述以及运输时间价值和运输时间变动价值的单独分析。

弹性指外生变量（诱发变量）的变化对于内生变量（响应变量）的影响，这两个变量都是通过相对于初始值的变动率来衡量。例如：公路运输成本的波动或铁路运输时间的波动等都可以看成诱发变量，而公路运输中吨千米数的波动等则可以看成响应变量。若公路运输费用每增加 1%，公路货物运输吨千米数减少 0.3%，则公路运输费用对于公路货物运输吨千米的需求弹性是 -0.3（= -0.3/1）。

弹性分析主要用于从高阶分析模型中（deJong 等，2004）以初步了解一些政策措施可能产生的影响，从而确定政策措施的有效性。后续研究中会用更具体的模型来检验措施的有效性。高阶分析模型中的弹性来自其他的特定模型或有关文献。通常情况下，越具体的模型里运用弹性的可能性越小，但是这些模型所刻画的用户选择行为会隐含一些特定的弹性值（该值可能会因涉及的措施、初始值和市场结构不同而有所区别）。

在 9.3 小节中，我们将论述如何根据不同类型运输模型推导弹性值。弹性值的大小在很大程度上取决于运输代理商对不同因素的反应（例如，对运输效率、运输模式、供应商的变化的反应）。我们会对响应机制进行分类，同时也会回顾文献中现有的成果并区分运输成本弹性和运输时间弹性。

运输时间价值、运输成本弹性、运输时间弹性也通常被用于判断模型的优劣程度，即判断该模型是否衡量出了运输时间价值、运输时间和运输成本对于运输需求的影响程度、影响是否敏感以及结果是否与已有的文献一致。理论上这是一个甄别模型中因素的相对重要性和模型的响应特性（敏感性）的好方法。但也可能会导致一种在大量分析文献时所产生的"文件柜"问题，即若按现有文献中的模型去测算运输时间价值和弹性值，其相应值会出现较大的偏差而被舍弃（但是会在文件柜中结束运行）。然而，这类偏离值有时也是可取的。

9.2 货物运输服务评估

9.2.1 模型研究与要素成本分析

现有文献中主要有两类方法用于计算货物运输服务的非货币属性评估值（尤其是运输时间价值）：

- 要素成本法；
- 模型研究法。

本小节首先介绍要素成本法，模型研究法将在 9.2.2 节讨论。

要素成本法重点分析与运输服务相关的输入、输出要素，其本质上是一种成本核算方法，即计算行程时间缩短时节约的输入要素成本或行程时间延长时增加的输入要素成本。该方法应用的难点在于如何确定应该分析的成本要素。

在货物运输中，若一个运输项目投资能够节约运输时间，那么就会节省出其他生产要素（如劳动力、车辆），而这些生产要素可以用于其他的货物运输服务中。在要素成本法的研究中，通常将劳动力成本纳入与时效性相关的运输成本中核算。这些成本要素项目可以从承运人（以及自营物流商）付给运输员工的薪水数据中计算出来。对于是否应该将燃料费用、运输设备的固定成本、企业的日常管理费用、库存成本以及物流成本包括在运输时间价值之中，目前存在不同的观点。上述问题也可以采取其他的研究方法，如模型研究法。一些研究者认为并不是所有的劳动力成本都应包括在运输时间价值之内，因为有些时间增益并不能有效利用。另一些研究者则认为这只是在短期中存在的问题，从长期来看（即从"成本－效益"分析的相关角度看），几乎所有的运输成本都与运输时间相关，因此劳动力成本应当被包含在运输时间价值之内。上述问题也可以运用模型研究法来研究。我们将在 9.2.3 中进一步讨论生产要素成本法和模型研究法对运输时间价值的研究结果。

模型研究法通常能够区分与平均运输时间相关的成本以及超出平均运输时间的额外成本，尤其是运输延迟（或提前配送）带来的额外成本。[①] 但在因素成本法中，由于该方法运用的是简单的运输成本函数，想要从中分析出运输时间可靠性的影响是非常难的。然而，如果在因素成本法中应用包括商品价值、商品损耗以及安全库存成本（取决于运输时间的可变性）的全物流成本函数，那么

---

① 然而，必须指出的是许多模型并没有对此做出明确的区分。

运输时间价值和运输时间可靠性价值都能够作为运输时间及其可变性的衍生物计算出来(用均标准差或方差表示)。对此问题更深入的讨论详细参考 Bruzelius(2001)和 Vierth(2013)的研究。

9.2.2　服务评估的不同数据和离散选择模型

根据模型基础数据的类型可将模型研究方法分为:

- 显示性偏好研究(Revealed Preference,简称:RP);
- 陈述性偏好研究(Stated Preference,简称:SP)(这类研究方法在第 6 章和第 10 章也有提及)。

货物运输服务评估中也存在 RP/SP 组合模型,但目前此类研究还非常少。

货物运输服务评估中 RP 研究使用的数据来源于托运人、承运人、中介或者货物运输司机在实际情况中的选择行为。因此,RP 模型的第一步就是在时间(或另一种货物运输服务变量)和成本之间做出选择。如:

- 在快速高价和慢速低价的运输模式之间做出选择(详细见第 6 章;关于运输模式和运输规模的联合选择详见第 5 章);
- 承运人的选择,即承运人在自营物流和物流外包之间做出选择(见 Fridstrøm 和 Madslien,1994);
- 高速收费公路和拥堵的免费道路之间的选择;
- 供应商的选择(详见 6.3.3 节)。

通过模拟选择行为,我们可以通过评估模型的系数获得实际选择行为隐含的货物运输服务评估值。

目前关于 RP 货物运输的研究,大多是根据运输模式所选择的数据(例如公路与铁路的选择,铁路与内陆水运的选择)得出一个或多个运输时间价值。

货物运输时间可靠性价值(VTTS)的 SP 研究要求决策者(实际上大多是特定的托运人和承运人)从研究者给出的假设选择中选出他们的偏好。这些假设选择与货物运输相关,并且根据运输时间、运输成本以及运输中其他特性的不同有着不同的属性级别。

SP 研究背景(选择集合)与 RP 研究背景相同,可以是运输模式选择(例如同一运输过程公路和铁路组合方式的选择:两点间运输模式选择)或路线选择。运输模式选择示例如图 9.1 所示。

你更愿意选择哪种运输方式?		
	公路运输	铁路运输
运输费用	710 欧元	640 欧元
运输时间	2 h 40 min	3 h 40 min
早 20 min 送达	10%	0%
准时送达	70%	90%
晚 40 min 送达	20%	10%
	□选择公路运输	□选择铁路运输

图 9.1　运输模式选择 SP 实验选择情形示例

运输时间可靠性的研究参考了抽象时间成本对比实验,实验中所有供选择的运输模式都有着相同的模式和路线。在实验中,备选的运输模式具有不同的行程时间、运输费用和其他的特性,但可供选择的运输模式并没有以"收费高速路段"和"铁路运输"的形式区分。抽象实验中选择示例如图 9.2 所示。

你更愿意选择那种运输方式?		
	运输方式 A	运输方式 B
运输费用	710 欧元	640 欧元
运输时间	2 h 40 min	3 h 40 min
准时送达	90%	95%
	□选择运输方式 A	□选择运输方式 B

图 9.2　SP 实验抽象选择情形示例

SP 实验中可供选择的运输模式对运输时间波动性的描述涉及许多复杂的概念,我们在此进行特别说明。

在含有运输费用和运输时间的效用函数中纳入对方差的衡量是将可变性变量纳入运输模型最简单的方法,例如运输时间的标准差或方差(Significance、Goudappel Coffeng 和 NEA,2012)。该模型不要求相同的出发时间点,但反过来计算到达时间的偏好性也并非易事。在特定的假设下,这种运输时间可变性的表述等价于从调度理论中得出的预期调度成本(Fosgerau 和 Karlstrom,2010)。然而在货物运输 SP 实验中许多受访者并真正不理解标准差的含义。

图9.2给出了在大多数货物运输模型中使用的变量以及能够准时(或在预先设定的时间窗内)送达目的地的商品的比例。然而,该方法没有考虑迟到带来的后果,并且难以推导出获得标准差的方法(de Jong等,2009)。

如图9.1所示的运输时间变动的表述方式也被用于悉尼的David Hensher教授和他的团队的研究中,同时他们通过设定更宽泛的行程时间对此进行了进一步研究。他们的研究考虑运输时间的基本标准差,因此能够评估带有标准差系数的模型。

Significance等荷兰机构(2012)对运输时间价值和运输时间可靠性价值的研究将运输可变性表示为抽象的运输选择方案,该方案由连续五个等概率的运输时间以及五个相应到达时间构成。该研究仅以文字形式进行描述,未用图表展示(如图9.3所示)。通过对试点的五个运输时间集合进行文字描述和图形描述等不同表述形式的调查,我们发现图表形式(如图9.3所示)是试验中最易理解并且最受调查对象喜爱的形式(Tseng等,2009),该方法能够评估存在标准差、调度模型及两者结合的模型。

问题:你更愿意选择哪种运输方式

运输方式 A		运输方式 B	
出发时间:09:45		出发时间:09:20	
你对以下每种运输时间和相应的到达时间有同等的选择机会		你对以下每种运输时间和相应的到达时间有同等的选择机会	
运输时间	到达时间	运输时间	到达时间
1 h 25 min →	11:10	1 h 50 min →	11:10
1 h 25 min →	11:30	2 h 10 min →	11:30
1 h 45 min →	11:30	2 h 10 min →	11:30
2 h 5 min →	11:50	3 h 10 min →	12:30
2 h 25 min →	12:10	4 h 50 min →	14:10
平均运输时间:1 h 45 min		平均运输时间:2 h 10 min	
运输费用:625 欧元		运输费用:625 欧元	
□选择运输方式 A		□选择运输方式 B	

图9.3 以五个等概率的运输时间形式表示的运输可变性 SP 抽象选择情形示例

数据来源:Tseng 等(2009)和 Significance 等(2012)。

　　SP 数据在货物运输建模中是有一定的优势的，尤其是它能获得一些通过其他途径难以得到的数据（例如成本和价格方面的数据）（Fowkes、Nash 和 Tweddle，1991）。SP 数据的缺点在于其假设性质，即这些数据是假设性选择而非实际决策。为了避免上述缺点造成的影响，需要精心设计偏好调查，即要求调查对象结合自身情况（环境陈述性偏好）对运输方式做出选择。基于计算机的 SP 实验中的决策者（如物流经理）需要在特定的运输方案之间做出选择。实际运输方案通过调查对象给出的答案确定；属性水平基于所选的运输方式的观察水平。几乎所有的货物运输 SP 研究都会通过计算机进行，这可以提供最高程度的定制化。

　　货物运输服务评估 SP 调查中的一个难题是谁来接受采访、采访什么（在 6.1 和 6.2.4 节中也有提到）。Massiani（2005）认为托运人只会给出货物本身的时间价值（与运输中的存货利息以及缺货成本相关），而承运人的支付意愿（Willingness – to – Pay，WTP）才能全面反映时间价值。Booz 等（2003）指出区分时间和成本的变化是一个难点，对承运人来说尤为困难。

　　在 Significance 等荷兰机构（2012）对运输时间价值和运输时间可靠性价值的研究中，由于 SP 问题做出响应时，影响货物运输时间价值的不同因素的考虑程度不同，因此 Significance 等人针对行为者做出了假设（如表 9.1 所示）。

表 9.1　货物运输调查对象在 VTT（和 VTTV）方面的假设

	货物相关的价值	车辆和员工相关的价值
承运人	不包括	包括
自营物流	包括	包括
外包物流	包括	不包括

　　承运人最有权决定运输时间价值和运输时间可靠性价值的构成，因为这两种价值与提供运输服务的成本相关。运输时间减少将释放可用于其他运输中的车辆和劳动力，从而节约车辆和劳动力成本。

　　运输时间价值和运输时间可靠性价值聚焦于商品本身的价值，而外包物流更多关注其他方面的价值，如运输期间商品投资的资金利息（只针对高价值商品）、运输过程中易腐商品的损耗、以及由于原材料短缺造成的生产中断或由于库存不足造成的供货延迟的概率，后两者对运输时间可靠性价值的影响更大。

　　自营物流承运商能提供和运输服务成本相关且与商品本身价值相关的信

息。如果能够合理区分运输时间价值或运输时间可靠性价值中的上述两个因素，就可以将承运人和托运人的运输时间价值或运输时间可靠性价值纳入社会"成本 – 效益"分析中，以获得综合运输时间价值或运输时间可靠性价值。

Significance 等荷兰机构(2012)研究中的运输时间价值和运输时间可靠性价值不仅包含与商品相关的要素，还包含与货物运输服务相关的要素。这是因为，在荷兰对货物运输项目进行"成本 – 效益"分析时，用户节约的时间价值包含了节约的车辆和劳动力。而在其他国家(如瑞典)运输时间价值只与商品组成有关，而运输服务成本的变化则另外计算。在此之前的研究并未尝试将运输时间价值和运输时间可靠性价值中的这两种因素分开研究，但在该研究中对这两种要素进行了单独评估。

表 9.1 对常见模式进行了介绍，当然也存在例外。因此在调查中研究者引导外包物流的托运人只回答他们最了解的部分，承运人也是如此。为了从各种类型的代理商处获得更明确的要素值，研究人员对调查问题进行了非常明确的解释说明。具体如下：

- 向调查对象说明运输时间、运输成本及其稳定性的波动是一致的，即上述值适用于所有使用相同基础设施的承运人，公司间不存在竞争优势。
- 向承运人(以及物流服务提供者)说明节约的运输时间能够用于其他的运输之中，即可将人员和车辆/船安排到其他的生产活动中。稳定性越高意味着承运人更有把握重新安排运输计划。同时，承运人不必考虑运输延迟对商品造成的影响。
- 向外包物流的托运人说明他们只需要考虑运输时间或其稳定性的波动对商品造成的影响，变质、生产过程中断、库存耗尽等情况是否会发生及其重要性由托运人考虑。
- 向自营物流的托运人说明他们必须要考虑所有因素，如商品和运输工具。

基于 9.2.2 小节的数据类型得到的模型(例如多项式 Logit 模型，混合 Logit 模型)和推导出的运输时间价值、运输时间可靠性价值以及其他服务质量相关值和第 6 章中的离散选择模型一致。但是单独对货币估值的模型而言，混合 Logit 模型比预测模型的应用更加广泛，尤其是在旅客运输中。这主要是因为在进行判断后还要多次使用预测模型，但是对于货币估值模型而言，一次评价已经足够。

此外，很多评价研究只使用陈述性偏好数据。但预测模型通常基于显示性偏好数据或显示性偏好数据和陈述性偏好数据的结合(对两者不同点的解释见 6.2.2 小节)。

很多效用模型可以用如下的运输时间与运输成本的线性加权模型来描述:

$$U = \beta_C \times C + \beta_T \times T + \beta_R \times \sigma \tag{9.1}$$

式中: U 为效用; β_C 为运输成本系数(估计值); C 为运输成本; β_T 为运输时间系数(估计值); T 为运输时间; β_R 为波动性(稳定性)系数(估计值); σ 为运输时间分布的标准差。

运输时间价值可以由运输时间系数除以运输成本系数[①]得到:

$$VVT = \frac{\beta_T}{\beta_C}$$

运输时间可靠性价值也能以类似的方法计算出来:

$$VTTV = \frac{\beta_R}{\beta_C}$$

有时用稳定性比 RR 来表示运输时间可靠性价值(基于标准差)与运输时间价值的相对关系:

$$RR = \frac{\beta_R}{\beta_T}$$

有些不符合线性效用规范的模型可以用支付意愿的形式表示:

$$U = \beta_C \times (C + VTT \times T + VTTV \times \sigma) \tag{9.2}$$

运输时间可靠性价值与对数形式支付意愿空间模型(Fosgerau, 2006)相同, 此处对运输时间价值和运输时间可靠性价值也直接进行了估计, 即对式(9.2)中的括号项取自然对数。

9.2.3 运输时间价值的结果

de Jong (2008)的研究中对 2007 年之前不同运输模式下货物运输时间价值的研究进行了综述, 2008 年发表的论文的主要发现并新增了部分研究总结如表9.2 所示。货物运输时间价值相关研究的另一近期综述详细参考 Feo – Valero、Garcia – Menendez 和 Garrido – Hidalgo (2011)的文献。

de Jong (2008)的文献综述以及表9.2 中的研究并不都关注运输时间价值, 部分研究关注于货物运输服务部分属性的评估, 还有一些研究主要用于预测未来货物运输量。因此需要对运输规模均值、运输货物价值、运输成本和运输时间进行假设, 并将汇率和物价指数按 2010 年的货币标准进行转换。由此得到的值只能被视作所引用研究结果的推导值。此外与 de Jong (2008) 文中总结的

---

① 在个别系数的数据基础上计算 VTT 和 VTTV 的标准误差或者 t 比率的精确方法是存在的(Daly, Hess 和 de Jong, 2012)。

表格不同，本文尝试按照如下方式将实证结果（部分研究带有主观性）进行
分组：

- 运输时间价值的商品相关要素的结果；
- 运输时间价值的运输服务相关要素（车辆和员工）的结果；
- 综合上述两种要素的结果。

表 9.2 列出了公路运输的结果，表中的运输时间价值为平均车辆数。根据
荷兰货物运输时间价值研究，平均载重取 8 公吨（考虑空载）。

根据 de Jong（2008）的研究，公路货物运输时间价值的取值范围按照 2002
年货币标准为 30 到 50 欧元，按照 2010 年货币标准为 35 到 60 欧元。这一取值
范围适用于表 9.2 中的运输时间价值的两种要素。表 9.2 包含但不限于以下研
究：荷兰对货物运输时间价值的首次研究（de Jong、Gommers 和 Klooster，
1992）；英国在 1994 年、1995 年对运输时间价值的研究（Accent 和 HCG，
1999）；Fowkes 等（2001）；荷兰对货物运输时间价值二次研究（de Jong 等，
2004）；Hensher、Puckett 和 Rose（2005）。挪威对货物运输时间价值和运输时间
波动价值的最新研究（Halse 等，2010）以及荷兰对旅客运输和货物运输时间价
值和运输时间可靠性价值的最新研究（Significance 等，2012）也证明了两种因素
之和的值在上述取值范围内。

表 9.2　公路商品运输的运输时间价值（VTT）（2010 年标准/运输/h）

文献	国家	数据类型	方法	VTT
运输时间价值中的商品组成：				
de Jong（2008）	斯堪地那维亚	SP	多种离散选择模型	0～10
Danielis、Marcucci 和 Rotaris（2005）	意大利	SP	有序 Probit 模型	7
IRE 和 RAPP Trans （2005），Maggi 和 Rudel（2008）	瑞士	SP	MNL	14
Fries 等（2010）	瑞士	SP	MNL	4
Halse 等（2010）	挪威	SP	MNL 和混合 Logit 模型	大卡车（平均 装载 12 吨）：9
de Jong 等（2011）	荷兰	RP（运输模式 选择）	集计 Logit 模型	6

续表 9.2

文献	国家	数据类型	方法	VTT
Johnson 和 de Jong（2011）	瑞典	RP(运输模式和运输规模选择)	MNL 和混合 Logit 模型	24
Significance 等（2012）	荷兰	SP	MNL	6
运输时间价值中的运输服务要素：				
Halse 等（2010）	挪威	成本数据	要素成本分析法	大卡车(平均载重 12 吨)：72
de Jong 等（2011）	荷兰	成本数据	要素成本分析法	27
Significance 等（2012）	荷兰	SP	MNL	32
运输时间价值的两种成分组合：				
de Jong（2008）	多个国家	大部分是 SP	大多是 MNL	35~60
Halse 等（2010）	挪威	费用数据和 SP	要素成本分析法，MNL 和混合 Logit 模型	大卡车(平均载重 12 吨)：81 普通卡车(载重 8 吨)：54
Significance 等（2012）	荷兰	SP	MNL	38

挪威的研究建议对商品要素采用模型分析法，对运输服务要素进行要素成本分析，并结合从承运人处得到的运输服务要素模型对结果进行分析。由上述方法得出的结果大约是每小时运输费用的 85%，但是作者指出对承运人的评估可能包含托运人的商品要素。荷兰最新的研究对货物和运输服务进行了区分（见 9.2.2），由此得到的运输时间价值中的运输服务要素值大概是每小时运输费用的 65%：承运人可以接受节省的时间价值并没有被完全转换使用。挪威的研究中公路运输的商品要素值占总运输时间价值的 11%，而在荷兰的研究中，该比例是 17%。综合上述两项研究中的模型评估结果可得，考虑商品要素的运输时间价值略低于要素成本的 4%~18%。由表 9.2 中第一部分中该要素的其他结果可得商品要素值相对较小。

与公路运输相比，其他运输模式的研究文献较少，且其中大多是关于铁路运输的研究。如表 9.3 所示，再次总结了 de Jong(2008)的研究中关于铁路运输或多式联运的研究，并且提供了一些新的视角，表中结果的单位为公吨（例如在荷兰的研究中，一整列车的平均载重为 950 t)①。

表9-3 铁路商品运输中的运输时间价值（VTT）[2010年，欧元/（吨·h）]

著作	国家	数据	方法	运输时间价值
运输时间价值中的商品成分：				
de Jong（2008）	斯堪地那维亚	SP	MNL	0~0.1
Johnson 和 de Jong（2011）	瑞典	SP（运输模式和运输批量的选择）	MNL & 混合 Logit 模型	0.1
Significance，VU University 等（2012）	荷兰	SP	MNL	0.3
运输时间价值中的运输服务成分：				
de Jong 等（2011）	荷兰	成本数据	要素成本 分析法	0.5
Significance 等（2012）	荷兰	SP	MNL	0.9
运输时间价值中的两种成分：				
de Jong（2008）	多个研究	SP 为主	MNL	0.1~0.4
Significance 等（2012）	荷兰	SP	MNL	1.2

　　对公路运输来说，商品要素值是铁路运输时间价值的次要组成部分。在 Significance 等机构（2012）的研究中，商品要素值约占总运输时间价值的27%。铁路每公吨的运输时间价值总值明显低于公路运输（大约每吨低5欧元）。

　　关于旅客运输时间价值的研究较多，大量对于旅客运输时间价值的分析研究试图从不同国家和方法的角度解释运输时间价值。货物运输时间价值的可用数量接近元回归分析所需的最低值。欧盟 HEATCO 项目通过对不同国家的货物运输时间价值进行大量分析发现，人均 GDP 和货物运输时间价值的弹性为 0.3 到 0.4（Bickel 等，2006）。该值明显低于统一值，这可能是货物运输市场的公开性和竞争性造成的，这也导致与人均 GDP 相比，国家之间的货物运输率变化较小。Zamparini 和 Reggiani（2007）收集了来自欧洲和北美的 22 个国家的 46 份关于货物运输时间价值的观察报告，并采用回归函数从人均 GDP、地区和运输方式的角度解释了运输时间价值自然对数的关系。

---

① 内陆航道、海运、空运的运输时间价值可以在 De Jong（2008）和 Significance 等（2012）中找到。

9.2.4　运输时间可靠性价值结果

对货物运输时间可靠性价值定量结果的综述如表 9.4 所示（主要基于 ITS Leeds 等，2008 和 Significance、Goudappel Coffeng 和 NEA，2012；Significance 等，2012）。前面章节中讨论过，稳定率（RR，Reliability Ratio，即运输时间可靠性价值的标准差）是目前将运输时间可靠性价值引入货物运输模型最有效的方法。然而，采用这一方法的研究很少。近期的研究表明（Fowkes，2006；Halse 等，2010；Significance 等，2012），货物运输中稳定率并没有想象中那么高（MVA，1996；de Jong 等，2009）。

表 9.4　商品运输中的运输时间可靠性价值（按 2010 年货币标准计算）

著作/机构	国家	数据类型	方法	定量结果（+定义）：运输时间或运输成本等价表达
Hague Consulting Group、Rotterdan Transport Center 和 NIPO（1992）	荷兰	SP（托运人和承运人）	MNL	荷兰：运输不准时率增加 10%（例如从 10% 增加到 11%）相当于运输费用增加 5% ~8%
Accent 和 Hague Consulting Group（1999）	英国	SP（托运人和承运人（公路））	MNL	运输延迟 30 分钟甚至更久的机率增加 1% 相当于每单位运输成本增加 0.5 ~2.1 欧元
MVA（1996）	英国	文献检阅		运输时间稳定性比：1.2
Small 等（1999）	美国	SP（承运人）	MNL 排序模型	与规定的配送时间（调度延迟）的方差减少 1 小时，相当于单位运输成本节约 450 欧元
Transek（1990；1992），Bruzelius（2001）	瑞典	SP（托运人）	MNL	对于铁路运输，延迟率增加 1%，相当于每车成本增加 5 ~8 欧元；对于公路运输，单位运输成本增加 4 ~37 欧元
Bruzelius（2001），INREGIA（2001）	瑞典	SP（托运人）	MNL	延迟风险值：公路运输中每千米每单位运输成本增加 7 欧元，铁路运输 128 欧元，航空运输 30 欧元

续表 9.4

著作/机构	国家	数据类型	方法	定量结果(+ 定义)：运输时间或运输成本等价表达
Fowkes 等(2001)	英国	SP(托运人和承运人(公路))	MNL	最早到达时间和出发时间的不同值是平均每运输单位每分钟 1.4 欧元左右。98% 的运输时间减去最早的到达时间的值是 1.7 欧元(延伸)。出发时间的方差(调度延迟)值是1.3 欧元
de Jong 等(2004)，de Jong 等(2009)	荷兰	SP(托运人和承运人)	MNL	不准时的比率变化 10%(例如从 10% 变到 11%)，对于公路运输相当于每次运输成本增加 2 欧元。转换成运输时间稳定性比为：1.24。铁路运输、内河运输、海运、空运同上
Bogers 和 van Zuylen(2005)	荷兰	SP(货车司机和托运、承运方的经理)	MNL	卡车司机将悲观的运输时间视为客观运输时间(中等风险)的两倍。托运方和承运方对悲观运输时间的取值略小
IRE 和 RAPP Trans (2005)，Maggi 和 Rudel(2008)	瑞士	SP(托运人)	MNL	运输时间比每增加 1%(如从 10% 增加到 11%)，单位运输费用增加 42 欧元
Fries 等6(2010)	瑞士	SP(托运人)	混合评价模型	运输时间比每增加 1%(如从 10% 增加到 11%)，单位运输费用增加 16 欧元
Fowkes(2006)	英国	SP(托运人和承运人)	MNL	运输时间稳定性比：0.2 ~ 0.3
Hensher(2005)	澳大利亚	SP(收费公路和免费公路)	混合评价模型	运输时间可靠性价值每变动一个百分点，承运人成本变动值为 2.5 欧元，托运人成本变动值为 7.5 欧元。这是通过单独观察货物运输率得出的；当将所有费用都纳入计算，运输时间波动性价值增加到 9.1 欧元。将这些值赋予实际意义，结果显示，如果免费线路运输准时率是 91%，而收费路线的准时率是 97%，运输时间可靠性价值为每单位 15 欧元

续表 9.4

著作/机构	国家	数据类型	方法	定量结果(+ 定义):运输时间或运输成本等价表达
Halse 等(2010)	挪威	SP(主要是公路运输中的托运人)	MNL	托运人在公路运输中的运输时间稳定性比:1.3
Significance 等(2012)				承运人运输时间稳定性比(公路):0;公路总运输时间稳定性比:0.1~0.4;选择公路运输的托运人的运输时间稳定性比:0.3~0.9;承运人运输时间稳定性比(公路):0;公路总运输时间稳定性比:0.4;铁路、内航、海运、航空运输同上

9.2.5　货物运输服务的其他价值属性

在陈述性偏好研究中,其他可转化为货币价值的货物运输服务质量属性有(Feo - Valero 等,2011):

- 运输中损坏的概率;
- 运输频率;
- 转运问题;
- 柔性;
- 对于延迟信息的处理;
- 运输中温室气体的排放。

9.3　货物运输弹性

9.3.1　运输弹性模型推导

弹性的优点在其无量纲性,即测量单位的变化(例如:距离测量单位从千米变为英里)不影响其弹性。弹性给出需求或供给(例如:公路运输中的周转量,吨千米)的变化百分比和某个可以解释其变化的因素(如公路货物运输运价)的变化百分比的比值。

本节中使用弹性的表示独立变量(或自变量)的变化对依赖变量(或因变量)的影响,二者都以百分比来衡量。

弹性是"在其他条件不变"的条件下定义的,即在其他所有的变量都(例如其他独立变量)不变的假设下才有效。

弹性可正可负。若弹性的绝对值超过 1,则称因变量与自变量"弹性相关"(如弹性需求)。

9.3.1.1　基本区别

首先是点弹性和弧弹性之间的区别。点弹性是衡量自变量变动对于因变量变动的反应程度。商品需求量 Q 与其价格 P 的点弹性表示如下:

$$E_p = (dQ/Q)/(dP/P) = (dQ/dP) \times (P/Q) \tag{9.3}$$

式中: dQ/dP 是需求函数(普通需求或马歇尔需求)关于价格的导数(即需求函数的斜率)。

弧弹性适用于自变量变化相对较大的情况,点弹性则相反。弧弹性的定义如下:

$$e_P = (\Delta Q/\Delta P) \times (P_1 + P_2)/(Q_1 + Q_2) \tag{9.4}$$

下标 1 和 2 分别代表变化前后的价格。弧弹性是否高于点弹性取决于需求函数的凹凸性。

其次是独立弹性和交叉弹性之间的区别。在运输模式选择的研究中,独立弹性(或直接弹性)表示该运输模式中的属性对需求的影响,如公路运输成本关于公路运输周转量(吨千米数)的弹性。交叉弹性表示不同模式中的属性对需求的影响,如公路运输成本关于铁路运输的周转量(运吨千米)的弹性。

由于大多数货物运输市场利润率很低,本文认为运输价格和运输成本基本等同。

关于独立价格弹性的实证研究文献将在 9.3.3 小节介绍。考虑到交叉弹性对当前市场模式份额的严重依赖,而这种份额很可能因研究领域的不同而不同(如铁路货物运输在美国比在欧洲更为普遍),因此本文中未涉及交叉弹性的比较分析。另外,本文在 9.3.4 小节研究了某些特殊区地区(欧盟)的长距离铁路运输的独立弹性和交叉弹性。

非集计弹性常用来衡量单独个体(或单个公司),这种弹性只能来自非集计模型,例如后文将讨论的分类评定选择模型。集计弹性模型适合政策制定,主要关注一组独立公司或整个市场的反应能力。集计弹性可以来自集计模型或非集计模型,由模型计算得来的弹性依赖于初始状态和/或自变量的变化量。也就是从模型中得到的弹性可能有差异。但此规律存在例外,即所谓的"常数替代弹性"(CES)或"二重对数"函数。

例如,效用函数为线性的 logit 模型的弹性定义如下:

$$E_{x_{rik}}^{ik} = \beta_r x_{rik}(1 - P_{ik}) \tag{9.5}$$

式中:E 代表第 r 个自变量 x_{rik} 所产生的弹性,即个体(公司)k 的备选方案 i 的部分效用函数对个体(公司)k 选择备选方案 i 的概率 P_{ik} 的影响;β_r 为第 r 个独立变量的估计系数。

由于公式 9.4 中 P_{ik} 的存在,模型中所有系数都会影响弹性。由集计或非集计 Logit 模型样本枚举后得到的弹性只能给出自变量的变化对给定总数的备选个体上(如模态股)的分布的影响。上述弹性不包括价格或时间的变化对所有模式总需求的影响,这包含在普通的需求弹性中(Oum 等,2008)。

二重对数形式:

$$\ln(y_k) = \cdots\beta_r \ln(x_{rk}) + \cdots \tag{9.6}$$

式中:y_k 表示关于连续实数 k 的因变量,$k = 1$,$\cdots$,K;x_{rk} 表示第 r 个自变量;常量 β_r 为 x_{rk} 的变化弹性。

弹性通常来自于模型推导以及经验数据估计,但在某些情况下可以从某个变化(例如通行费的引入)带来的影响直接计算。用于模型估计的数据可以是时间序列数据、截面数据或固定样本数据。如果一个带时间序列的模型包含滞后参数,该模型可以区分短期和长期影响。截面数据产生的影响是长期还是短期取决于对其行为机制性质的判断(如位置决策被视为长期的)。一般来说,长期弹性的影响大于短期弹性的影响,因为在长期中存在更有效的响应机制。[①]

9.3.2   响应机制分类

以下响应机制可以通过公路货物运输价格增加的例子(de Jong 等,2010)进行区分(如表 9.5 所示)。

表 9.5   价格变动响应机制综述

响应	决策者	时间尺度	影响种类			输出维度		
			燃料效率	运输效率	运输量	吨	车千米	吨千米
1	C	S – M	X					
2	C	S	X					

[①]   通常情况下我们会假设所有响应机制(不管是短期还是长期)都具有相同的符号,但可能会有例外,例如当高运力的运输模式或车辆类型的价格上涨时,这也可能导致频率降低和出货量增加,因为这本身就是使用高运力运输模式和车辆类型的一个趋势。

续表 9.5

响应	决策者	时间尺度	影响种类			输出维度		
			燃料效率	运输效率	运输量	吨	车千米	吨千米
3a	C	S－M		X			X	
3b	C/S	S－M		X			X	
3c	C	S－M		X			X	
3d	C/S	S－M		X			X	
3e	C	S－M		X			X	
4	C/S/R	S			X		X	X
5	S/R	S－M			X		X	
6	S	M－L			X	X	X	X
7	S	L			X	X	X	X
8a	S	L			X		X	X
8b	S	L			X		X	
9	D	S－M			X	X	X	X

注：执行主体层次中，S 代表托运人；R 代表收货商；C 代表承运商；D 代表消费者（需求）。

时间尺度层次中，S 代表短期；M 代表中期；L 代表长期。

燃料价格变动影响燃料效率、运输效率和运输量。每车辆千米的价格变动影响运输量和运输效率。每吨千米的价格变动影响运输量。

1. 节能型汽车：购买更多节能卡车；在长期影响中，燃料价格的变化也会通过加速或放缓车辆效率的技术变革来影响相同的运输量下车辆的燃料效率。

2. 节能型驾驶方式：改变驾驶方式（采用更节能的驾驶方式）。

3. 载货率（的实际货物量除以车辆可载货量，常以公吨为单位）会根据以下因素改变：

a. 优化车辆出货量的分配（例如，购置更大车辆并成组出货，从而减少同等吨数货物的运输车辆数）；

b. 整合来自同一公司的货物；

c. 整合来自几家公司（例如在多个发货人之间进行闭环收集或利用整合中心）以及一些既定公司（通过闭环配送或配送中心）的货物；

d. 改变仓库的数量和位置，包括集运中心和配送中心（根据物流设施的所有权，托运人也可能实施上述措施）；

e. 增加返程载货量以减少返程空驶。

4. 路线和时间的变化：这主要与因地点和时间而异的价格变化有关（如荷兰提出的道路定价方案）。成本的增加也有可能促成更有效的路线规划（例如少走弯路）。

5. 增加运输批量（这也意味着降低交付频率，增加库存成本）：它与准时制生产模式（Just - in - time, JIT）相悖，且其会受公路运输价格的变化的影响，因为公路运输价格的变化会改变运输成本和其他物流成本（如订货成本和库存成本）。

6. 运输方式的变化：铁路、内河运输、海运和航空运输的互相替换。

7. 生产工艺的变化（影响货物重量，如产品更轻的设计趋势）。

8. 减少运输需求：

a. 供应商和收货商的选择：改变供应商（更多地从当地供应商处采购，即根据目的地确定始发地）或改变供应商的地理市场范围（即根据始发地确定目的地），其中包括全球化层面的改变。这将导致货物流动的 O/D 模式发生变化。

b. 产地产量的变化：不同产地产量的变化，包括原材料使用量和半成品量的变化。生产者可将生产转移到更靠近客户的工厂以节省运输成本。

9. 减少对产品的需求。

公路承运商通常采用响应机制 1~4。常根据当前物流效率的水平来决定采取上述哪种机制。运输量不变的承运商则采取其他机制（如雇用更便宜的国外司机或转包商；从其他方面降低运输成本，如推迟更换车辆或节约维护和修理费用）。

只有当公路承运商将部分成本转移给托运人的时候，托运人才会做出响应。传递成本增加的可能性取决于市场力量，而不同商品的市场力量不同（如当需要专业的运输设备时，承运人可能更占优势）。响应机制 5、8 通常由托运人自行决定，诸如运输批量的决定也可以由发货人决策，但通常由收货人确定。

制造商可以将一些增加的成本转移给其客户（如分销商、其他生产商以及最终消费者），但这可能会降低产品的需求（响应机制 9）。

响应机制 6、7、9 将影响公路运输量，响应机制 3、5、6、7、9 将影响使用的车辆数。以上所有的响应机制以及行驶长度（响应机制 4 和 8）都将影响公路运输的车千米数。公路运输的吨千米数受响应机制 4、6、7、8、9 的影响。

多数响应机制（尤其是 7、8 以及车辆技术的变化）只会在长期影响中出现变化。响应机制 2 和 4 在短期内可能有效；响应机制 1, 3, 5 和 9 在中短期中有效，而响应机制 6 在中长期中最有效。

9.3.3　价格(成本)弹性的结果范围

9.3.3.1　公路运输

本节将介绍有关公路货物运输自身价格弹性的文献综述，并介绍吨千米价格弹性、车辆千米价格弹性和燃料价格弹性。各类商品弹性的详细介绍可见 Significance 和 CE Delft(2010)以及 de Jong 等人(2010)的论文。9.3.2 节中的响应机制 6 ~ 9 讨论了吨千米价格的变化对托运人的影响，文献中货物运输价格弹性大多指以吨千米为单位的价格变化。车千米的价格变化会影响运输效率(响应机制 3、5)、运输量(响应机制 6、9)以及输出维度(吨，车千米和吨千米)，燃料价格的变化则会影响承运人(响应机制 1、2 与燃料效率有关；响应机制 3、5 和有关)以及托运人(响应机制 6、9)的决策。文献(De Jong 等，2010；Significance 和 CE Delft，2010)中关于独立价格弹性的主要结论如表 9.6 所示。

表 9.6　公路独立价格弹性文献综述结果

价格变化	影响		
	燃料使用	车千米	吨千米
燃料价格	- 0.2 ~ - 0.6； 燃料效率变动 33%； 运输效率变动化 33%； 运输模式式和运输需求变动 33%	- 0.3 ~ - 0.1	- 0.3 ~ - 0.05
车千米价格		- 0.8 ~ - 0.1； 运输效率变动 33%； 运输模式变动化 33%； 运输需求变动 33%	- 0.5 ~ - 0.1
吨千米价格			- 1.5 ~ - 0.6； 运输模式变动化 40%； 运输需求变动 60%

近 80% 的研究支持上述弹性值结果，只有 20% 的研究表明上述弹性值过低或过高。每个单元值都基于不同的研究集，因此并不一定相互一致。相一致

的公路运输评估值可见 Significance 和 CE Delft(2010)和 de Jong 等人(2010)的文献。

特别要注意的是，由于关于上述弹性估计值的研究的数量有限(涉及车辆千米价格弹性的文献相对较少)，燃料价格变动值的不确定性相对较高。

9.3.3.2 铁路运输

铁路运输也存在类似公路运输的价格变化和响应机制。有关铁路运输价格弹性的文献综述见 VTI 和 Significance(2010)，该文献并没有区分所有响应机制。在该文献的基础上，本节将复合响应机制区分如下：

- 运输模式变化：公路、内河运输和短途海运间的替代。
- 运输需求变化：吨千米价格的变化导致托运人选择其他供应商/接收商或其他生产地点，从而改变总的运输需求(运输吨数不变)。
- 商品需求变化：如果托运人自身不能内化的运输价格变化，他们就需要增加商品的价格。这会导致消费者需求的下降，从而使运输需求总量降低。

铁路运输独立价格弹性文献综述主要结论如表 9.7 所示。由于推导弹性时增加了额外的假设，车千米价格变化的相关值具有相对较高的不确定性。由于只有右下方的单元格有足够的文献(其他单元格中的值都是基于此而得到的)，因此表格中仅包含这一组内部一致的弹性。铁路运营部门通过提高运输(物流)效率并将剩余的成本转嫁给客户来内化一部分成本。调整运输模式是应对这类价格变化的主要措施，但其价格弹性变化幅度为 $-1.7 \sim -0.9$，且其中有大约有 -0.1 变化是由于货物运输总运输需求变化引起(例如为商品选择不同的供应商或客户而导致总运输需求变化)。由于在所有商品的总运输成本中铁路运输的份额远小于公路运输，上述运输需求对铁路运输的影响不如公路运输明显。出于同样的理由，本文认为当铁路价格变化时，商品需求不会发生变化。

表 9.7 铁路独立价格弹性文献综述

价格变化	影响		
	吨	车(火车)千米	吨千米
每车(火车)千米价格	$-1.1 \sim -0.5$；车千米价格弹性关于吨千米的导数；运输需求影响取 -0.1	$-1.5 \sim -0.9$；车千米价格弹性关于吨千米的导数；运输需求影响取 -0.1	$-1.2 \sim -0.6$；吨千米价格弹性关于车千米的导数；假设火车运营商通过改变运输效率将火车千米价格的 30% 内化

续表 9.7

价格变化	影响		
	吨	车(火车)千米	吨千米
每吨千米价格	−1.6 ~ −0.8；吨千米价格弹性关于吨千米的导数；运输需求影响取 −0.1	−1.7 ~ −0.9 吨千米价格弹性关于吨千米的导数	−1.7 ~ −0.9 "推荐"(基于文献)

　　为了使上述弹性值得有效性，本文通过给定不同的上下界值对其进行灵敏度分析。

　　最后，本文基于现有文献对不同商品种类、距离等级和车辆类型的铁路价格弹性进行了总结：

　　• 部分研究表，明散装货物(如固体燃料，石油、铁矿石、化肥、矿、木材)的铁路运输价格敏感度比大宗货物高，但部分研究持相反观点。

　　• 短距离铁路运输价格弹性小于长距离铁路运输价格弹性。

9.3.4　运输模式划分成本和时间弹性的一致性

　　关于欧洲货物运输模式划分的时间和成本变化弹性得综述性文献可参见 EXPEDITE 项目(de Jong, 2003；de Jong 等, 2004)。EXPEDITE 元模型将一些国内和国际货物运输模型运行后得到的结果取平均值，从而对不同的政策变化的一致性。为防止元模型的过度反应，文章舍去了极值(最高或最低的弹性值)并且增添了对某些运输模式的限制(如在奥地利不可用海运)。EXPEDITE 元模型得到的平均弹性示例如表 9.8 和表 9.9 所示。

表 9.8　欧盟内不同运输距离下散货及大宗货物运输(单位：吨千米)的公路运输(单位：吨千米)成本直接及交叉弹性(只考虑运输方式分配影响)

运输方式	距离			
	500 ~ 1000 km		超过 1000 km	
	散货	大宗货物	散货	大宗货物
公路运输	−0.5	−0.7	−1	−0.8
内河运输	1	0.5	0.6	0.2
铁路运输	1.5	1.1	1.7	1.2

续表9.8

运输方式	距离			
	500~1000 km		超过1000 km	
	散货	大宗货物	散货	大宗货物
多式联运	0	1.1	0	1.2
短途海运	0.3	0.2	0.3	0.1

注：当时，欧盟有23个成员国。EXPEDITE模型的研究领域还包括挪威和瑞士。

表9.9　欧盟内不同运输距离下散装货物及大宗货物的公路运输的
时间直接弹性及交叉弹性(只考虑运输方式分配影响)

运输方式	距离			
	500~1000 km		超过1000 km	
	散装	大宗货物	散装	大宗货物
公路运输	−0.55	−0.7	−1.2	−1.4
内河运输	0.8	0.4	0.5	0.15
铁路运输	1.8	1.0	2.0	1.0
多式联运	0	1.3	0	1.4
短途海运	0.04	0.1	0.03	0.1

注：当时，欧盟有23个成员国。EXPEDITE模型的研究领域还包括挪威和瑞士。

　　大宗货物，尤其是运输距离超过500 km的公路散货的运输成本的增加对运输方式选择有重大影响。EXPEDITE元模型表明，提高公路运输成本会导致散装货物的运输方式由以卡车为主转变为以铁路和内河运输为主；而价值较高的大宗货物的运输方式将由公路运输向铁路运输和多式联运转变。500 km以内的运输弹性较小，500 km以内的散装货物的公路运输成本弹性为0到−0.3，500 km以内的大宗货物的公路运输成本弹性为0到−0.5。

　　高价值货物通常比低价值货物更具时间敏感性。由表9.11可知，运输距离在1000 km左右有一个临界值，运输距离超过1000 km时大宗货物的弹性值会急剧增加。卡车的平均速度为70~80 km/h情况下，运输距离1000 km是一个上限，超过该上限则不能保证货物能够隔夜交付。500 km以内，卡车吨千米的时间弹性小：散装货物的时间弹性为0~−0.25，大宗货物的时间弹性为0~−0.5。

参考文献

［1］ Accent, Hague Consulting Group. The value of travel time on UK roads［R］. Report to DETR, Accent and Hague Consulting Group, London/The Hague, 1999.

［2］ BICKEl P, HUNT A, DE JONG G, et al. HEATCO deliverable 5: Proposal for harmonised guidelines. Stuttgart: IER.

［3］ BOGERS E A I, VAN ZUYLEN H J. The importance of reliability in route choices of truck drivers［J］. Tijdschrift Vervoerwetenschap, 2005, 41(3): 26 - 30.

［4］ Booz Allen Hamilton and Institute for Transport Studies, University of Leeds. Freight user benefits study. Assignment 01 - 08 - 66 for the Strategic Rail Authority, Booz Allen Hamilton and ITS Leeds, 2003.

［5］ BRUZELIUS N. The valuation of logistics improvements in CBA of transport investments a: survey. Stockholm: SIKA (SAMPLAN), 2001.

［6］ DALY A J, HESS S, DE JONG G C. Calculating errors for measures derived from choice modelling estimates［J］. Transportation Research B, 2012, 46: 333 - 341.

［7］ DANIELIS R, MARCUCCI E, ROTARIS L. Logistics managers' stated preferences for freight service attributes［J］. Transportation Research, Part E, 2005, 41: 201 - 215.

［8］ DE JONG G C. Elasticities and policy impacts in freight transport in Europe［C］. In: European Transport Conference, Strasbourg, 2003.

［9］ DE JONG G C. Value of freight travel-time savings, revised and extended chapter［M］. In: HENSHER D A, BUTTON K J, eds. Handbook of transport modelling. Oxford/ Amsterdam: Elsevier, 2008.

［10］ DE JONG G C, BAKKER S, PIETERS M, et al. New values of time and reliability in freight transport in the Netherlands ［C］. In: European transport conference 2004, Strasbourg, 2004.

［11］ DE JONG G C, BURGESS A, TAVASSZY L, et al. Distribution and modal split models for freight transport in the Netherlands ［C］. In: European transport conference 2011, Glasgow, 2011.

［12］ DE JONG G C, GOMMERS M A, KLOOSTER J P G N. Time valuation in freight transport: method and results［M］. In: PTRC Summer Annual Meeting, Manchester, 1992.

［13］ DE JONG G C, GUNN H F, BEN-AKIVA M E. A meta-model for passenger and freight transport in Europe［J］. Transport Policy, 2004, 11: 329 - 344.

［14］ DE JONG G C, KOUWENHOVEN M, KROES E P, et al. Preliminary monetary values for the reliability of travel times in freight transport. European Journal of Transport and Infrastructure Research, 2009, 9(2): 83 - 99.

[15] DE JONG G C, SCHROTEN A, VAN ESSEN H, et al. The price sensitivity of road freight transport A review of elasticities[M]. In: VAN DE VOORDE E, VANELSLANDER T, eds. Applied transport economics, a management and policy perspective. Antwerpen: De Boeck, 2010.

[16] Ecorys. Effecten Gebruiksvergoeding in Het Goederenvervoer, Ecorys, Rotterdam. 2005.

[17] FEO-VALERO M, GARCIA-MENENDEZ L, GARRIDO-HIDALGO R. Valuing freight tranport time using transport demand modelling: a bibliographical review[J]. Transport Reviews, 2011, 201: 1 – 27.

[18] FOSGERAU M. Investigating the distribution of the value of travel time savings[J]. Transportation Research Part B, 2006, 40(8): 688 – 707.

[19] FOSGERAU M, KARLSTROM A. The value of reliability[J]. Transportation Research B, 2010, 44(1): 38 – 49.

[20] FOWKES A S. The design and interpretation of freight stated preference experiments seeking to elicit behavioural valuations of journey attributes[D]. Leeds, UK: ITS, University of Leeds, 2006.

[21] FOWKES A S, FIRMIN P E, WHITEING A E, et al. Freight road user valuations of three different aspects of delay[C]. In: European Transport Conference, Cambridge, 2001.

[22] FOWKES A S, NASH C A, TWEDDLE G. Investigating the market for intermodal freight technologies[J]. Transportation Research A, 1991, 25A – 4: 161 – 172.

[23] FRIDSTRØM L, MADSLIEN A. Own account or hire freight: a stated preference analysis [C]. In: IATBR Conference, Valle Nevado, Chile, 1994.

[24] FRIES N, DE JONG G C, PATTERSON Z, et al. Shipper willingness to pay to increase environmental performance in freight transportation[J]. Transportation Research Record, 2010, 2168: 33 – 42.

[25] Hague Consulting Group, Rotterdam Transport Centre and NIPO. De reistijdwaardering in het goederenvervoer, rapport hoofdonderzoek, Rapport 142 – 1 voor Rijkswaterstaat, Dienst Verkeerskunde, HCG, Den Haag, 1992.

[26] HALSE A, SAMSTAD H, KILLI M, et al. Valuation of freight transport time and reliability (in Norwegian)[R]. TØI report 1083/2010, Oslo, 2010.

[27] HENSHER D A, PUCKETT S M, ROSE J. Agency decision making in freight distribution chains: Revealing a parsimonious empirical strategy from alternative behavioural structures, UGM Paper #8, Institute of Transport and Logistics, The University of Sydney, 2005.

[28] Inregia. Tidsvärden och transportkvalitet, Inregia's Studie Av Tidsvärden Och Transportkvalitet for Godstransporter 1999[R]. Background Report of SAMPLAN 2001: 1, Stockholm, 2001.

[29] ITS Leeds. Imperial College London and John Bates Services[R]. Multimodal travel time variability, Final report, A report for the Department of Transport, ITS Leeds, 2008.

［30］ JOHNSON D, DE JONG G C. Shippers' response to transport cost and time and model specification in freight mode and shipment size choice［C］. In: Second International Choice Modelling Conference, Leeds, 2011.

［31］ MAGGI R, RUDEL R. The value of quality attributes in freight transport: evidence from an SP-experiment in Switzerland［M］. In: BEN-AKIVA M E, MEERSMAN H, VAN DER VOORDE E, eds. Recent developments in transport modelling, lessons for the freight sector. Bingley, UK: Emerald, 2008.

［32］ MASSIANI J. La valeur du temps en transport de marchandises［D］. Val de Marne: University Paris XII, 2005.

［33］ MVA. Benefits of reduced travel time variability［R］. Report to DfT, MVA, London, 1996.

［34］ OUM T A, WATERS W G, FU X. Transport demand elasticities［M］. In: HENSHET D A, BUTTON K J, eds. Handbook of transport modelling. Oxford/ Amsterdam: Elsevier, 2008.

［35］ Significance and CE Delft. Price sensitivity of European road transport towards a better understanding of existing results［R］. A Report for Transport & Environment, Significance, the Hague, 2010.

［36］ Significance, Goudappel Coffeng, NEA. Erfassung Des Indikators Zuverlässigkeit Des Verkehrsablaufs Im Bewertungsverfahren Der Bundesverkehrswegeplanung: Schlussbericht ［R］. Report for BMVBS, Significance, the Hague, 2012.

［37］ Significance, VU University, John Bates Services, et al. Values of time and reliability in passenger and freight transport in the Netherlands［R］. Report for the Ministry of Infrastructure and the Environment, Significance, the Hague, 2012.

［38］ SMALL K A, NOLAND R B, CHU X, et al. Valuation of travel-time savings and predictability in congested conditions for highway user-cost estimation［R］. NCHRP Report 31, Transportation Research Board, National Research Council, United States, 1999.

［39］ Transek. Godskunders värderingar［R］. Banverket Rapport 9, 2, Transek, Solna, 1990.

［40］ Transek. Godskunders transportmedelsval, VV 1992, 25, Transek, Solna, 1992.

［41］ TSENG Y Y, VERHOEF E T, DE JONG G C, et al. A pilot study into the perception of unreliability of travel times using indepth interviews［J］. Journal of Choice Modelling, 2009, 2(1): 8 – 28.

［42］ Università della Svizzera Italiana, Istituto di Ricerche Economiche (IRE) and Rapp Trans AG. Evaluation of quality attributes in freight transport. Research project ASTRA 2002/011 upon request of the Swiss Federal Roads Office, Berne, 2005.

［43］ VIERTH I. Valuation of transport time savings and improved reliability in freight transport CBA［M］. In: BEN-AKIVA M E, MEERSMAN H, VAN DE VOORDE E, eds. Freight transport modelling. Bingley: Emerald, 2013.

［44］ VTI and Significance. Priselasticiteter som underlag for konsekvensanalyses av forandrade banavgifter for godstransporter. Del A av studie på uppdrag av Banverket, VTI notat 10 –

2010, VTI, Stockholm, 2010.

[45] ZAMPARINI L, REGGIANI A. Freight transport and the value of travel time savings: A meta-analysis of empirical studies[J]. Transport Reviews, 2007, 27(5): 621 - 636.

第 10 章　数据可用性和模型的形式

洛瑞. 塔瓦泽(Lori Tavasszy)[a] 和杰拉德. 德. 琼(Gerard de Jong)[b]

[a] 荷兰 应用科学研究院,代尔夫特理工大学(TNO, Delft and Delft University of Technology, The Netherlands)

[b] 英国利兹大学运输研究所;Significance 公司 荷兰海牙;瑞典皇家理工学院运输研究中心, 瑞典斯德哥尔摩(Institute for Transport Studies, University of Leeds, UK; Significance BV, The Hague, The Netherlands; and Centre for Transport Studies, VTI/KTH, Stockholm, Sweden)

10.1　引言

在这一章中, 我们首先回顾了货物运输建模的可获得数据来源(详细见 10.2 节)。

许多数据是由国家统计局(如:挪威统计局)收集的,国际统计局,如欧盟的欧统局,以及联合国的统计局,在很大程度上依赖成员国的国家统计局提供信息。

货物运输的大部分数据是年度数据(例如每年运输的吨数)。官方的数据来源通常按年度统计收集, 然后以年度数据的形式出版。时间间隔短于一年的数据(如周、季度、月以及工作日的教程)是比较稀少的;但有一些基本数据(如运输车辆统计和货物运输量的贸易统计)可以全年收集,并且可为当年的货物运输模式分布情况统计分析提供相应的支持。

详细的货物运输统计分析的一个主要困难是一些相关信息的隐私性, 特别是对个人(或者货物运输公司)的货物运输发送量、运输成本和物流成本这些敏感信息。货物运输公司通常不愿意向客户、竞争对手和公众披露这方面的信息。

在 10.3 节中，我们将 10.2 节的可用数据来源与货物运输模型组成部分和模型规范相结合。在 10.4 节中，我们进一步讨论了模型的形式和数据可用性之间的关系。

10.2　货物运输建模中的不同数据来源概述

10.2.1　国际贸易数据

贸易统计数据由国家统计局以及国际组织公布，如欧盟统计局和联合国（如欧盟统计局的 COMEXT 和联合国的 COMTRADE 数据）。这些数据通常包含以货币价值表示的某一商品类别的一国进口额和一国出口额（此外，还经常提供以吨为单位的相同流量）。这意味着从国家 A 到国家 B 的货币贸易流量（按照商品类型分类）既可以从国家 A 的出口统计获得，也可以从国家 B 的进口统计获得。货物运输统计分析人员遇到的第一个问题是：不同来源的贸易流量不总是相互匹配，因为国家 A 和国家 B 对两国之间的贸易流量记载不同。即使国际组织发布的货物运输统计数据的不同版本也存在不一致的情况。因此，如果想要利用贸易数据来模拟国际货物运输，需要做的第一件事情就是协调贸易数据，或者利用已经统一好的数据，如由欧盟 ETIS + 项目提供的数据（www.etisplus.eu）。然而对于如何统一数据，目前没有统一的标准（例如，始终相信出口统计数据，或根据每个数据来源的时间序列进行平滑，取平均值）。国家贸易数据统计局的数据来源于海关。这些贸易数据必须基于由海关提供的跨境商品交易的文件，这也解释了为什么国内贸易流量不在贸易统计范围内。原则上，一个国家内的贸易可以有区域间的贸易统计，但并没有类似这样登记（关于国内流动的信息可以从下文提到的一些来源获得）。海关数据不仅包含进出口国的信息、商品类型和货币价值，它也可能包含两国间更详细的商品描述、部门位置代码以及装运重量。海关数据现在通常以电子方式处理，但是目前还没有任何货物运输研究项目被许可匿名在微观层面上使用这些数据。用于项目研究的海关数据也只能使用由国家统计局公布的总贸易统计数据。这也意味着，研究人员不得不考虑以下现实的因素，即鉴于贸易统计中没有或几乎没有关于运输方式和转运（地点）的任何信息，也没有关于国内地点的信息，因此除了官方出版物中使用的分类之外，几乎找不到关于商品的详细信息。欧统局的 COMEXT 数据包含从欧盟流向欧盟以外国家的数据和从欧盟以外国家流向欧盟的数据，这些数据说明了欧盟边界过境的方式以及运输是否使用了集装箱。

公布的贸易统计中常用的商品分类并不总是与运输统计中使用的商品分类相同（后者按模式登记货物的实际流动，并不基于海关数据）。贸易数据经常使用 SITC（国际贸易标准分类）分类。另一方面，运输统计数据经常使用 NSTR 系统（《运输统计统一商品名称》，修订本）的商品分类，NSTR 系统自 2007 年起被 EU 的欧盟统计局的 nst2007 系统取代。然而，对于欧盟统计局 COMEXT 和联合国 COMTRADE 数据贸易统计的实例，NSTR 系统可以以国家间资金流和运量流的形式提供相关信息（见 www. etisplus. eu）。

10.2.2　国家层面的账户

国家层面的统计数据很好地描述了国家资金流的流入、流出以及国内资金的流通，这些数据通常由国家统计局收集和公布。

国家层面的账户的许多部分与货运建模并不特别相关，但有些部分可能会相关，特别是：

IO 表。这些表格以货币单位描述了一个国家的每个经济部门对其他部门的贡献（也包括消费者的最终需求、进口和出口）。一个例子是从采矿部门到钢铁制造部门的矿石流动，以其货币价值（成本或价格）来衡量。许多国家都有这种表格，但只是在国家那一级的层面上存在；而且表中关于公司的信息除了公司是在国内还是在国外之外，这些公司所在部门的位置并没有记录。

多区域投入 - 产出（MRIO）表。作为国家层面的 IO 表，MRIO 表也包含各个环节之间的流通信息，还包含了生产和消费环节的地区信息。只有少数几个国家有这样的表，这些表采用适用大空间的运输模型。尽管如此，由于包含对按行业划分的区域间经济联系的观测数据，MRIO 表也是货物运输模型很好的数据来源。总的来说，从经济联系开始构建货物运输模型是一个很好的选择，因为货物运输本身就是从上述联系中衍生出来的需求。然而，如果要通过 MRIO 表构建货物运输模型，通常必须完成两个转换：（1）流通环节分类和商品分类的转换，如 SITC 或者 NACE（欧洲共同体经济活动分类）和 NSTR 的转换；（2）从以货币单位表示的流量到以吨表示的流量的转换（因为这是货运模型中大多数组件的基本单位）。由于在大多数货物运输模型中是以运量为基本单位。第一个转换可通过已有的标准转换表完成，转换过程中有时会涉及近似处理；第二个转换需要依据商品类型的价值/重量数据，难度较大，并且由于各个国家的数据存在差异，标准表的作用不大。10.3 节将会讨论可以推导价值/重量比值的数据。国家 IO 表有时会依据区域来进行划分，因为当 MRIO 表数据不足时，会通过某个生产消费区域的流通环节数据表得到更加集成的 MRIO 表，并将其用于货物运输模型和区域经济模型。

生产与消费表。这些表与 IO 表有关,也提供经济流通中生产和消费环节的信息。生产表中的行包含商品分类,列包含生产部门和进口信息。然后,这些单元格以货币单位给出每个部门的商品产量。消费表的行表示商品类型,列为中间消费、末端消费以及投资和出口商品的使用情况,单元格内数据表示每个环节中商品的使用价值。当用于货物运输模型时,生产与消费表和 IO 表一样需要进行区域整合或划分处理。

10.2.3　运输统计数据

运输统计数据,如提供车辆始发地和目的地信息的路边调查。和贸易统计数据类似,贸易统计可提供货物生产和消费地点的信息(可用于建立个人 P/C 矩阵,见本书第 4 章),而运输统计则能够提供车辆流动开始(装载点)和结束(卸载点)的地点的信息。这些信息也可用于建立 O/D 矩阵。当生产端到消费端是直接运输时,O/D 层面的货流和 P/C 层面的货流是相同的。当生产端到消费端通过一系列不同运输方式运输,如通过公路—海运—铁路—公路的方式运输时,二者就会有差异。这种情况下,由于商品通过多种运输方式运输需要经历多次装卸,一个 P/C 层面的货流会对应多个 O/D 层面的货流(如例子中对应了 4 个 O/D 层面的货流)。有时,由于官方的运输统计不能区分出在一个运输模式中商品连续使用了不同的运输工具,如运输方式 LGV—HGV—LGV 最后只生成公路运输的 O/D 流;如果有更多细节数据,就会得出 3 个 O/D 流。

运输统计由不同的部分组成:不同的部分有自己的数据来源。数据通常是由国家统计局公布,但数据收集可能是由其他机构完成的(如港口和机场)。但这些数据的共同特点是,他们都是在 O/D 层面上以吨为单位的数据,像 NSTR 和 NTS2007 的商品分类信息的使用和关于模式的信息是一个整体,因为数据一般是按照模式类别来收集的。运输统计包括以下具体模式的统计数据:

公路运输统计数据。这些信息需要由公路运输运营商(提供公路运输服务的公司)和自己负责公路运输的托运人来提供。无论是国内还是国际的货物运输都需要有国家有关部门要求的托运账单。稍后将讨论如何直接使用这些账单作为研究数据来源,但这不适用于国家统计局。因此,国家统计局必须通过采访运营商和托运商来对公路运输流量进行大致的了解。欧盟国家的商品的原产地、目的地、商品类型和装载信息是从一个拥有 3.5 t 以上装载能力的卡车样本公司获得的,该公司由国家统计局管理,并根据欧盟统计局 Comext 的指南向欧盟统计局汇报以上信息。这一抽样调查扩大到人口,并得出了以吨(和以吨以及以"车·km")为单位的道路运输量综合统计数据。这项调查只涉及总部设在国内的公司进行的运输(有时也侧重于国内公司在国外的跨境运输)。原则上，国内公司的调查也可以提供在国外的运输信息。一些数据统计局也在其数据中增加了国外公司的数据。

公路运输的统计数据一般以集计的形式（区域到区域之间）公开。在某些情况下可以使用国家统计局的微观数据（如 Abate 2014 年在丹麦的博士研究工作）。

港口统计数据。国家与国际数据统计局一般不会发布关于港口的贸易流统计，现有的港口层面的经济统计也多关注船舶的动态统计。因此他们依据特定的港口的统计数据，按照港口或者一个国家的所有港口发布运量统计数据，有时也以商品的进出口国以及外观类型（如集装箱、干燥散货、液体散货，滚装船）为依据。对于欧洲，ETIS + 项目已经利用上述数据和贸易数据（www. etisplus. eu）的信息构建了港口运输的 O/D 矩阵。港口的统计数据除了提供运量吨数，通常还会提供集装箱的数量（通常以 TEU）。运量可根据商品类型分类（如 NSTR），但集装箱不能以这种方式进行分类。

内河运输统计数据。这些数据主要来自国家统计局（国际统计局只发布非常有限的内河运输统计信息）。当然，只有在少数国家这一模式才具有重要意义。这种模式主要相关的信息一般属于 O/D 层面，但也仅仅提供了被大致分类之后的商品的吨数以及国际贸易流的运量吨数，并没有集装箱信息。

铁路统计数据。铁路的货物流由铁路承运公司或铁路运输客户记录，铁路当局记录列车运行情况。然而，可用于运输研究的铁路货物运输信息通常很少，特别是现在许多运营商是私人公司，并没有义务提供这方面的信息。因此，信息只能每几年公布一次（比如每 5 年一次），并且欧盟统计局的数据要么含有不包含商品分类的 O/D 流信息（以吨为单位），要么是按照商品分类的一个国家的总流量。并没有可用于集装箱的可比性信息。

机场统计数据。港口的可用基础数据并不是以 O/D 流的形式组织的，而是关于特定机场的进出口流量。ETIS + 项目构建了由欧盟的进出口货物运输流部分合成的 O/D 矩阵（吨，无商品分类）。

10.2.4　托运人调查

托运人调查通过与运输公司（例如生产商）的采访来实现。与上面提到的数据不同的是，这些不是由世界上大多数国家统计局定期收集的数据。只有少数国家进行了托运人调查，且时间间隔较大，并不是每年进行调查，并且有时还是临时进行的。调查会要求托运人提供进口或者出口的商品货物运输量。

众所周知的例子有：美国商品流动调查（即 CFS，近几年的调查可见 Vanek& Morlok，1998），1988 年法国和荷兰的托运人调查，瑞士的 CFS（2001 年、2004

年、2005 年和 2009 年的 CFS 可参考 SIKA，2003），挪威 CFS 和法国 2004 年的 ECHO 调查（可参考 Rizet 和 Guilbault，2004）。

收集的信息包括生产者和消费者的位置和涉及的环节，商品的价值、重量和使用的运输链（因为可能会涉及多种模式）。法国的 ECHO 调查做得比其他托运人调查好的原因在于不仅托运人和承运人接收了采访，而且有一些接收人也接受了采访（即将其扩展为一个托运人 – 承运人 – 接收人的调查）。总共约有 10,000 批货物可以通过这种调查方式进行重新调查，并可以提供关于这些运输链的不同 OD 对流量的详细信息（模式、转运地点）。相比而言，美国和瑞典的调查包含的每批货物的信息要少得多，但他们的总货运量非常大，有数百万的货运量。

在某些情况下，运输研究人员已取得一些托运人在总量以及微观层面上的数据应用，但仅可用于研究项目。

10.2.5　基于特定项目的访谈数据（尤其是陈述性偏好数据）

一些研究人员发现现有数据不足以满足其货物运输研究项目的目的，因此他们对托人或承运人进行访谈，并且重点关注一批或多批的货物运输。这多见于需要提供货物运输时间价值（或者服务质量指标值）或者搭建货物运输模式选择模型的项目。访谈可以是显示性偏好（观察选项）或者陈述性偏好（在假设的选项中选择）或者两者的组合。前者的调查相当于托运人调查。第 5 和 9 章中有实际的例子。

10.2.6　托运单（货票）和射频识别

研究人员可以从托运人调查中获得的单批货物（也可以关于更多批次的货物）的大多数信息，也可以从需要为货物填写的行政文件（托运单）和射频识别标签（用于跟踪和追踪货物的电子标签）中获得需要的信息。托运单现在通常以电子方式填写和处理，跟踪和追踪数据本质上是电子数据。然而，以上两者数据都不对公开放。因此用于运输研究的数据必须得到私人公司的许可。有一种可能的情况是某些承运人或托运人允许运输研究人员在特定货物上贴上自己的（额外的）标签，并从上面获取货物的运输信息。

10.2.7　交通统计数据

道路运输中的交通数据可以通过手动或自动（使用道路表面的感应循环）计数。两个方法统计出的道路车辆数据通常区分卡车、公共汽车和汽车。感应循环数据也可以用来计算行驶时间，但这些数据通常不区分卡车、公共汽车和汽车。原则上，火车、轮船和飞机的数据也可以统计，但这类数据的收集和使用在主要枢纽(如火车站、机场或港口)外部比较罕见，即多见于枢纽的内部。随着新技术的发展，各个运输模式的统计都可以通过各种方法实现，比如通过卫星观测、定位服务、交通相机、蓝牙通信和蜂窝电话。这为在以前难以绘制地图的地区创建完整的交通流图提供了可能性。

10.2.8　运输安全检查数据

运输安全监察部门会收集一些可能对货物运输建模有用的数据。他们的主要检查形式通常是路边检查和公司检查，二者都是检查运输途中是否遵循规定工作驾驶时间和规定货物载重量。检查包括车载记录仪记录的工作和驾驶时间，以及特定称重地点或道路上的货物和车辆重量(动态称重测量)。

10.2.9　交通网络数据

交通网络数据是关于路径、路径容量、节点、距离以及运输时间的标准运输工程数据。这些数据可以通过运输模式(如：公路、铁路、水路等网络)来进行整合，或可以组合成一个包括转运链接的多式联运网络。

除此之外，还可以有固定班次的运输服务时间表，如：海运班轮运输、穿梭列车等。

10.2.10　成本函数

运输成本函数通常按不同运输模式分类，但有时也适用于一种模式中的不同车辆类型。运输成本函数可能取决于装运货物的规模(如货物规模越大，单位费率越低)。成本函数有时基于公司的样本数据(如运费报价或成本调查数据)，但也可以简单地根据专家提供的假设。除了运输成本信息外，物流成本还包括如订单、存储和资本成本等信息。

10.2.11　终端数据

这些数据是关于海港、内陆港口、机场、火车站和公路运输中的整合和配送中心的属性数据，如地点、货物类型、吞吐量和成本。

10.3　不同数据来源与其相应货物运输模型匹配问题

如表 10.1 所示，我们重复了第 10.2 节中关于数据来源的概述，并为每个数据来源添加了其在货物运输建模中的可能用途。

表 10.1 也可以从右到左阅读：假设研究人员希望在货物运输建模的背景下开发某个模型、基本矩阵或一组转换因子，那么可用于此的数据源在左侧栏中。下一节中还将进一步讨论这一点。

表 10.1　不同的数据来源以及它们如何在货物运输建模中应用

数据来源	在货物运输建模中的应用
贸易统计数据	基准年的 P/C 矩阵的估计 P/C 层面的集计重力式模型的产生和分布 价值重量比（出口和进口货物）
国家统计数据	基准年的 P/C 矩阵的估计 用于生成和分布的集计 IO 模型和空间可计算的一般均衡（SCGE）模型
运输统计数据	基准年的 O/D 矩阵的估计 在 OD 水平上生成和分布的重力型模型的估计（不太适合于在 P/C 级） 集计模式选择模型的估计 负载因素（货物重量对车辆的负载能力） 集计端口选择模型 关于道路车辆类型选择，出行形成和空驾驶/负载因子的模型（在微观数据可用的情况下）
托运人调查	基准年的 P/C 矩阵的估计 非集计模式选择模型的估计 运输链选择模型的估计 非集计货运规模的选择模型的估计 非集计联合模型的估计（装运和模式的联合，供应商和模式的联合）价值重量比
陈述性偏好调查	非集计模式选择模型的估计 路径选择模型的估计 运输链选择模型的估计 非集计货运规模选择模型的估计 非集计联合模型的估计（装运和模式的联合，供应商和模式的联合）服务属性的货币价值（例如时间价值）

续表 10.1

数据来源	在货物运输建模中的应用
托运单和射频识别数据	基准年的 O/D 矩阵的估计(如果转运后标签依然保留或转运时登记的是标签组合,则可能是 P/C 矩阵)非集计模式选择模型的估计 非集计装运规模选择模型的估计 非集计联合模型的估计(装运和模式的联合,供应商和模式的联合)
交通统计数据	基准年的 O/D 矩阵的估计 路径选择模型的估计 校准数据
交通安全检查数据	负荷因素
具有成本函数的网络数据	集计和非集计模式选择模型以及联合模型的估计的直接输入 集计分配模型的间接输入
终端数据	路径选择模型的估计的直接输入 运输链选择模型的估计的直接输入

10.4　关于数据可获得性和模型形式的讨论

如 De Jong 等(2004,2012)中讨论到的,旅客运输中的四阶段模型的拓展已经被应用在货物运输中[①]中(Tavasszy 等,2012 年):

- 每个部门(如采矿)或商品组(如石油)的生产和吸引力的生成模型;
- 货物运输分配模型,该模型有时依赖区域间运输的阻抗及其影响因素;
- 库存网络模型,该模型一般作为贸易和运输之间的中间环节;
- 运输模式划分模型;
- 网络分配模型。

然而,将货币单位的贸易流量转化为以吨为单位的实际货物流量,进而转化为具有特定车辆利用率的车辆流量通常需要额外的步骤。此外,尽管企业的物流解决方案会影响模式划分,但与运输和库存成本之间的权衡相关的其他物

① 还有一些货运模型不适合四步骤模型结构,也没有客运模型基础,例如解释某一运输方式的货币支出在总生产成本中所占份额的模型,这些模型是基于企业的经济理论。

流方面通常不包括在货运模型中。

对于区域层面的货物运输生成和分配步骤，重力学模型，IO 模型和空间可计算的一般均衡(SCGE)模型都可以用(尤其是最后一种模型，显示的远远不止货物运输的生成和分布，还提供劳动力、土地和商品市场的成分)。要估计基于重力的模型，需要贸易统计或运输统计。使用前一种类型的数据提供了在 P/C 层面的模型，这是这些货物实际上的流动的产生和吸引的区域。相比之下，基于运输统计数据的重力型模型则不太合适，因为对于间接(多模式)运输，运输数据的起点和终点可能不是造成货物流动的真正终点，而只是转运地点。为了构建 IO 和 SCGE 模型，研究人员需要使用 IO 表，并制作和使用基于国家层面账户数据的表，另外数据最好是多区域的(否则会造成区域化差异)。为了使分布模型依赖于区域间的运输成本和时间，研究人员需要包括运输网络显示的时间和距离数据(可能结合成本函数)，或模式选择模型中的可达性指标(如 Logsums)。

在货物运输的生成和分配建模方面，几乎没有任何非集计模型。我们所知的唯一例外是一些处理个体收货人对供应商的选择的模型，因此这些会包括以集计方式进行分配的步骤(Samimi、Mohammadian 和 Kawamura，2010)。然而，这种目前主要用于货物运输模式选择的随机效用离散选择模型的拓展是在未来一个有吸引力的研究方向。但是需要指出，上述模型需要来自托运人的调查数据或比较详细的项目调查数据。

库存网络模型相对较新(见第 4 章)。最新的实验表明，贸易和运输的 O/D 数据确实存在差异，因此需要一个连接两者的中间模型。集计模型和非集计模型通常是基于公开的统计或调查数据估计得到的。区域之间的相互贸易通常不能直接观察到，同时仓储活动的观察只在特殊情况下才能进行。因此，库存网络模型将仅限于在可用数据的基础上建立合适的评估框架的情况。与这些模型相关的供应方数据涉及不同装运规模和商品组的仓储、搬运、库存和运输成本数据。关于模式选择的集计模型的估计需要按照运输模式的运输统计数据(详细见第 6 章)，而这些统计数据在大多数国家均容易获取。然而，对于模式选择的非集计模型估计所需的客户调查、意向调查或货物运输单据等数据，却不容易获得。相同的数据可以用于运输模式选择和装运规模等联合优化决策模型，另外人们会进行陈述性偏好调查来获取货物运输时间价值和运输可靠性等服务属性的货币价值。

如果货物运输的产生和分配模型是处于 P/C 层面的，那么相应的模式选择部分应该是一个运输链选择模型。原则上，上述决策可能是一个集计或非集计的运输方式选择模型。然而，关于实际使用的运输链的综合信息非常少，仅限于多式联运终端转运活动的记录,在某些情况下还包括与多式联运终端相关的进出运输的统计数据。我们对运输链的有限的直接观察来自对托运人的分类调查(包括集装箱船)。在这种情况下,汇总非集计运输链信息来估计集计运输链模型是没有多大意义的。比较好的一种使用数据(减少集计偏差)的方法是用非集计数据来估计非集计运输链选择模型(这可以用于集计模型的预测)。通常而言,运输链模型还需要网络数据(各种运输模式的运输时间和成本),成本函数和在转运节点转运的相关数据。

不同货物运输路径的流量数据信息可以用来估计货物运输网络分配模型(在 SP 访谈中,我们可以选择收集相关特定的路径选择)。然而,通常情况下,网络分配模型不使用所观察到的选择或市场份额的信息,但使用一个确定性的规则来分配车辆到最短路径(也可能使用链接和节点容量的信息)。所需的唯一信息是网络数据,在某些情况下还要考虑时间与成本等相关价值信息。在某些特定情况下,货物运输量统计数据用于校准路径选择模型的参数。

此外,在网络分配中常规使用的相同建模原理也可用于缺少观察到的选择信息的其他选择。在缺乏关于运输链的信息的情况下,人们可以使用一个确定性模型,该模型基于全部物流成本的最小化来预测运输链的选择(Ben - Akiva和 de Jong,2013)。然而,这是规范的结果,但不一定与实际情况相符(这个问题可以用其他交通数据来进行校准,以减少其预测误差,如运输统计中在 O/D 层面模式份额)。

构建货物运输价值与流量的转换模型时,其数据可以来自贸易统计(进出口价值–重量比),和托运人(出口、进口和国内调查流动),前提是二者都记录了相应的价值和重量。在托运人调查中可能也要求涉及运输体积的问题,并可以作为运输模式选择和运输物流的选择的解释变量(特别是车辆的装载因子)。对于观察到的关于负载系数的信息,可以使用运输统计数据(特别是基于OD 对对卡车操作员的采访),以及交通安全检查的车辆和负载重量数据(尽管可能会偏向超载车辆)。

集计港口选择模型可以基于港口统计数据(以及海上和腹地的网络信息)。集计的车辆类型选择模型(不是车辆所有权,而是车辆使用权)需要关于车辆类型使用份额的信息,最好是每个 O/D 对的信息。非集计的车辆类型选择模型也是可以建立的,但需要从卡车运营商访谈中获取其相应的微观数据来做估计。若想在非集计层面上模拟出行的形成和空载行驶的数量以及卡车的负载系数,还需要从对运营卡车的公司的访谈中获得微观数据。

许多运输模型使用枢纽点方法:模型仅用于给出基准年和未来年份之间的流量变化,这些变化(通常以比率的形式,有时会以作差的形式)逐单元应用于基准矩阵(尽可能根据观察到的信息,表示基准年的情况)。旋转可以在 O/D 层面完成,也可以在 P/C 层面完成(即使在同一个模型系统都可能发生)。P/C 基准矩阵可以基于贸易统计,国家层面账户数据和托运人调查。O/D 基准矩阵可以建立在运输统计、托运单、射频识别数据和交通数的信息的基础上。

10.5 通过估计处理数据的局限性

运输模型的一个功能是估计缺失的流量数据,在这些数据中,只能观察到在所有流中的一小部分样本,或者甚至不能直接观察到流量。缺乏数据的原因是资源的限制、政府司法管辖区或不同组织在数据获取方面的不同和不相关的责任,以及由于公司间的竞争造成数据缺乏共享。主要考虑以下情况:

• 交通数据库的形式是始发地/目的地表,如果没有进行调查,则 O/D 变化不会被直接观察到,必须根据局部观察进行估计,如交通计数或屏幕计数。

• 运输链,除非在运输调查中逐门逐户地跟踪货物,否则不能直接观察整个运输链。这样的调查很少见,因为他们的成本很高。然而,通常单个模式或转运终端的统计数据可能足以估计各个运输链上的流量。外国运输公司没有义务向每一过境国的统计局报告其运输情况。这意味着在外国运营商使用公路网络比例很高的国家中,通常情况下卡车流量的很大一部分是没有被记录的。

• 运输终端,虽然转运货物的来源地和目的地未知,但是需要了解末端的服务区大小。基于车辆的 O/D 流量样本,其中车辆占全部车辆的比例是已知的,但尚不清楚其报告的 O/D 流量占总的 O/D 流量的份额。

在所有这些情况下,估计方法可以帮助从不完整的数据建立一个完整的图像。O/D 矩阵的估计或 O/D 合成几十年来一直都用于客运研究中(Ortúzar 和 Willumsen, 2011)。这些方法的实施可以追溯到 20 世纪 90 年代的特殊货物运输研究中(Tavasszy, 1996),且最近又被重新采用(Holguín - Veras, 2008)。估计方法可以是统计(通常基于熵最大化或等效方法)和/或基于流量的结构模型(通常是重力模型)。对 O/D 估计最基本的方法就是所谓的弗内斯算法。该算法用于完成一个矩阵的流量,给定(1)在矩阵中所观察到的列和行的总数(2)一组起始 O/D 值,该值能够真实反映距离(或成本)对流量的阻碍作用。可以证明,该算法遵循用于估计重力模型的优化问题,假设观测值服从独立泊松分布,最大化观测矩阵总数(对数)的近似值(Kirby, 1974)。该系统由以下方程组表示:

$$\hat{t}_{ij} = p_i \cdot q_j \cdot f(c_{ij}) \tag{10.1}$$

$$P_r(t_{ij}/\hat{t}_{ij}) = \frac{e^{-\hat{t}_{ij}} \cdot \hat{t}_{ij}^{t_{ij}}}{t_{ij}!} \tag{10.2}$$

$$L = \prod_{ij} Pr(t_{ij}/\hat{t}_{ij}) \tag{10.3}$$

式中：t_{ij} 为观察到的区域 i 和 j 之间的运输流量；c_{ij} 为观察到的运输成本；$\hat{t}_{ij}$ 为区域 i 和 j 之间的运输流量计算量；L 为可能性；f 为阻抗函数；p，q 为重力模型中行和列的系数。

如果观察不包含行或列的总数，而是包括矩阵的一部分或者单元格的总数，则方法保持不变（Kirby，1979）。根据可用的观测类型，还需要做出额外的假设以便进行估计。例如，在国际的 O/D 矩阵内，国家之间的运输流量在区域层面是观察不到的，只有各国的总量（Tavasszy，1996）。估计问题现在必须满足两种类型的数量，此外还要考虑到国际边境造成的国内和国际贸易之间结构上的差异。另一个例子涉及交通计数，表示 O/D 流的总量。为了知道哪一部分的 O/D 运动有助于观察到的计数，我们需要知道在网络中所有行程的路线。这只能由一个经过验证的路径选择模型提供。如果这样的验证模型是不可用的，可以将路径选择模型的估计作为估计问题的一部分。有几种情况可以使这个基本估计问题复杂化：

• 如果路径选择的结构复杂，例如如果涉及往返行程或中枢和轮辐式运行，并且他们不能都被明确地建模，则需要解决一个额外的统计问题，其中最有可能的解决方案是计算得出所观察到的交通计数。这个问题已由 Wang 和 Holguín – Veras（2009）解决。

• 如果是多式联运的估计问题，我们需要从不同模式的计数中建立一个门到门的 O/D 矩阵，并终端连接不同的模式。在这种情况下，我们需要一个多式联运路线选择模型。这一多式联运模型的 O/D 矩阵的估计问题由 Pattanamekar 等人提出（2008）。

一个重要的前提是，要有少量的数据来避免不确定的估计问题。如果观察的矩阵太稀疏，在整个估计问题的独立的子问题可能出现结果不合理，或者结果不收敛的情况（Kirby，1979）。

10.6　结语

数据可用性是建模的关键。货物运输的数据采集历史悠久，它是通过各种运输方式的贸易和货物运输来统计数据的。此外，交通计数分货运和客运。同时，由于当前统计系统不够发达，或因业务信息的所有权性质，有些领域而不易

被观察,也很难被测量。主要包括:

● 轻型货车或面包车,他们有时用于货物运输,有时用于客运。服务旅行介于这些旅行目的之间。

经济交往的内容,因服务对经济活动的贡献越来越大而发生变化,从而导致非物质化。

● 货物运输成本和相关的物流过程(装卸、交叉对接、转运、仓储、生产和管理)。

● 运输单位的内容,无论是车辆还是集装箱。这些被视为"盒子"的内容,可以记录在提单中,但很少转移到统计系统。贸易统计可能有这种详细的信息,但缺乏运输统计在空间细节或运输方式方面的特殊性。

● 消费者的选择对货物运输有间接的影响,但影响较大,如消费行为或电商购物的时间或空间选择。

一般而言,如果没有关于保密性和详细程度(匿名且通常只是集计)的特殊安排,就很难有系统地获得更大规模的分类数据。在过去,政府统计局拥有专门的部门和基础设施,为公众编制统计数据或开展独特的大规模调查。目前,这一领域正在迅速改变。第一,数据采集越来越数字化(从纸质调查到基于网络的调查,再到从运输管理系统中获取数据)。这意味着潜在的数据流可以在不增加任何额外成本的情况下增加(甚至以较低的成本)。第二,由于运输世界进入数字化时代,数据源不再是孤立的(按模式、公司或管辖区来进行整合),而是可以被充分利用的,因为它涵盖了整个全球供应链。这意味着,覆盖整个供应链或运输链的传输数据存储库将被创建。第三,在供应链之间共享数据以及将传统业务关系之外的数据可用性扩展到新社区方面产生了强大的推动力。运输建模研究的挑战是遵循这些技术的发展,创造安全的实验环境,允许基于尽可能多的数据和比以往更多的数据开发模型。这些"大数据"的发展的结果可能是不可估量的。我们可以推测,货物运输的异质性将不会像在现在的许多模型中一样是一个重要的未知因素,其将会被详细地了解。大数据分析也可能发现新的解释模式,有助于我们了解货物运输需求和供应的驱动力。另外在用数据之间的关联取代我们目前的因果模型和理论,从而更好地解释货物运输是如何变化上可能会有所突破。

参考文献

[1] ABATE A M. Determinants of capacity utilization in road freight transport[J]. Journal of Transport Economics and Policy, 2014, 48(1): 137-152.

［2］BEN-AKIVA M E, DE JONG G C. The aggregate disaggregate aggregate（ADA）freight model system［M］. In: BEN-AKIVA M E, MEERSMAN H, VAN DE VOORDE E, eds. Recent developments in transport modelling: Lessons for the freight sector. Bingley: Emerald, 2013.

［3］DE JONG G. National and international freight transport models: an overview and ideas for future development［J］. Transport Reviews, 2004, 24(1): 103 - 124.

［4］DE JONG G, VIERTH I, TAVASSZY L A, et al. Recent developments in national and international freight transport models［J］. Transportation, 2013, 40(2): 347 - 371.

［5］HOLGúlN-VERAS J, PATIL G R. Multicommodity integrated freight origin destina-tion synthesis model［J］. Networks and Spatial Economics, 2008, 8: 309 - 326.

［6］DE ORTúZAR J, WILLUMSEN L G. Modelling transport［M］. 4th ed. Chichester: John Wiley & Sons, 2011.

［7］SAMIMI A, MOHAMMADIAN A, KAWAMURA K. Freight demand microsimulation in the U. S.［C］. In: World Conference on Transport Research, Lisbon, 2010.

［8］RIZET C, GUILBAULT M. Tracking along the transport chain with the shipper survey［C］. Proceedings of ITSC conference-Costa Rica, Elsevier, 2004.

第 11 章 货物运输综合模型与简化模型

洛瑞. 塔瓦泽(Lori Tavasszy)[a] 和杰拉德. 德. 琼(Gerard de Jong)[b]

[a] 荷兰 应用科学研究院，代尔夫特理工大学(TNO, Delft and Delft University of Technology, The Netherlands)

[b] 英国利兹大学运输研究所；Significance 公司 荷兰海牙；瑞典皇家理工学院运输研究中心，瑞典斯德哥尔摩(Institute for Transport Studies, University of Leeds, UK; Significance BV, The Hague, The Netherlands; and Centre for Transport Studies, VTI/KTH, Stockholm, Sweden)

11.1 引言

在实际情况中，选择最优的货物运输模型需要基于很多标准，前文提到的数据可用性便是标准之一。

相关标准可分成以下两类：

• 需求方面：既包括模型的目标与需要解决的问题，也包括模型对用户的透明度。

• 供应方面：技术可行性方面，包括数据的可获得性、建模技术的可用性与可选择性、模型开发的时间、资金预算以及模型应用的运行时间等。

求解具体问题时，往往需要在系统中综合考虑几种不同类型的模型。例如第 1 章中所讨论的四阶段运输模型，该模型由 IO 模型、基于集计运输模式划分模型和网络分配模型等货物运输模型扩展而成，上述模型都需要考虑运输网络中新增加线路所带来的影响。

使所有相关条件都达到最优的模型或模型系统是不存在的。即便是只考虑解决政策问题的模型，都是一个多种模型的结合体。最全面、最复杂的模型并不一定是最好的模型。一方面，模型不应该比要解决的问题还复杂（这一规则被称为"奥卡姆剃刀"原则，也叫作简单有效原则，由中世纪哲学家首先提出）。另一方面，模型也不应该太简单，模型过于简单会使得结果不能准确地反映实际上很复杂的问题。

为每个问题单独建模并非明智之举。对于在特定条件下提出单个问题的最优解而言，这些模型可能是最优的，但在模型开发阶段所需要的投资会高于有限目标数的多目标模型。此外，在社会成本–效益分析（或多准则决策分析）的背景下，多准则决策分析更有优势。相比用同一模型来评估所提出的交通政策和策略的结果，用不同模型评估所产生的结果更具可比性。多目标模型由多个部分组成，可以针对不同特定问题确定其相应的决策目标。

多目标模型的优点主要体现在结果的可比性与模型开发成本的合理性，但多目标并不等于考虑所有目标。在大多数情况下，最佳的选择模型形式的方式是将同一研究领域内多个货物运输模型进行集成。

在 11.2 节中，我们首先讨论同时拥有涉及面广的简化模型和深入研究的综合模型的必要性。在 11.3 节中，我们讨论了模型目标和所研究的问题对模型形式选择的重要性。在 11.4 节中，我们讨论了模型选择的第二参考标准，即基于供应角度进行模型选择的标准。最后，在 11.5 节中，我们将综合模型和简化模型进行了对比总结。

11.2　高、低分辨率模型

Jong 和 Gunn(2004)首次编写了当时国家层面和国际层面已有的模型分类的综述性文章，并提出了基于以下两种不同分辨率水平[1]建立相互一致的综合模型系统：
- 具体、高分辨率的空间规划模型系统；
- 快速、低分辨率的策略分析模型系统。

系统中包含以上两种不同模型的主要原因在于它们能分别解决不同层面的问题。低分辨率模型能用于决策分析，在不确定问题间存在关联性的情况下，低分辨率模型能区分决策方案的可行性。只要给出一阶近似值，就能根据该值制定出具体项目方案。随后在高分辨率模型中进行模拟，以辅助做出运输项目和政策的实际决策。

在同一时间，一个国家或地区同时拥有两种货物运输模型的另一原因在于

---

① 对这两种模型可以在国家和国际研究领域（见第 8 章）中加入城市货物运输模型。

高分辨率模型在解决许多运输政策问题时会消耗大量资金和时间，然而在解决问题的初期对精度和细节的要求不高。此外，不同层次的决策者可能会有不同的认知需求，因此需要详细程度不同的决策信息。

图 11.1 展示了低分辨率模型系统和高分辨率模型系统的模型范围（就所包含的因素或市场数量而言的模型宽度）和细节深度（所包含的因素的具体数量）。涵盖范围不广、研究程度不深的模型未在该图考虑范围之内。用于策略分析模型的低分辨率模型所涉及的考虑因素较广（包括货物运输市场、土地利用、排放量和经济水平），但并不会对这些因素进行深入研究。用于项目评估和空间规划的高分辨率模型主要研究货物运输问题，它将经济状况和土地利用这些因素视为既定条件（也可作为背景），主要对商品种类、货物运输网络中节点数量和规模大小这些与货物运输本身相关的因素进行深入研究。研究者也尝试过建立既考虑多因素又对每种因素进行深入研究的模型。尽管现代计算技术能够处理更大的计算问题，但没有"能解决所有问题的运输决策模型"，因为大多数因素都被视为内生变量而对外生变量的考虑太少，导致模型变得高度不透明（因为同一改变可以由不同的因素造成）且不稳定。

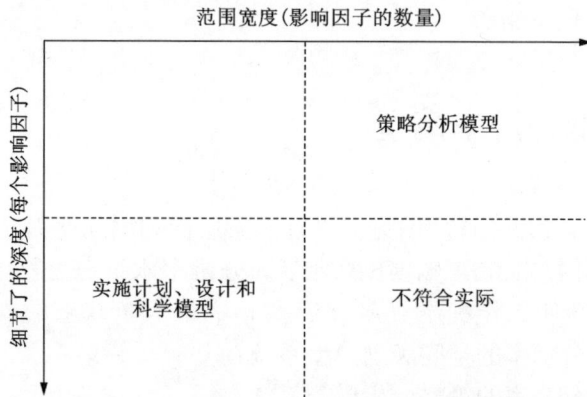

图 11.1　具有不同范围和决策水平的模型分类

资料来源：Jong 和 Gunn（2004）。

针对策略分析的低分辨率模型主要有基于弹性分析的模型、基于出行率的模型（de Jong、Gunn 和 Ben - Akiva，2004；或正在为欧盟委员会设计的 HIGH TOOL model）和系统动力学模型。SCGE 模型（见第 2 章）所涵盖的范围很广（包含各种相互关联的市场，如运输服务、土地使用、劳务和货物），但不对具体货物运输做详细研究，只要各因素保持相对简单的结构和快速（且简单）的应用，就可用于决策分析。

在实践中，模型运行时间过长往往是由在寻求平衡状态或近似平衡状态的过程中引起的重复计算导致的（迭代模型的应用）。例如，考虑容量约束的网络分配模型，或者以从配送点到需求点的 O/D 流次数为反馈的模型。而对于策略分析模型，可以直接忽略这些约束和反馈，或者从单个模型的运算中取近似解。

低分辨率模型可以单独开发，也可以基于一个或多个高分辨率模型进行开发，后者被称作"复制模型"或者"简化模型"。"复制模型"实现的方法之一是对高分辨率模型的运行进行系统设置（但只能设置一次），然后基于高分辨率模型的计算结果估算"复制模型"，以使低分辨率模型具有与高分辨率模型基本相同的响应特性，并成为高分辨率模型的一个快速且近似的版本。我们也可以从高分辨率模型中推导出基本方程，并省略不太重要的约束、变量和反馈信息。

11.3　模型目标和政策问题对模型形式的影响

货物运输模型主要用于评估不同类型的自主发展和政策措施所带来的影响，如国家运输政策、税收或在特定线路、节点和航线上的基础设施投资的变化所带来的影响。这方面有大量的模型和模型系统被政府机构采纳应用。此外，很多货物运输模型由大学和个体企业提出。本章不讨论基于具体企业或者供应链的运输和物流优化模型。不过，为政府机构或科研机构建立的模型在很多方面可以借鉴私营部门建立的模型（如在第 5 章和第 7 章中所讨论的内容）。

政府规划部门的货物运输模型可用于以下运输政策措施的辅助决策：

• 国家法规（如工作和驾驶时长以及车辆最大负载量的规定）和税收的调整；

• 在特定线路、节点和航线上的基础设施投资（如：新的公路、铁路、运河、港口、综合枢纽、水闸，也包括当前的基础设施在这些方面的扩展）；

• 交通管理，例如可变信息标志、入口匝道控制、可变限速、高峰时段专用车道、公路和铁路（如货物运输列车和客运列车）交通的优先次序；

• 定价策略，比如不同地点和时段的道路收费标准，以及铁路基建收费标准；

• 空间和时间规划策略，比如限制生产工厂或仓库的选址、设定低排放或零排放区域以及为零售商设定交货时间窗。

此外，很多人对自主开发（如经济发展、人口变动、就业状况和石油价格等)对货物运输的影响感兴趣。

关于自主因素的法规、税收以及统一定价策略的调整所产生的影响这一策略问题，一般的模型(如低分辨率模型)就足够了，不需要详细地区分系统和网络，除非要求输出特定区域或线路的结果。

然而，对于研究基础设施投资项目与交通管理、不同地方和时段的收费标准与空间规划措施对交通影响这一策略问题，必须要用详细的网络模型。特别是对于交通管理措施，需要详细表示网络配流情况。为了评估基于时间周期的定价措施和时间政策的影响，需要增添货物运输出发时间选择模型(这在货物运输模型中很少见，但可以由陈述偏好数据来完成)对网络模型进行补充。

不同时间跨度和不同空间尺度上要求的模型类型不同。决策者可能想知道在不同空间尺度下，上述政策措施、自主发展以及二者之间的组合在短期、中期和长期等不同的时间跨度下对运输的影响。对于短期(不超过 1 年)和中期(2 ~ 3 年)这两种情形，时间序列模型的应用更广，即从当前的模式开始，注重随时间推移所发生的变化[①]，特别是变化程度小且改变次数较少的情况。对于长期(未来 5 ~ 30 年)情形，用横断面模型(如重力模型；或第 2 章讨论的 IO 模型；或分解模型，如第 6 章讨论的个体模式选择的分对数模型)来解释交通的"从无到有"可能更合适。

如果结果只用于整体性的宏观研究(例如一个国家或地区)，那么相对简化且快速的低分辨率模型(例如上面的策略分析模型)就足够了。如果结果需要在研究领域内的很多方面使用，那么就需要使用高分辨率模型。例如评估新建的基础线路，那么就需要计算有这条线路和没有这条线路的情况下网络中 O/D 流的分配矩阵，从而评估这个运输项目对运输的影响。

另一个考虑因素是所需输出指标的类型。货物运输中，输出指标可能是以下几种(也可以参考 9.3 节中的弹性)：

- 运输量，单位为吨或吨千米(每种运输方式)；
- 车辆行程(每种运输方式)；
- 特定线路上的车辆数；
- 特定时间段线路上的车辆数。

为了有效预测各种运输方式的运输量和运输里程，需要生成模型、空间分布模型(包括库存链)和模式选择模型(或传输链选择模型)。但车辆行程的计算需要对运输规模的分配、车辆装载的分配和回程空驶进行建模(通常假设固

---

① 这也适用于做中心点分析：该分析对中期预测比对长期预测的重要性高，因为距离现在的时间越长，用当前模式来预测得到的结果越不能反映实际情况。

定负载因子和空驶因子来简化模型)。

为了获取网络中每条线路的车辆密度,需要对此进行建模,这通常是整个模型运行中最耗时的部分。

除了自主发展和政策措施对运输本身的影响,公共决策者通常想从运输对经济和就业(以下简称"运输的间接影响")、燃料的使用、温室气体排放、安全性和对大自然(即"运输的外部效应")产生的影响中得到对运输的影响。常使用单位价格来衡量这些影响(结合了运输结果),或者是用特定模型或模型成分来解决这些问题(例如描述交通中有害气体传播的大气污染模型)。在此情况下,进行成本效益分析需要获得上述因素的货币价值。

拥挤是一种特殊的影响。拥挤度的指标可以表示为车辆密度与道路能力(I/C)的比值,实际车速与自有车速的比值或道路拥堵的总时长。为了获得这些指标值,需要做带有容量约束的分配,如果可能的话可以从开始拥堵的线路(或节点)开始考虑,拥堵通过网络向后扩散,影响线路(节点)的上游,而线路(节点)的下游可能依然保持通畅。

11.4　简化的方法

在本节中,为了简化高分辨率模型,我们将基于第 1 章中所提出的货物运输建模框架讨论多种建模方案。高分辨率模型在前面的章节中已经进行了详细讨论。目前存在的低分辨率模型的基本类型也在 11.2 节中进行了介绍,其中部分方法也在前面章节中提及。关于这些方法更深入的实证信息,我们建议读者参考第 10 章的内容。本节围绕在实践中经常用到的高分辨率模型的具体选择情况进行讨论。我们有三种简化方法:

- 通过忽略子模型来简化;
- 通过整合子模型来简化;
- 通过减少数据需求来简化。

11.4.1　通过忽略子模型的简化方法

如图 11.2 所示的传统逐步逼近算法(编号 1)即为通过忽略子模型来简化模型的简化方法,该方法遵循第 1 章中所描述的一般框架。以下三种策略(编号 2~4)在实践中经常出现:

- 在重力模型中,替换库存网络(见第 4 章)的步长(图 11.2 中编号 2);
- 通过直接货物运输生成模型(见第 3 章)替换 IO 策略(见第 2 章)(图 11.2

中编号 3);

• 通过直接货物运输旅程生成模型(见第 4 章)替换 IO 策略(图 11.2 中编号 4)。

接下来,我们对以上策略进行详细讨论。

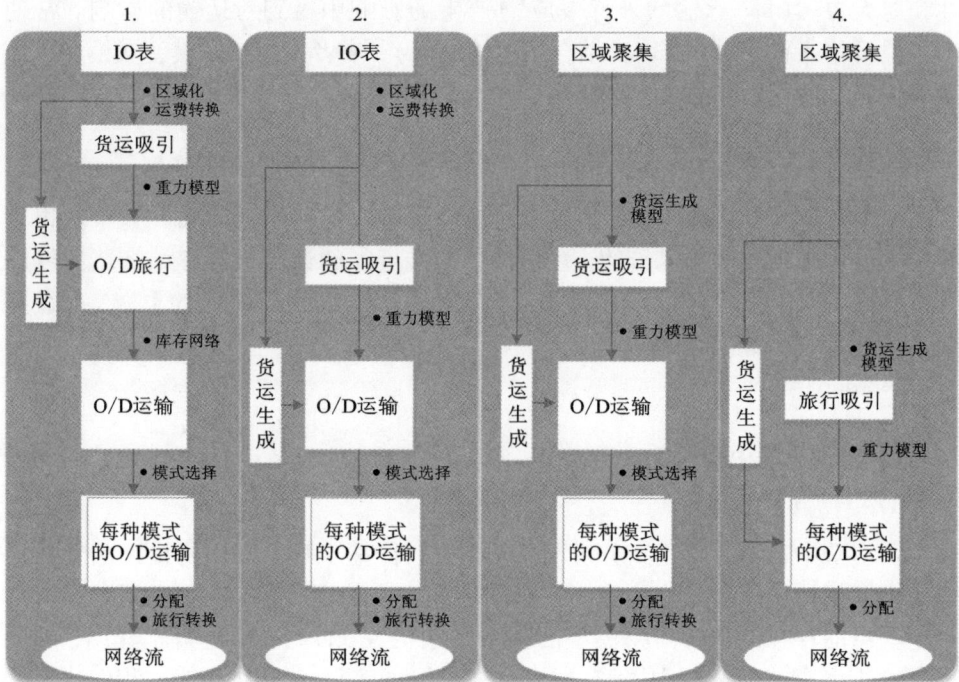

1.

IO表
• 区域化
• 运费转换
货运吸引
• 重力模型
货运生成
O/D旅行
• 库存网络
O/D运输
• 模式选择
每种模式的O/D运输
• 分配
• 旅行转换
网络流

2.

IO表
• 区域化
• 运费转换
货运吸引
货运生成
• 重力模型
O/D运输
• 模式选择
每种模式的O/D运输
• 分配
• 旅行转换
网络流

3.

区域聚集
• 货运生成模型
货运吸引
货运生成
• 重力模型
O/D运输
• 模式选择
每种模式的O/D运输
• 分配
• 旅行转换
网络流

4.

区域聚集
• 货运生成模型
货运生成
旅行吸引
• 重力模型
每种模式的O/D运输
• 分配
网络流

图 11.2 通过还原生成的货物运输模型简化选项

11.4.1.1 策略 1:库存网络与贸易模型相结合

这是在货物运输建模中最常用的方法。一般情况下,我们假设交易流量(t)与运输流量十分相近。虽然没有实际证据支持这一假设,但这是一种方便的简化方法,因为该方法可以忽略很多物流方面的复杂性。由于通过物流中心的中转流量被忽略了,这种简化可能会导致模型对运输流量的估计偏低。另外,这种简化方式还会高估运输流的弹性,因为库存在系统中能起到起缓冲作用并能抑制成本上升。

除了以上常用的方法之外,另一个考虑库存水平的方法是从 IO 表所展示的配送中心提供的服务中获取信息,通过适当的区域统计数据将数据区域化并使用正确的转换因子将服务转换成以吨为单位的生产或吸引的货物量。当然，这不能保证正确复制了网络的空间模式；重力模型并不是直接描述线路的。如果每个区域的配送中心生产或吸引货物的总量已知，那么通过两个重力模型即可预测进入和流出配送中心的流量。Davydenko 和 Tavasszy（2013）提出了该方法的框架。

11.4.1.2　策略 2：从基于 IO 策略的模型转向基于货物运输生成的模型

IO 模型和 SCGE 模型类型（见第 2 章；Cascetta 等，2013）需要 IO 表或者社会核算矩阵形式的经济统计数据。如果这些数据获取不到（或很陈旧）或者没有可靠的区域化特征（贸易流分配到特定的地理区域，如基于各区域生产和消费共享基础上的一个部门），那么别无选择，只能直接将货物运输生成模型和重力模型结合起来使用。

注意，货物运输生成模型还包括从区域经济总量转换成货物运输量的步骤（衡量经济活动的一些指标，如附加值、生产或消费价值、就业或土地利用总量）。

然而，由于各部门之间的关系未考虑进去，该模型的形式比 IO 模型简单得多。IO 模型和 SCGE 模型相比于货物运输生成模型的优点在于，它们是经济统计（解释货物运输量的默认起点）中货物运输模型的一个较强的基础，另外它们还考虑运输能力（如土地利用和生产力）和运输部门间的相互联系（IO 模型只有弹性系数）以及其他因素。

11.4.1.3　策略 3：从 IO 策略的模型转向基于货物运输旅程生成的模型

正如在第 3 章所讨论的，货物运输生成模型和货物运输旅程生成模型有各自的优缺点。就简化模型的方法而言，使用货物运输旅程生成模型的主要优点在于无须使用与货物运输相关的生成数据（该数据通常难以衡量），也无须同样复杂的模型或考虑因素从货物重量转换为长度距离（见第 7 章）。这种方法的代价是会造成许多潜在的物流过程的细节丢失，例如，就密度经济或规模经济而言，可以通过捆绑运输或旅程来实现，该方法相对容易实现，当然如果只考虑一个运输方式就更好了。

11.4.2　通过整合子模型的简化方法

简化模型的第二种方法就是将部分框架整合到总模型之中。注意，这种方法与第一种方法的区别在于并没有削减框架，而主要是通过整合子模型来简化模型结构。两个简化过程如图 11.3 所示，一个整合发生在图 11.3 中（货物运输市场一体化模型）的上端，另外一个整合发生在图 11.3 中（运输网络选择一体化模型）的下端。集生产/消费和贸易子模型于一体的货物运输市场的主要优点是（从理论和经验上来讲）能够在这些子模型之间取得具有一致性的产品数量和价格。用超网络方法整合不同运输模式下的网络配流是可行的，因为它为可能发生的联合运输提供了附加信息。除了在一致性和信息内容方面的改善，这种模式的货物运输体系结构的优势还在于其适合于目前的物流政策问题（Tavasszy 等，2003）。

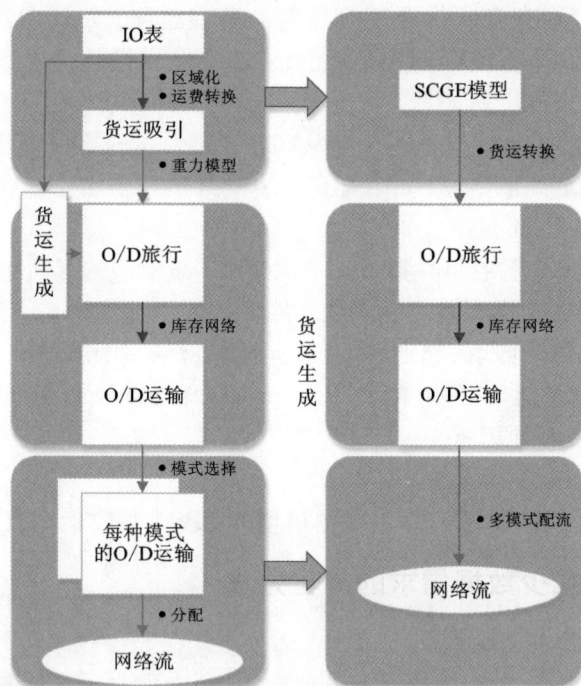

图 11.3 通过整合生成的货物运输模型结构简化选项

接下来，我们将从执行的角度简要讨论这些方法的利弊。SCGE 方法在第 2 章有详细介绍，多式联运网络配流在第 5 章也进行了系统阐述。

要注意的是，用一个模型表示货物运输生成和分配两个阶段，不仅可以用 SCGE 模型，其他方法（Wegener，2011）也可以整合这些子模型（如宏观经济模型，区域生产函数模型和土地交通互动模型）。然而，SCGE 模型根植于一个一致性的理论体系(所谓的新经济地理学)。任何综合性模型其综合处理将达到某种形式的平衡(动态或静态),但可能需要花费比基本选项更长的计算时间。

多式联运网络模型(见第 6 章)在货物运输结果方面需要的观测数据比综合选择模型少。在该模型中,通过搜索多模式网络中最短(最快或最便宜)的路径,可以找到序列中具有不同模式的运输链和转运地点,所需要的仅是该多式联运网络。但是,出于验证的目的,模型生成转运流时还需要额外的数据。研究人员对优化过程(如通过校准参数)的控制范围不大是确定性分配的缺点之一,因为这样的校准参数无法找到。在实际中,由于决策者还要考虑其他因素(如可靠性、灵活性、对特定模式的感知),模式 – 路线的选择比例完全不同于从成本最小化角度所获得的多式联运的配流比例。在随机模式选择(如随机似然效用)模型中,通常将这些影响作为模型常量和误差项①。此外,由于交通分配基本模型中的“全有全无”特点,可能会导致确定的多式分配对外部变化过度反应。

我们的建议是在概率模型中处理运输方式甚至是运输线路的选择问题。这个概率模型可以是离散概率选择模型(集计或非集计)也可以是多种模式概率分配模型(这些模型都在第 6 章中进行相关讨论)。如果将运输模式的选择作为离散选择模型并包含在一个较大的模型系统中,其配流决策可以只选择一种运输方式。在运输线路选择的离散模型的假设下,配流决策仍然需要确定每种类型运输线路的最佳转运位置(如哪个港口是衔接公路运输—海运—公路运输的最佳位置),以及运输线路(例子中给出了两段公路运输和一段海运)中每一种运输方式的最佳路段。包含所有因素在内的离散选择模型会产生大量的替代选择(与相互关联性)。考虑线路重叠的复杂性的网络配流选择模型即为 C – Logit。

11.4.3　通过减少数据需求的简化方法

简化模型的第三个策略是用集计数据来取代非集计数据,从而减少子模型(特别是选择模型)。我们接下来将探讨最受争议的模式选择模型的适用性。

集计运输模式划分模型(见第 6 章)仅要求通过 O/D 对或者 P/C 对(与成本和/或时间相结合)来预测各种运输模式的比例的数据,也可通过商品类型来预测。非集计模型需要特定货物运输模式选择的微观数据。分解模型的优势在于其在个人或公司行为的理论范畴中有一个更直接的基础,这也让模型中包含更多的属性,如与托运人、收货人、承运人或在模型中作为解释变量的装运等

①　在某些陈述偏好模型中,这些因素已经成为模型属性。

相关的属性。然而,非集计模型的主要优势不在区域到区域层面而是在个体运输层面假设了最优的选择模式。

总之,即使可获得大量单个托运人的微观数据样本,仍然很难论证聚合模型的优越性,因此我们建议研究者选择集计模型来进行模式(或运输线路)选择的决策。如果没有这些数据,仍有开发确定性微观层次模型的可能性,只是会缺少直接的实证基础。那么在这种情况下,集计运输模式划分模型成为最佳选择。

11.5 综合模型与简化模型对比总结

针对综合模型和简化模型的选择问题,首选答案是综合使用两种类型的模型。简化模型可用于各种政策选择、项目的初步筛选以及评判一般性(而不是有地点和时间限制的)措施的影响;而综合模型是协助有地点和/或时间限制的项目评估、选择交通管理和政策措施最合适的模型。

在特定情况下模型类型的选择(例如,产生/配送模型或模态分离模型的选择)不仅取决于数据可获得性,还需要考虑理论因素,比如需要包含多少解释变量、有哪些解释变量以及是否需要与其他部门(比如大公司)合作等问题。

参考文献

[1] ASTRA Consortium. ASTRA final report: assessment of transport strategies[R]. University of Karlsruhe, 2000.

[2] CASCETTA E, MARZANO V, PAPOLA A,et al. A multimodal elastic trade coefficient MRIO model for freight demand in Europe[M]. In: BEN-AKIVA M E, MEERSMAN H, VAN DE VOORDE E, eds. Freight transport modelling. Bingley: Emerald, 2013.

[3] DAVYDENKO I, TAVASSZY L A. Estimation of warehouse throughput in a freight transport demand model for the Netherlands[C]. In: 92nd Annual Meeting of the Transportation Research Board, Washington DC, 2013.

[4] DE JONG G C, GUNN H F, BEN-AKIVA M E. A meta-model for passenger and freight transport in Europe[J]. Transport Policy, 2004, 11: 329 – 344.

[5] DE JONG G C, GUNN H F, WALKER W. National and international freight transport models: overview and ideas for further development[J]. Transport Reviews, 2004, 24(1): 103 – 124.

[6] TAVASSZY L A, RUIJGROK C J, THISSEN M J P M. Emerging global logistics networks:

implications for transport systems and policies[J]. Growth and Change: A Journal of Urban and Regional Policy, 2003, 34(4): 456 – 472.

[7] WEGENER M. Transport in spatial models of economic development[M]. In: DE PALMA A, LINDSEY R, QUINET E, et al, eds. Handbook in transporteconomics. Northampton: Edward Elgar, 2011: 46 – 66.

图书在版编目(CIP)数据

货物运输建模／(荷)洛瑞·塔瓦泽
(Lóránt Tavasszy),(英)杰拉德·德琼
(Gerard de Jong)著;张得志,李双艳译. —长沙:
中南大学出版社,2021.1
  ISBN 978 - 7 - 5487 - 4339 - 2

  Ⅰ.①货… Ⅱ.①洛… ②杰… ③张… ④李… Ⅲ.
①货物运输—系统建模 Ⅳ.①U16

  中国版本图书馆 CIP 数据核字(2021)第 020938 号

货物运输建模
HUOWU YUNSHU JIANMO

(荷)洛瑞·塔瓦泽(Lóránt Tavasszy)
(英)杰拉德·德琼(Gerard de Jong)   著

张得志 李双艳 译

□责任编辑	刘颖维	
□责任印制	周 颖	
□出版发行	中南大学出版社	
	社址:长沙市麓山南路	邮编:410083
	发行科电话:0731 - 88876770	传真:0731 - 88710482
□印 装	湖南省众鑫印务有限公司	

□开 本	710 mm×1000 mm 1/16 □印张 15.5 □字数 311 千字	
□版 次	2021 年 1 月第 1 版 □2021 年 1 月第 1 次印刷	
□书 号	ISBN 978 - 7 - 5487 - 4339 - 2	
□定 价	88.00 元	